Reise nach Mexiko

Reise nach Mexiko

Geschichten fürs Handgepäck

Herausgegeben von Anja Oppenheim

Übersetzungen von Gerda Bean, Erna Brandenberger, Hans Otto Dill, Christel Dobenecker, Mariana Frenk, Sabine Giersberg, Frederik Hetmann, Carl Heupel, Anna Jonas, Andreas Klotsch, Leni López, Curt Meyer-Clason, Kajo Niggestich und Gerhard Poppenberg

Unionsverlag
Zürich

Im Internet
Aktuelle Informationen,
Dokumente, Materialien
www.unionsverlag.com

Unionsverlag Taschenbuch 441

Rieterstrasse 18, CH-8027 Zürich
Telefon +41-44-283 20 00, Fax +41-44-283 20 01
mail@unionsverlag.ch

Verwendung der Mexiko-Karte auf der Umschlaginnenseite mit freundlicher Genehmigung des Reise Know-How Verlags, Bielefeld.
Reihengestaltung: Heinz Unternährer, Zürich
Umschlaggestaltung: Peter Löffelholz, Zürich
Umschlagfoto: Michael Zysman
Druck und Bindung: CPI – Clausen & Bosse, Leck
ISBN 978-3-293-20441-6

Die äußeren Zahlen geben die aktuelle Auflage
und deren Erscheinungsjahr an:
1 2 3 4 5 - 12 11 10 09

Inhalt

Über die Fiesta und den Tod

Octavio Paz

Der »einsame« Mexikaner liebt die Fiestas und alle öffentlichen Veranstaltungen. Alles ist ein Grund, sich zu treffen; jeder Vorwand berechtigt, den Lauf der Zeit zu unterbrechen, um feierlich und zeremoniell Männer und Ereignisse zu feiern. Wir sind ein ritenbesessenes Volk. Und diese Neigung wird durch unsere immer geschärfte, wache Fantasie und Sensibilität begünstigt. Die fast überall entwürdigte Kunst des Feierns hält sich bei uns noch unversehrt. An wenigen Orten der Welt kann man ein Schauspiel erleben, das dem einer großen religiösen Fiesta in Mexiko gleichkommt: mit ihren heftigen, spröden, reinen Farben, Tänzen, Zeremonien, Feuerwerken, ungewöhnlichen Trachten und unerschöpflichen Kaskaden von Überraschungen, mit ihren Früchten, Süßigkeiten und allerlei Gegenständen, die man an solchen Tagen auf Plätzen und Märkten verkauft.

Unser Kalender ist mit Fiestas geradezu gespickt. An bestimmten Tagen wird – zu Ehren der Jungfrau von Guadalupe oder des Generals Zaragoza – überall im Lande, in den entlegensten Dörfern wie in den großen Städten, gebetet, gejubelt, gegessen, getrunken – und gemordet. Alljährlich am 15. September feiert man um elf Uhr abends auf allen Plätzen die Fiesta del Grito (Jahrestag der Unabhängigkeit), bei der eine aufgebrachte Menge buchstäblich eine Stunde lang johlt – um für den Rest des Jahres besser schweigen zu können. Während der Tage um den 13. Dezember hält die Zeit einen Augenblick lang still und bietet uns – anstatt zu einem unerreichbaren, verlogenen Morgen anzutreiben – eine runde, vollkommene Gegenwart aus Tanz, Rummel, Schlemmerei und Kommunion mit dem uralten, geheimnisvollen Mexiko. Die Zeit ist dann kein Fortschreiten mehr, sondern das, was sie von ihrem Ursprung her war und ist: Gegenwart, in der Vergangenheit und Zukunft eins werden.

Doch die Fiestas, die Kirche und Staat im ganzen Land anbieten, reichen nicht aus. Denn das Leben einer jeden Stadt, ja eines jeden Dorfes wird von einem Heiligen beherrscht, den man in regelmäßigen Abständen fromm verehrt. Ebenso feiern die einzelnen Stadtviertel und Verbände jährlich ihre Fiestas, Zeremonien und Ferias. Schließlich hat jeder Einzelne, ob Katholik, Indifferenter oder Atheist, seinen Heiligen, den er einmal im Jahr feiert. Diese unzähligen Feste verschlingen unglaublich viel Zeit und Geld. Ich erinnere mich daran, dass ich vor Jahren den Bürgermeister einer Ortschaft bei Mitla fragte, wie viel Steuern jährlich bei seiner Gemeinde eingingen. »Nur etwa 3000 Pesos«, antwortete er, »denn wir sind arm. Deshalb bekommen wir Unterstützung vom Gouverneur und vom Bund, um unsere Ausgaben decken zu können.« Als ich ihn fragte, wozu man diese 3000 Pesos verwende, erwiderte er: »Fast nur für unsere Fiestas, mein Herr! So klein unser Dorf auch ist, es hat zwei Schutzheilige. « Diese Antwort ist nicht außergewöhnlich. Ja man kann sozusagen an der Zahl und am Aufwand unserer Fiestas unsere Armut messen. Die reichen Länder haben ihrer nur wenige. Es fehlt ihnen an Zeit und an Stimmung, und außerdem sind sie gar nicht notwendig. Die Leute dort haben anderes zu tun, und wenn sie sich amüsieren, tun sie es in kleinen Gruppen. Überhaupt ist die moderne Massengesellschaft eine Ansammlung von Einsamen. Bei großen Anlässen in Paris oder New York, wenn auf Plätzen oder in Stadien die Massen sich zusammendrängen, fällt die Abwesenheit des Kollektivs auf. Man sieht Paare und Gruppen, aber nie eine lebendige Gemeinschaft, in der die Einzelperson aufgeht und ihre Erlösung erfährt. Doch wie könnte ein armer Mexikaner ohne diese zwei oder drei Fiestas jährlich leben, die sein Elend und seine Sorgen aufwiegen? Sie sind unser einziger Luxus. Sie ersetzen – vielleicht sogar mit Gewinn – das Theater, die Ferien, das Weekend und die Cocktailparty der Angelsachsen, die Empfänge der Bourgeoisie und den Kaffee der Mittelmeervölker.

Ob auf nationaler, lokaler, Vereins- oder Familienebene, bei diesen Zeremonien öffnet sich der Mexikaner der Außenwelt. Sie allein geben ihm eine echte Gelegenheit, aus sich herauszugehen und mit der Gottheit, dem Vaterland, den Freunden oder Verwandten ein Zwiegespräch zu führen. An solchen Tagen pfeift, johlt und singt der sonst schweigsame Mexikaner, schießt Knallfrösche ab und ballert mit seiner Pistole in der Luft herum. Seine Seele entladend, steigt sein Schrei wie eine Rakete – und das gefällt uns – in den Himmel, zerplatzt grün, rot, blau und weiß und stürzt schwindelerregend herab, einen Schweif goldener Funken nach sich ziehend. In solchen Nächten pflegen Freunde, die Monate hindurch nicht mehr Worte von sich gaben, als die Höflichkeit unbedingt erforderte, sich zu betrinken, Geständnisse abzulegen, einander ihr Leid zu klagen, einander als Brüder zu entdecken und manchmal sogar – um sich gegenseitig auf die Probe zu stellen – einander zu töten. Die Nacht ist erfüllt mit Liedern und Gejohle. Verliebte wecken mit Kapellen ihre Mädchen. Scherzhafte Gespräche gehen von Balkon zu Balkon, von Gehsteig zu Gehsteig. Niemand spricht leise dabei. Hüte fliegen in die Luft, Schimpfworte und Späße prasseln wie schwere Kaskaden hernieder. Gitarren schluchzen. Gelegentlich geht das Spiel auch böse aus. Es gibt Beleidigungen, Streit, Messerstiche, Schießereien. Aber auch das gehört zur Fiesta. Denn der Mexikaner will mehr als Amüsement. Er will sich selbst übertreffen, die Mauer seiner Einsamkeit übersteigen, die ihn das ganze Jahr über umschließt. Alle sind in dieser Nacht von der Violencia und dem Wahnsinn gepackt. Die Seelen knallen wie Farben, Stimmen, Gefühle. Vergisst der Mexikaner sich selbst? Zeigt er sein wahres Gesicht? Wer soll das wissen? Wichtig allein ist, aus sich herauszugehen, sich eine Bahn zu brechen, sich an Lärm, Farben, Leuten zu berauschen. Mexiko feiert! Die Fiesta, von Blitzen des Wahnsinns durchzuckt, ist die glänzende Kehrseite unseres Schweigens, unserer Apathie, Zurückhaltung, Schroffheit.

Bei gewissen Fiestas verschwindet jeder Begriff von Ordnung. Das Chaos kehrt zurück, die Zügellosigkeit herrscht. Alles ist erlaubt. Die üblichen Hierarchien, die sozialen Unterschiede, Geschlechter, Klassen, Vereine verschwinden. Männer verkleiden sich als Frauen, Herren als Sklaven, Arme als Reiche. Man spottet über die Armee, den Klerus, die Justiz. Es herrschen Kinder oder Narren. Man begeht rituelle Schändungen und obligatorische Lästerungen. Die Liebe kennt keine Unterschiede mehr. Zuweilen wird die Fiesta zur schwarzen Messe. Man verletzt Regeln, Gewohnheiten, Sitten. Angesehene Personen reißen ihr »Maskengesicht« und ihren dunklen Anzug herab, der sie sozial hervorhebt, legen schreiende Farben an und setzen eine Larve auf, die sie von ihrem Selbst befreit.

Die Fiesta ist nicht nur Ausschweifung, rituelle Verschwendung von Gütern, die man mühsam während des Jahres angesammelt hat. Sie ist ebenso Revolte, plötzliches Eintauchen ins Formlose, in das Leben selbst. Die Fiesta befreit die Gesellschaft von den Normen, die sie sich auferlegt hat. Man spottet über Götter, Grundsätze, Gesetze. Man verleugnet sich selbst. So ist die Fiesta eine Umkehr im buchstäblichen Sinne des

Wortes. In ihrem Chaos löst sich die Gesellschaft auf, taucht in einen neuen Organismus ein, der nach bestimmten Regeln und Grundsätzen funktioniert, taucht in sich selbst, in das Urchaos und in die Urfreiheit ein. Alles kommuniziert. Das Gute vermischt sich mit dem Bösen, der Tag mit der Nacht, das Heilige mit dem Verdammten. Alles verbindet sich, verliert Form und Eigenart und kehrt zur Urmasse zurück. Die Fiesta ist ein kosmischer Vorgang, eine Erfahrung der Unordnung, die Vereinigung gegensätzlicher Elemente und Prinzipien, die eine Wiedergeburt des Lebens zur Folge hat. Der rituelle Tod erzeugt die Wiederkehr, das Erbrechen den Appetit, die an sich sterile Orgie die Fruchtbarkeit der Mütter und der Erde. Die Fiesta ist eine Rückkehr zu einem weit zurückliegenden unterschiedslosen Zustand, wie er sozusagen vor der Geburt und vor der Gesellschaft herrschte; aber auch eine Rückkehr, die, gemäß der Dialektik, die den sozialen Gegebenheiten innewohnt, ebenso Anfang bedeutet.

Gereinigt und gestärkt steigt die Gruppe aus dem Bad dieses Chaos. Sie war in sich selbst, in den Schoß, aus dem sie kam, getaucht. Mit anderen Worten, die Fiesta ignoriert die Gesellschaft als organische Gesamtheit differenzierter Formen und Prinzipien und erkennt sie als Quelle schöpferischer Energie an. Sie ist eine wahrhafte Neuerschaffung – im Gegensatz zu den modernen Festen, die keinerlei Ritus oder Zeremonie kennen und durch die Vereinzelung ihrer Teilnehmer so steril sind wie die Welt, die sie erfunden hat.

In der Fiesta kommuniziert die Gesellschaft mit sich selbst. Ihre Mitglieder kehren – wie gesagt – zum Urchaos und zur Urfreiheit zurück. Die sozialen Strukturen lösen sich auf. Es bilden sich neue Formen von Beziehungen, unerwartete Gesetzmäßigkeiten, launengeborene Hierarchien. In der großen Unordnung geht jeder aus sich heraus, durch Situationen und Orte, die ihm sonst verschlossen sind. Die Grenzen zwischen

Zuschauer und Schauspieler, zwischen Zelebrierenden und Assistierenden verwischen sich. Zur Fiesta gehören alle, und alle gehen in ihrem Wirbel auf. Was immer auch ihre Art, ihr Charakter, ihr Wesen sein mag, die Fiesta bedeutet vor allem Teilhabe. Dieser Zug unterscheidet sie deutlich von anderen weltlichen wie religiösen Festen, Orgien und Saturnalien. Die Fiesta ist ein soziales Faktum, das auf der aktiven Teilhabe aller beruht. In der Fiesta öffnet sich der Mexikaner der Welt, nimmt Anteil, vermischt sich mit seinesgleichen und den Werten, die seiner religiösen und politischen Existenz Sinn geben. Ist es aber nicht merkwürdig, dass ein so trauriges Land wie das unsere so viele und so ausgelassene Fiestas kennt? Der große Zuspruch, der besondere Glanz, die Begeisterung ihrer Teilnehmer scheinen zu sagen, dass wir ohne sie zerspringen würden. Sie machen uns – und sei es nur für einen Augenblick – frei von allen ausweglosen Impulsen, all dem entzündbaren Stoff, der sich in unserem Innern anhäuft. Aber im Gegensatz zu dem, was in anderen Gesellschaften vorgeht, ist die mexikanische Fiesta nicht nur Rückkehr zum Urzustand der Unterschiedslosigkeit und der absoluten Freiheit. Der Mexikaner will weniger zurückkehren als aus sich selbst herausgehen, sich selber übersteigen. Für uns bedeutet die Fiesta Explosion, Ausbruch, Tod und Leben, Jubel und Jammer, Gesang und Geheul vermischen sich in unseren Fiestas, nicht um einer gegenseitigen Neuerschaffung und Anerkennung, sondern um einer Auslöschung willen. Denn es gibt nichts Ausgelasseneres als eine mexikanische Fiesta – aber auch nichts Traurigeres.

Die Nacht der Fiesta ist zugleich eine Nacht der Trauer. Während wir uns im Alltagsleben vor uns selbst verstecken, lassen wir im Wirbel der Fiesta gänzlich die Zügel schleifen. Wir öffnen uns nicht nur, wir reißen uns auf, und alles – Gesang, Liebe, Freundschaft – endet in einem herzzerreißenden

Geheul. Die Wucht unserer Feste zeigt deutlich, wie weit unser Hermetismus uns die Wege der Kommunikation mit der Welt versperrt. Wir kennen das Lied, das Geheul, den Wahnsinn und den Monolog, aber nicht den Dialog. Unsere Fiestas wie unsere Vertraulichkeiten, Liebschaften und unsere Versuche, die Gesellschaft neu zu ordnen, stellen einen heftigen Bruch mit dem Alten und Etablierten dar. Immer, wenn wir nach dem Ausdruck unserer selbst suchen, müssen wir mit uns selbst brechen. Und die Fiesta ist nur ein Beispiel – vielleicht das typischste – dieses heftigen Bruchs.

Es fiele mir nicht schwer, noch andere, ebenso aufschlussreiche Beispiele aufzuzählen. Etwa das Glücksspiel, das wir bis zum Äußersten, oft bis zum Tod, treiben, oder unsere Verschwendungssucht, die Kehrseite unserer Scheu vor Investitionen im Wirtschaftsleben; schließlich unsere Geständnisbesessenheit. Der Mexikaner ist ein finsteres, verschlossenes Wesen, das schnell explodiert, sein Herz ausschüttet, mit einer gewissen Wollust sich zur Schau stellt und dann wieder schamvoll und erschrocken in die Winkel seines Innern flüchtet. Wir sind nicht offen, aber unsere Aufrichtigkeit kann so extrem sein, dass sie einen Europäer in Schrecken versetzt. Die explosive, dramatische und selbstmörderische Art, wie wir uns entblößen und hingeben, macht deutlich, dass uns etwas hemmt und zu ersticken droht. Etwas hindert uns zu »sein«. Und da wir nicht wagen – oder nicht die Möglichkeit haben –, uns unserem eigenen Wesen entgegenzustellen, nehmen wir Zuflucht zur Fiesta, die uns in das Nichts schleudert: brennende Trunkenheit, Herumballern, Feuerwerk.

Für die alten Mexikaner war der Gegensatz zwischen Tod und Leben nicht so unbedingt wie für uns. Der Tod war ein verlängertes Leben und umgekehrt. Somit war er nicht das eigentliche Ende des Lebens, sondern nur eine Phase im unendlichen Kreislauf. Leben, Tod, Wiederauferstehung waren

Stadien eines kosmischen Vorgangs, der sich unaufhörlich wiederholte. Das Leben hatte keine wichtigere Aufgabe, als in den Tod, seinen Gegensatz und seine Ergänzung, einzumünden. Der Tod seinerseits war kein Ende an sich: Der Mensch nährte mit ihm das unstillbar gefräßige Leben. Das Opfer hatte daher einen doppelten Sinn: Einerseits verschaffte es dem Menschen Zugang zum schöpferischen Prozess, indem er den Göttern die Schuld bezahlte, die seine Gattung auf sich geladen hatte, andererseits unterhielt es das kosmische und menschliche Leben, das sich wiederum von jener Schuld nährte.

Der vielleicht charakteristischste Aspekt dieser Auffassung ist das unpersönliche Wesen des Opfers. Denn ebenso wenig wie ihr Leben hatte ihr Tod eine persönliche Bestimmung. Alle Toten, einschließlich der gefallenen Krieger und der im Kindbett gestorbenen Mütter, wurden Begleiter Huitzilopochtlis, des Sonnengottes, verschwanden nach einer gewissen Zeit, bald um in das unterschiedslose Reich der Schatten zurückzukehren, bald um mit der Luft, der Erde, dem Feuer, der belebenden Substanz des Alls, zu verschmelzen. Unsere mexikanischen Ahnen glaubten weder, der Tod gehöre ihnen, noch glaubten sie, ihr Leben sei wirklich – im christlichen Sinne des Wortes – ihr Leben. Alles verband sich, um gleich bei der Geburt Leben und Tod eines jeden Menschen festzulegen: soziale Zugehörigkeit, Ort, Jahr, Tag und Stunde der Geburt. Der Azteke war ebenso wenig verantwortlich für seine Taten wie für seinen Tod.

Erst der eindringende Katholizismus hat diese Lage radikal verändert. Opfer und Heilsgedanke, die vorher nur das Kollektiv betrafen, gelten jetzt für das Individuum. Die Freiheit wurde etwas Menschliches durch ihre Verkörperung im Menschen. Für die alten Azteken bestand die wesentliche Aufgabe darin, die Fortdauer der Schöpfung zu sichern. Das Opfer bedeutete daher nicht das Heil des Menschen, sondern das

Heil des Kosmos. Die Welt – und nicht das Individuum – lebte vom Blut der Menschenopfer. Für die Christen aber zählt das Individuum. Welt, Geschichte, Gesellschaft sind von vornherein verdammt. Christi Tod hat den Einzelmenschen gerettet. Und jeder von uns ist »der Mensch«. In jedem von uns sind die Hoffnungen und Möglichkeiten der Gattung angelegt. Die Erlösung ist ein persönliches Werk.

Der moderne Tod hat nichts, das ihm Transzendenz verleiht oder sich auf andere Werte bezieht. Fast immer ist er das unvermeidliche Ende eines natürlichen Vorgangs. In einer Welt der Tatsachen ist der Tod nur eine Tatsache mehr. Da er aber eine unangenehme Tatsache ist, die alle unsere Auffassungen und den Sinn unseres Lebens in Abrede stellt, versucht die »Philosophie des Fortschritts« – Scheler stellt die Frage nach Ausgangspunkt und Ziel des Fortschritts –, seine Existenz hinwegzuzaubern. In der modernen Welt »funktioniert« alles, als gäbe es den Tod überhaupt nicht. Niemand rechnet mit ihm, alles verdrängt ihn: die Reden der Politiker, die Geschäftsanzeigen, die öffentliche Moral, Sitte, die billigen Freuden und das staatliche Gesundheitswesen, das uns Krankenhäuser, Apotheken, Sportplätze verschafft. Doch der Tod, der heute kein Durchgang mehr, sondern ein großer, gähnender Rachen ist, welcher durch nichts gesättigt werden kann, wohnt in allen unseren Unternehmungen. Das Jahrhundert der Gesundheit, der Hygiene, Geburtenbeschränkung, der Wunderdrogen und der synthetischen Nahrung ist auch das Jahrhundert der Konzentrationslager, des Polizeistaates, der Atombombe, der Kriminalität. Niemand denkt »an seinen eigenen Tod«, wie Rilke sagte, denn niemand lebt sein eigenes Leben. Der kollektive Tod ist eine Folge des kollektiven Lebens.

Auch für den modernen Mexikaner hat der Tod keinen Sinn mehr. Er ist kein Durchgang zu einem anderen Leben, das »mehr Leben« als das irdische ist. Aber die Transzendenzlosigkeit des modernen Todes vermag diesen nicht aus unserem Alltagsleben auszuklammern. Für einen Pariser, New Yorker oder Londoner ist der Tod ein Wort, das man vermeidet, weil es die Lippen verbrennt. Der Mexikaner dagegen sucht, streichelt, foppt, feiert ihn, schläft mit ihm; er ist sein Lieblingsspielzeug und seine treueste Geliebte. Vielleicht quält ihn ebenso die Angst vor ihm wie die andern, aber er versteckt sich nicht vor ihm, noch verheimlicht er ihn, sondern sieht ihm mit Geduld, Verachtung oder Ironie frei ins Gesicht. »Wenn sie mich morgen töten wollen, sollen sies ein für alle Mal tun«, sagt ein Volkslied. Die Geringschätzung des Todes nährt der Mexikaner aus seiner Geringschätzung des Lebens. Er postuliert nicht nur die Transzendenzlosigkeit des Todes, sondern auch die des Lebens. Unsere Lieder, Sprichwörter und Fiestas bezeugen unmissverständlich, wie wenig der Tod uns zu schrecken vermag, denn das Leben hat uns gegen Schrecken gefeit. Sterben ist natürlich, sogar wünschenswert; je früher, desto besser. Unsere Geringschätzung des Todes ist also die Kehrseite unserer Geringschätzung des Lebens. Wir töten, weil das Leben – das eigene wie das fremde – keinen Wert hat. Und das ist natürlich: Leben und Tod sind untrennbar; jedes Mal, wenn das Leben seinen Sinn verliert, verliert auch der Tod seine Transzendenz. Der mexikanische Tod ist der Spiegel des mexikanischen Lebens.

Der Kult des Todes ist, wenn er tiefgründig und vollkommen ist, auch ein Kult des Lebens. Beide sind untrennbar. Eine Kultur, die den Tod verleugnet, verleugnet auch das Leben. Die Perfektion der modernen Kriminalität ist jedoch keine Folge des technischen Fortschritts, sondern der Missachtung des Lebens, die unerbittlich jedem mutwilligen Hinwegzaubern des Todes stillschweigend zugrunde liegt. Man könnte hinzufügen, die Perfektion der modernen Technik und die

Beliebtheit der Kriminalgeschichte seien nur Früchte – wie die Konzentrationslager und die Anwendung kollektiver Ausrottungsmethoden – einer zu optimistischen, einseitigen Auffassung unseres Daseins. Demnach ist es nutzlos, den Tod aus unseren Vorstellungen, Worten, Gedanken zu verdrängen, der uns ja doch alle auslöschen wird, und gerade die, die ihn im Leben ignorieren oder vorgeben, ihn zu ignorieren.

Wenn der Mexikaner – aus Rache, Wollust, Laune – einen Mord begeht, ermordet er ein menschliches Wesen, einen seinesgleichen. Die modernen Kriminellen und Staatsmänner aber morden nicht, sie löschen aus. Sie experimentieren mit Wesen, die ihre menschliche Eigenart schon verloren haben. In den Konzentrationslagern wird der Mensch erst entwürdigt und dann – sobald er zum reinen Objekt geworden ist – massenweise ausgerottet. Der typische Großstadtverbrecher, welche Gründe auch immer ihn antreiben, führt in kleinem Maßstab aus, was der moderne Diktator im Großen plant. Auch er experimentiert: vergiftet, zersetzt Leichname mit Säuren, verbrennt menschliche Überreste, macht sein Opfer zum Objekt. Die alte Beziehung zwischen Opfer und Opferer – die Einzige, die das Opfer vermenschlicht und verständlich macht – besteht nicht mehr. Wie in de Sades Romanen gibt es nur noch Henker und Objekte, Instrumente des Genusses und der Zerstörung. Das Fehlen des Opfers macht die schreckliche Einsamkeit des Opferers noch unerträglicher, absoluter. Für uns hat das Töten immer noch einen Bezug – und in diesem Sinne hat es dieselbe befreiende Wirkung wie die Fiesta oder die Beichte. Daher seine Dramatik, seine Poesie und – warum es verschweigen? – seine Größe. Töten verschafft uns für einen Moment Zugang zur Transzendenz.

Zum ursprünglichen Tod zurückkehren heißt zum Leben vor diesem Leben, zum Leben vor diesem Tod zurückkehren, zur Vorwelt, zum Mutterschoß.

Wenn wir auf der Fiesta, im Rausch oder bei der Beichte uns öffnen, geschieht das mit so viel Violencia, dass wir uns schier zerreißen und schließlich uns selbst verneinen. Vor dem Tod aber wie vor dem Leben zucken wir die Achseln, bewahren eisiges Schweigen oder zeigen ein verächtliches Lächeln. Die Fiesta und der Mord aus bloßer Leidenschaft lassen den Gleichmut, mit dem wir protzen, als eine Maske erscheinen, die ständig durch den Ausbruch unseres Innern zerrissen werden kann.

Alle diese Haltungen zeigen, dass der Mexikaner in sich selbst wie im Blut seines Volkes ein Stigma trägt, das trotz aller Unauffälligkeit nicht weniger lebendig, tief und unauslöschlich ist. Alle unsere Gesten sind darauf abgestellt, diese Wunde zu verdecken, die jederzeit sich entzünden und unter dem Strahl eines fremden Blickes immer wieder aufbrechen kann.

Blühendes, stachliges Mexiko

Pablo Neruda

Meine Regierung entsandte mich nach Mexiko. Angefüllt mit dem tödlichen Gram von so viel Schmerz und Verwirrung, war es mir im Jahre 1940 vergönnt, auf der Hochebene von Anahuac aufzuatmen, einer Gegend, der Alfonso Reyes die durchsichtigste Luft zuspricht.

Mexiko mit seinem Feigenkaktus und der Schlange, blühendes, stachliges Mexiko, trocken und orkanreich, gewaltig in Entwurf und Farbe, gewaltig in Eruption und Kreation, Mexiko hüllte mich ein in seine Zauberei und sein überraschendes Licht.

Ich habe es jahrelang durchwandert, von Markt zu Markt. Denn Mexiko lebt auf seinen Märkten. Es lebt nicht in den kehligen Liedern seiner Filme, nicht im bäurischen Kitsch von Schnauzbart und Pistole. Mexiko ist ein Land der karminroten und türkisschillernden Umhänge. Mexiko ist ein Land der Gefäße und Krüge und der von einem Insektenschwarm zerfressenen Früchte. Mexiko ist ein unendlich großes Feld von stahlblaufarbenen, gelbstacheligen Agaven.

All das bieten die schönsten Märkte der Welt. Frucht und Wolle, Ton und Webstuhl beweisen den erstaunlichen Reichtum der fruchtbaren, ewigen mexikanischen Hände.

Ich habe Mexiko durchstreift, bin an all seinen Küsten entlanggewandert, an seinen hohen, von einem unaufhörlichen Leuchtblitz entzündeten Küsten. Seit Topolombambo in Sinaloa beuge ich mich diesen hemisphärischen Namen, herbe Namen, welche die Götter Mexiko zum Erbe hinterließen, als die Menschen auf ihrer Erde zu herrschen begannen, weniger grausam als die Götter. Ich bin durch all die Silben voller Geheimnis und Glanz, durch all die morgenroten Laute gezogen. Sonora und Yucatán, Anahuac, ragend wie ein erkaltetes Kohlenbecken, in dem alle wirren Gerüche zusammenkommen von Nayarit bis Michoacán, von wo aus man den Rauch der kleinen Insel Janitzio erkennt und den Agaven-Mais-Geruch, der von Jalisco aufsteigt, und den Schwefeldunst des neuen Vulkans von Paricutín, der sich mit der duftenden Feuchtigkeit der Fische vom Pátzcuaro-See verbündet. Mexiko, letztes der magischen Länder, magisch durch Alter und Geschichte, magisch durch Musik und Geografie. Meinem Landstreicherweg folgend über diese vom ewig währenden Blut gegeißelten, von einem breiten Faden von Blut und Moos durchzogenen Steine, fühlte ich mich riesenhaft und greis, würdig, zwischen so viel uralter Schöpfung zu wandern. Von gewaltigen Felswänden eingedämmte tiefe Täler, dann und wann hohe, wie mit dem Messer durchschnittene Hügel, unermessliche, von Holz und Schlangen, von Vögeln und Legenden wimmelnde Tropenwälder. In diesem weiten Gebiet, das bis zu seinen äußersten Grenzen bewohnt ist vom Kampf des Menschen in der Zeit, in seinen großen Räumen, erkannte ich, dass wir, Chile und Mexiko, die Antipodenländer Amerikas sind. Diplomatisch-konventionelle Phrasen wie die des japanischen Botschafters, der Chiles Kirschbäume, des englischen, der unsere Küstennebel, des argentinischen oder deutschen, die unsere Schneeberge erwähnen, um uns einzureden, wir seien allen anderen Ländern ähnlich, sehr ähnlich, haben mich immer kaltgelassen. Gerade die landesbedingten Verschiedenheiten, die in allen Breitengraden ganz anders ausfallende irdische Frucht, gefallen mir. Ich setze Mexiko, das geliebte Land, in keiner Weise herab, wenn ich es unserem Meer- und Kornland als fernsten Pol gegenüberstelle, vielmehr hebe ich damit nur seine Unterschiede hervor, damit unser Amerika all seine Schichten, seine Höhen und Tiefen zeige. Es gibt in Amerika und vielleicht auf dem Planeten kein Land mit größerer menschlicher Tiefe als Mexiko und seine Bewohner. In seinen großen Lichtpunkten wie in seinen gigantischen Irrtümern ist dieselbe Verkettung von grandiosem Edelmut mit hoher Lebenskraft, unerschöpflicher Geschichte und unaufhörlichem Werden zu erkennen.

Durch seine Fischerdörfer, wo die Netze so durchsichtig sind, dass sie einem großen Falter gleichen, der ins Wasser taucht, um dort die ihm fehlenden Silberschuppen zu erwerben; durch seine Minenzentren, wo das soeben geförderte Erz sich in harte Barren von herrlicher Geometrie verwandelt; auf den Landstraßen, an denen katholische Klöster auftauchen, dick und stachlig wie Riesenkakteen; auf den Märkten, wo das Gemüse sich wie eine Blume darbietet und wo der Reichtum an Farben und Gerüchen Schwindel erregt, durchquerten wir eines Tages Mexiko und gelangten nach Yucatán, versunkene Wiege der ältesten Rasse der Welt, das abgöttische Mayab. Dort ist die Erde erschüttert von Geschichte und Ursprung. Zwischen Agaven stehen noch die von Intelligenz und Opfern erfüllten Ruinen.

Nachdem wir die letzten Wege zurückgelegt hatten, erreichten wir das unübersehbare Gebiet, wo die alten Mexikaner ihre üppige Geschichte im Urwald verborgen haben. Dort stießen wir auf eine Art von Wasser, das geheimnisvollste aller irdischen Gewässer. Es ist kein Meer, es ist kein Bach, kein Fluss, keine der bekannten Wasserarten. In Yucatán gibt es nur unter der Erde Wasser; plötzlich durchbricht es diese und es entstehen riesige, wilde Lachen mit tropisch bewachsenen Ufern, und aus der Tiefe leuchtet grünes Wasser auf wie ein Zenit. Die Mayas entdeckten diese Cenote – Wassergrotte – genannten unterirdischen Wasserspeicher und heiligten sie mit sonderbaren Riten. Wie in allen Religionen weihten sie von Anfang an Bedürfnis und Fruchtbarkeit, so wurde die Dürre dieser Erde mit dem verborgenen Wasser besiegt, dem sich die Erde ergab. Dann vergrößerten über diesen heiligen Wasserspeichern durch Jahrtausende die primitiven eindringenden Religionen das Geheimnis des geheimnisvollen Wassers. An den Ufern des Cenote wurden Hunderte blüten- und goldgeschmückter Jungfrauen nach vorangegangenen Hochzeitszeremonien mit Kleinodien beladen und von der Höhe in die fließenden und unergründlichen Wasser gestürzt. Aus der Tiefe stiegen die Blüten und Kronen der Jungfrauen an die Oberfläche, doch die mit goldenen Ketten Gefesselten blieben im Schlamm des fernen Brunnengrundes.

Die Juwelen wurden zu einem geringen Teil nach Tausenden von Jahren wieder gefunden und liegen nun in den Glaskästen der Museen von Mexiko und Nordamerika. Als ich diesen verlassenen Ort betrat, suchte ich nicht das Gold, sondern den Klageschrei der ertrunkenen Jungfrauen. Im seltsamen Kreischen der Vögel glaubte ich das Todesgeröchel der Jungfrauen zu hören, und im blitzschnellen Flug, mit dem sie die unheimliche Weite des uralten Wassers überquerten, glaubte ich die vergilbten Hände der jungen Toten zu erkennen.

Ich sah einmal, wie sich auf der Statue, die ihre helle Steinhand über das Wasser und in die ewige Luft streckte, eine Taube niederließ. Ich weiß nicht, ob ein Adler sie verfolgte. Sie hatte nichts zu suchen in dieser Gegend, in der nur Vögel wie der »Wegabkürzer« mit seiner Stotterstimme, der Quetzal mit seinem Fabelgefieder, der Kolibri aus Türkis und die Raubvögel den Urwald metzelnd und ruhmreich beherrschten. Die

Taube ruhte in der Hand der Statue wie eine weiße Schneeflocke auf tropischem Stein. Ich sah sie an, weil sie aus einer anderen Welt stammte, aus einer maßvoll-harmonischen Welt, von einer pythagoreischen Säule oder einer mittelmeerischen Zahleneinheit. Sie hielt inne am Rande der Finsternis, achtete mein Stillschweigen, weil ich selbst dieser amerikanischen, blutigen, uralten Urwelt schon angehörte, sie flog vor meinen Augen auf und verlor sich im Himmel.

Die mexikanischen Maler

Die Malerei beherrschte das geistige Leben Mexikos. Diese mexikanischen Maler überhäuften die Stadt mit Geschichte und Geografie, mit bürgerlichen Angriffen, mit eisenharten Polemiken. Auf einsamer Höhe stand José Clemente Orozco, ein einarmiger, verkümmerter Titan, eine Art Goya seines gespenstischen Vaterlandes. Oft habe ich mit ihm gesprochen. Seine Erscheinung schien der Gewalttätigkeit, die sein Werk prägt, zu entbehren. Er besaß die Sanftmut des Töpfers, der an der Drehbank eine Hand eingebüßt hat und sich verpflichtet fühlt, mit der verbliebenen weiterhin Welten zu schaffen. Seine Soldaten und Soldatenfrauen, seine von Vorarbeitern erschossenen Bauern, seine Sarkophage mit ihren schrecklichen Gekreuzigten bilden den unsterblichen Teil unserer amerikanischen Malerei und werden die Offenbarung unserer Grausamkeit bleiben.

Diego Rivera hatte in jenen Jahren schon so viel gearbeitet und mit allen so heftig gestritten, dass der Maler von Riesenfiguren bereits der Fabel angehörte. Wenn ich ihn ansah, kam es mir sonderbar vor, keinen Schuppenschweif an ihm zu entdecken oder Spalthufe.

Diego Rivera war immer erfindungsreich. Vor dem ersten

Weltkrieg hatte Ilja Ehrenburg in Paris ein Buch über seine Großtaten und Mystifikationen veröffentlicht: *Die ungewöhnlichen Abenteuer des Julio Jurenito*.

Dreißig Jahre später war Diego Rivera noch immer der Großmeister der Malerei und des Fabulierens. Er riet zum Verzehren von Menschenfleisch als gesunde Diät und Feinschmeckerkost. Er verteilte Rezepte für das Kochen von Leuten aller Lebensalter. Ein andermal erging er sich in Theorien über die lesbische Liebe; dabei behauptete er, diese Beziehung sei die einzig normale, das sei nachzuweisen an den ältesten geschichtlichen Spuren, die bei von ihm persönlich geleiteten Ausgrabungen gefunden worden seien.

Gelegentlich unterhielt er mich stundenlang, bewegte dabei seine düsteren Indioaugen und gab mir seine jüdische Herkunft zu erkennen. Andere Male vergaß er seine früheren Unterhaltungen und schwor, er sei der Vater General Rommels, doch dies müsse ganz unter uns bleiben, da eine solche Enthüllung schwerwiegende internationale Folgen zeitigen könne.

Sein Tonfall ungewöhnlicher Überzeugungskraft und seine seelenruhige Art, mit der er die haarsträubendsten und unerwartetsten Details seiner Lügenmärchen zum Besten gab, machten ihn zum faszinierendsten Schaumschläger, dessen Zauber niemand, der ihn je gekannt hat, vergessen wird.

David Alfaro Siqueiros saß damals im Gefängnis. Jemand hatte ihn zu einem bewaffneten Überfall auf Trotzkis Haus angestiftet. Ich lernte ihn im Gefängnis kennen, doch in Wirklichkeit auch außerhalb, denn wir gingen mit dem Kommandanten Pérez Rulfo, dem Gefängnishäuptling, gelegentlich aus und tranken in der Nähe, wo wir nicht auffielen, ein Gläschen oder zwei. Spät in der Nacht kehrten wir zurück, und ich verabschiedete mich mit einer Umarmung von David, der hinter seinen Gittern zurückblieb.

Einmal, auf dem Rückweg von der Straße ins Gefängnis, lernte ich Siqueiros' Bruder kennen, einen höchst sonderbaren Menschen namens Jesús Siqueiros. Das Wort arglistig, freilich im guten Sinn, kennzeichnet ihn wohl am besten. Er glitt an den Wänden entlang, ohne Lärm zu machen oder sich zu bewegen. Plötzlich fühltest du ihn hinter oder neben dir. Er sprach höchst selten und wenn, dann murmelte er nur. Was ihn nicht hinderte, in einem kleinen Handkoffer, den er bei sich trug, gleichfalls völlig geräuschlos, vierzig oder fünfzig Pistolen zu transportieren. Einmal öffnete ich aus reiner Zerstreutheit den Handkoffer und entdeckte zu meinem Erstaunen jenes Arsenal von schwarzen, perlmuttfarbenen und silbernen Griffen.

All das für nichts und wieder nichts, denn Jesús Siqueiros war so friedfertig wie sein Bruder David ungestüm. Auch Jesús besaß die Gaben eines großen Künstlers, richtiger: eines Schauspielers oder Mimen. Ohne Körper und Hände zu bewegen, ohne einen Laut von sich zu geben, ließ er nur sein Gesicht spielen, dessen Züge er beliebig veränderte, und drückte höchst lebendig in aufeinanderfolgenden Masken den Schrecken aus, die Angst, die Freude, die Zärtlichkeit. Dies bleiche Gespenstergesicht begleitete ihn durch sein Lebenslabyrinth, aus dem er dann und wann auftauchte, beladen mit Pistolen, die er nie benutzte.

Diese vulkanischen Maler hielten die Öffentlichkeit ständig in Atem. Manchmal trugen sie fürchterliche Polemiken aus. Als ihnen in einem dieser Streitgespräche die Argumente ausgingen, zogen Diego Rivera und Siqueiros große Pistolen und schossen fast gleichzeitig, allerdings auf die Flügel von Gipsengeln an der Decke des Theaters. Als die schweren Gipsfedern auf die Köpfe der Zuschauer fielen, verließen diese fluchtartig das Theater, und die Diskussion endete mit starkem Pulvergeruch und leerem Saal.

Rufino Tamayo lebte damals nicht in Mexiko. Von New York aus reisten seine Ölbilder in die Welt, vielschichtig und glühend und ebenso repräsentativ für Mexiko wie die Früchte und die Stoffe seiner Märkte.

Es gibt keine Parallele zwischen Diego Riveras und David Alfaro Siqueiros' Malerei. Diego ist ein linearer Klassiker; mit dieser unendlich wogenden Linie, einer Art historischer Kalligrafie, packte er die Geschichte Mexikos an und verlieh ihren Fakten, Bräuchen und Tragödien Profil. Siqueiros ist die Explosion eines vulkanischen Temperaments, das erstaunliche Technik mit großen Forschungen verbindet.

Zwischen heimlichen Ausflügen aus dem Kerker und Unterhaltungen über Gott und die Welt planten Siqueiros und ich seine endgültige Befreiung. Mit einem von mir selbst in seinen Pass gestempelten Visum reiste er mit seiner Frau, Angélica Arenales, nach Chile. Mexiko hatte in der Stadt Chillán, die von Erdbeben zerstört worden war, eine Schule gebaut, und in dieser »Mexikoschule« malte Siqueiros eins seiner ungewöhnlichsten Wandbilder. Die chilenische Regierung bezahlte mir diesen Dienst an der Kultur meines Landes damit, dass sie mich als Konsul zwei Monate lang suspendierte.

Napoleón Ubico

Ich beschloss, Guatemala zu besuchen. Ich fuhr per Auto dorthin. Wir kamen durch die Landenge von Tehuantepec, Mexikos goldener Gegend, mit ihren wie Schmetterlinge gekleideten Frauen und einem Geruch nach Honig und Zucker in der Luft. Dann empfing uns der große Wald von Chiapas. Abends hielten wir, erschreckt von den Geräuschen, von der Telegrafie des Urwalds, den Wagen an. Tausende von Zikaden entsandten ein heftiges, planetarisches Geräusch, das unglaublich klang. Mexikos Geheimnis breitete seinen grünen Schatten über die uralten Bauten, über Bildnisse aus alter Zeit, Kleinode und Monumente, Kolossalköpfe, Steintiere. All das ruhte im Wald, im tausendjährigen Dasein unerhörten Mexikanertums. Nach Überschreitung der Grenze auf dem Hochland Zentralamerikas betörte mich der schmale Weg von Guatemala mit seinen Lianen und seinen Riesenblättern, dann mit seinen friedlichen Seen auf der Höhe, wie von verstiegenen Göttern vergessene Augen, und endlich mit seinen Kiefernwäldern und breiten Urflüssen, aus deren Wasser ganze Herden von Seekühen und Lamantinos wie menschliche Wesen tauchten.

Ich verbrachte eine Woche mit Miguel Angel Asturias, der noch nicht mit seinen siegreichen Romanen hervorgetreten war. Wir begriffen, dass wir als Brüder geboren worden waren, und trennten uns fast keinen Tag. Abends entschlossen wir uns plötzlich, die fernen, nebelverhangenen Gebirgsgegenden oder die tropischen Häfen der United Fruit aufzusuchen.

Die Guatemalteken hatten kein Recht, frei zu reden, und niemand sprach mit dem anderen über Politik. Die Wände hörten und verrieten. Bei bestimmten Gelegenheiten hielten wir den Wagen auf der Höhe eines Tafellandes an, und gewiss, dass niemand hinter einem Baum stand, besprachen wir eingehend die Lage.

Der Caudillo hieß Ubico und regierte seit ungezählten Jahren. Er war ein korpulenter Mann mit kalten Augen und folglich grausam. Er diktierte das Gesetz, und nichts bewegte sich in Guatemala ohne seine ausdrückliche Anweisung. Ich lernte einen seiner Sekretäre kennen, heute mein Freund, ein Revolutionär. Dafür, dass dieser ihm in einer belanglosen Einzelheit widersprochen hatte, ließ Ubico ihn in seinem Arbeitszimmer des Präsidentenpalasts an eine Säule fesseln und peitschte ihn erbarmungslos.

Die jungen Dichter luden mich zu einem Leseabend ein. Sie baten Ubico telegrafisch um Erlaubnis. Alle meine Freunde und junge Studenten füllten das Lokal. Ich las meine Gedichte mit Lust, weil sie die Fenster jenes weiten Gefängnisses einen Spalt zu öffnen schienen. Der Polizeichef saß auffällig in der ersten Reihe. Gleich darauf erfuhr ich, dass vier Maschinengewehre auf mich und auf das Publikum gerichtet waren und dass diese in Aktion treten würden, sobald der Polizeichef ostentativ seinen Parkettplatz verlassen und die Lesung unterbrechen würde.

Doch es passierte nichts, der Kerl blieb bis zum Schluss.

Dann wollten sie mich dem Diktator vorstellen, einem von napoleonischem Wahnsinn brennenden Menschen. Dieser ließ sich eine Locke in die Stirn wachsen und liebte es, sich in Bonapartes Pose aufnehmen zu lassen. Man bedeutete mir, einen derartigen Vorschlag zurückzuweisen sei gefährlich, dennoch zog ich vor, ihm nicht die Hand zu geben, und kehrte schleunigst nach Mexiko zurück.

Pistolen-Anthologie

Das Mexiko jener Zeit war weniger revolverforsch als revolverfromm. Es herrschte der Revolverkult, der Fetischismus des »Fünfundvierzigers«. Unablässig blitzten die Pistolen. Die Parlamentskandidaten und die Zeitungen leiteten Kampagnen für »Revolverentziehungskuren« ein, begriffen aber bald, dass es leichter war, dem Mexikaner einen Zahn zu ziehen, als ihm seine heiß geliebte Feuerwaffe zu entziehen.

Einmal feierten die Dichter mich mit einer Fahrt in einem blumengeschmückten Boot. Fünfzehn oder zwanzig Boote taten sich auf dem See von Xochimilco zusammen und schifften mich zwischen Wasser und Blumen, durch Kanäle und Gebirgsrinnen eines seit der Zeit der Azteken für Blumenfahrten wie geschaffenen Sumpfgewässers spazieren. Das Fahrzeug quillt rundherum über von Blumen, wunderbaren Gestalten und Farben. Die Hände der Mexikaner wie die der Chinesen sind unfähig, etwas Hässliches zu schaffen, gleich ob aus Stein, aus Silber, aus Ton oder Nelken.

Während der Fahrt bestand einer dieser Dichter, allerdings nach zahlreichen Tequilas und um mir auf ganz besondere Weise zu huldigen, darauf, dass ich mit seiner prachtvollen Pistole, deren Griff mit silbernen und goldenen Zeichen verziert war, gen Himmel schösse. Sofort zog sein Kollege neben ihm eine aus der Patronentasche, versetzte damit vor Begeisterung der seines Vorgängers einen Schlag und forderte mich auf, die Schüsse aus seiner Waffe abzufeuern. Bei dem Lärm drängten sich die übrigen Rhapsoden um mich, jeder förderte entschlossen seine Pistole zutage, sie schwangen sie um meinen Kopf, damit ich die des einen wählte und nicht die der anderen. Dieser bewegte Baldachin aus Pistolen, die mir vor der Nase oder unter den Achseln herumwedelten, wurde immer bedrohlicher, bis mir der Gedanke kam, einen dieser großen Hüte zu nehmen und sie alle darin einzusammeln, nachdem ich sie vom Bataillon der Poeten im Namen der Poesie und des Friedens erbeten hatte. Alle gehorchten, und so gelang es mir, die Waffen auf mehrere Tage zu beschlagnahmen und sie in meinem Haus zu verwahren. Ich glaube, ich bin der einzige Dichter, der mit einer Pistolenanthologie geehrt worden ist.

Warum Neruda

Das Salz der Erde hatte sich in Mexiko versammelt. Exilschriftsteller aus allen Ländern hatten sich in den Schutz der mexikanischen Freiheit begeben, solange der Krieg sich in

Europa hinzog und Hitlers Streitkräfte Sieg auf Sieg erkämpft und bereits Frankreich und Italien besetzt hatten. Da waren Anna Seghers und, unter anderen, der mittlerweile verstorbene tschechische Reporter Egon Erwin Kisch. Dieser Kisch hat einige faszinierende Bücher hinterlassen, ich bewunderte seinen Erfindungsreichtum, seinen kindlichen Vorwitz und seine Zauberkunststücke. Kaum betrat er meine Wohnung, da zog er bereits ein Ei aus seinem Ohr, oder er schluckte nacheinander bis zu sieben Münzen, die dem armen großen verbannten Schriftsteller sicherlich sehr fehlen mussten. Wir hatten uns bereits in Spanien kennengelernt, und da er unbedingt wissen wollte, warum ich mich Neruda nannte, ohne mit diesem Nachnamen geboren zu sein, sagte ich scherzend: »Großer Kisch, du hast zwar das Geheimnis des Oberst Redl aufgeklärt (ein berühmter Spionagefall Österreichs aus dem Jahre 1914), aber nie wirst du das Geheimnis meines Namens Neruda aufklären.«

Und so war es. Er sollte in Prag sterben, bedacht mit allen Ehren seines mittlerweile befreiten Vaterlandes, doch sollte er nicht herausfinden, warum Neruda Neruda hieß.

Die Antwort war zu simpel und so bar des Wunderbaren, dass ich wohlweislich den Mund gehalten hatte. Als ich vierzehn Jahre alt war, verfolgte mein Vater argwöhnisch meine literarische Tätigkeit. Um die Veröffentlichung meiner ersten Verse zu vertuschen, suchte ich mir einen Nachnamen, der völlig unverdächtig war. In einer Zeitschrift fand ich diesen tschechischen Namen, ohne überhaupt zu wissen, dass es sich um einen von einem ganzen Volk verehrten großen Schriftsteller handelte, den Verfasser herrlicher Balladen und Romanzen, dem Prag im Stadtteil Mala Strana ein Denkmal errichtet hat. Viele Jahre später, kaum in Prag angekommen, legte ich eine Blume zu Füßen seines bärtigen Standbilds nieder.

Der Vorabend von Pearl Harbour

In mein Haus kamen Wenceslao Roces aus Salamanca und Constancia de la Mora, eine Republikanerin und Verwandte des Herzogs von Maura, dessen Buch *In Place of Splendor* ein Bestseller in Nordamerika wurde, und León Felipe, Juan Rejano, Moreno Villa, Herrera Petere, Dichter, Miguel Prieto, Rodríguez Luna, Maler – alles Spanier. Die Italiener Vittorio Vidale, berühmt dafür, Kommandant Carlos des 5. Regiments gewesen zu sein, und Mario Montagnana, Exilitaliener voller Erinnerungen, erstaunlicher Geschichten und einer in fortwährender Bewegung befindlichen Kultur. Hierher kamen auch Jacques Soustelle und Gilben Medioni. Dies waren gaullistische Führer, Vertreter des Freien Frankreich. Außerdem wimmelte es von freiwilligen oder unfreiwilligen Exilierten aus Mittelamerika, Guatemalteken, Salvadorenser, Hondurenser. Dies ganze Völkchen füllte Mexiko mit vielnationalen Interessen, und manchmal pulsierte es in meinem Haus, einer alten Quinta im Stadtviertel San Angel, als schlüge dort das Herz der Welt.

Magie und Mysterium

Überdies wurde mir klar, dass die unterdrückte, gewalttätige und nationalistische, in ihre präkolumbianische Höflichkeit verpackte mexikanische Welt auch ohne meine Gegenwart und Zeugenschaft so bleiben würde.

Als ich in mein Land zurückzukehren beschloss, verstand ich das mexikanische Leben weniger als bei meiner Ankunft.

Künste und Literatur entstanden in rivalisierenden Kreisen, und wehe dem, der von außen Partei ergriff für oder gegen die eine oder andere Gruppe: Die einen wie die anderen fielen über ihn her.

Schon bei der Vorbereitung meiner Rückreise wurde ich der Gegenstand einer monströsen Demonstration: ein Essen für etwa dreitausend Personen, abgesehen von den Hunderten, die keinen Platz fanden. Mehrere Präsidenten der Republik schickten Sympathieerklärungen. Dennoch ist Mexiko der Stein des Anstoßes für die amerikanischen Länder, und nicht zufällig wurde dort der Sonnenkalender des alten Amerika gemeißelt, Zentrum der Ausstrahlung, der Weisheit und des Mysteriums.

Alles konnte durchgehen, alles ging durch. Die einzige Zeitung der Opposition wurde von der Regierung subventioniert. Mexiko war die diktatorischste Demokratie, die man sich vorstellen kann.

Ich erinnere mich an ein tragisches Ereignis, das mir sehr nahe ging. Ein Fabrikarbeiterstreik zog sich in die Länge, ohne dass sich eine Lösung abzeichnete. Die Frauen der Streikenden versammelten sich und beschlossen, den Präsidenten der Republik aufzusuchen, um ihm vielleicht von ihren Entbehrungen, ihren Ängsten zu erzählen. Natürlich nahmen sie keine Waffen mit. Unterwegs kauften sie Blumen für den Würdenträger oder dessen Frau. Am Eingang zum Regierungspalast wurden sie von einer Wache angehalten und nicht vorgelassen. Der Herr Präsident werde sie nicht empfangen. Sie sollten sich an das zuständige Ministerium wenden. Außerdem sollten sie sofort den Eingang räumen. Das war ein Befehl.

Die Frauen brachten ihr Anliegen vor. Sie würden dem Präsidenten nicht zur Last fallen, sie wollten ihm nur diese Blumen überreichen und ihn bitten, die Streitfrage baldmöglichst zu lösen. Sie hatten für ihre Kinder nichts mehr zu essen, sie wussten nicht weiter. Der Wachoffizier weigerte sich, irgendeine Nachricht zu überbringen. Die Frauen ihrerseits wichen nicht von der Stelle.

Dann gab die Palastwache Feuer. Sechs oder sieben Frauen brachen tot zusammen, viele andere wurden verletzt.

Am nächsten Tag wurden die Leichen eilends beerdigt. Ich dachte, ein endloser Leichenzug würde die Urnen der ermordeten Frauen begleiten. Aber nein, nur eine Handvoll Menschen war zu sehen, darunter allerdings ein großer, als hervorragender Revolutionär bekannter Gewerkschaftsführer. Seine Rede auf dem Friedhof war ein stilistisches Meisterwerk. Ich las sie am nächsten Tag ungekürzt in der Presse. Sie enthielt keine einzige Zeile des Protestes, kein zorniges Wort, auch nicht die Forderung nach Bestrafung der für ein so grausames Vorgehen Verantwortlichen. Zwei Wochen später sprach kein Mensch mehr von dem Gemetzel. Bis zum heutigen Tag habe ich keine Schrift gelesen, die an die Bluttat erinnert.

Der Präsident war Azteke, tausendmal unnahbarer als die königliche Familie Englands. Keine Zeitung konnte den erhabenen Staatsbeamten, sei es im Scherz, sei es im Ernst, kritisieren, ohne unverzüglich den Todesstoß zu erhalten.

Das Pittoreske verdeckt die mexikanischen Dramen dergestalt, dass man nur staunen kann angesichts der Allmacht der Allegorie, einer Allegorie, die sich mehr und mehr vom wahren Pulsschlag, vom blutenden Skelett entfernt. Die Philosophen sind Schöngeister geworden, die sich in existenziellen Haarspaltereien ergehen und neben dem Vulkan lächerlich wirken. Bürgerinitiativen werden erschwert und vereitelt. Die Unterwerfung vollzieht sich mithilfe unterschiedlicher Strömungen um den Thron.

Aber das Magische bricht in Mexiko immer wieder hervor. Vom Vulkan, der plötzlich im armseligen Gemüsegarten eines bohnensäenden Bauern austrat, bis zur ausschweifenden Suche nach Cortés' Skelett, das, den jahrhundertealten Goldhelm auf seinem Konquistadorenschädel, dem Vernehmen nach in Mexiko ruhen soll, und den nicht minder besessenen Nachforschungen nach den seit vierhundert Jahren verschollenen Überresten des Aztekenkaisers Cuauthémoc, die unter der Obhut verschwiegener Indios unvermutet da und dort auftauchen, um alsbald in unbegreiflicher Nacht zu versinken.

Mexiko lebt in meinem Leben wie ein kleiner, verirrter, in meinen Adern kreisender Adler. Nur der Tod wird seine Schwingen falten auf meinem Herzen eines schlafenden Soldaten.

Kulturgeschichte des Kaktus

Egon Erwin Kisch

I. Heraldik

Nicht deshalb, meine Herren, nicht deshalb, weil der Kaktus in Mexiko zu Hause ist, hat ihn Mexiko auf sein Wappenschild gehoben. Das Emblem war schon da, bevor die Azteken ihr Land gesehen. Vom Norden her, sozusagen aus den hyperboreischen Wäldern Amerikas, kamen sie gezogen, um die Heimat zu suchen, die Heimat, die ein Orakel ihnen verheißen hatte. Lange wanderten sie kämpfend kreuz und quer, bis sie im Jahr 1325 das ihnen gelobte Land fanden. Kein Zweifel konnte sich regen, das Ziel war genau so markiert, wie in der Prophezeiung angegeben, eine dreigliedrige Opuntie, von zwei entfalteten Blüten gekrönt, entspross dem von Wasser umspülten Felsen, und darauf horstete ein Königsadler mit einer Schlange in den Fängen.

Hier am See, auf Lagunen, Landzungen, Ufern und Inseln, ließen sich die Wandermüden nieder und nannten den Standplatz, wie sie ihn schon in den Träumen ihrer Wanderung genannt hatten: »Tenochtitlán«, Kaktus auf einem Stein. Heute heißt die Stadt »Mexiko«. Adler und Schlange sind aus der Bannmeile geschwunden, aber der Kaktus beherrscht nach wie vor das Landschaftsbild.

Mexiko trug den Kaktus auf Fahnen, auf Siegeln und auf Münzen, und manche indianische Familie ließ, um vor dem Vizekönig den Adelsanspruch zu begründen, ihren Stammbaum malen, aber nicht als Baum, sondern als Opuntie. Wenn Sie das Nationalmuseum besuchen, werden Sie im Saal der Kodizes sehen, dass die Glieder der Opuntie, von Natur aus wie Vedeuten oder Schilder geformt, sich weit logischer zur Aufnahme von Namen und Jahreszahlen eignen als die auf europäischen Stammbäumen wachsenden Linden- oder Eichenblätter.

II. Bildende Kunst

Angesichts dieser Tatsachen berührt es fast komisch, dass die Maler der Neuen Sachlichkeit, einer Kunstrichtung von 1920, das Neue ihrer Sachlichkeit durch einen Kaktus ausdrückten, der in jedem ihrer Interieurs und Exterieurs vorkommt. Fast hundert Jahre vor der Neuen Sachlichkeit hielt Spitzweg, der altmodisch Verschrullte, den Kakteenliebhaber für das altmodisch Verschrullteste seiner Sujets. Deshalb wohl wagte der Kunsthistoriker Wilhelm Uhde die Hypothese, Spitzweg habe, eben von seiner Pariser Reise zurück, in seinen beiden Kaktusbildern Deutschland konterfeien wollen: Draußen leuchtet die Sonne, grünt das Blattwerk und zwitschern die Vögel, während sich der alte Magistratsaktuarius dem staubigen Kaktus entgegenneigt, der sich seinerseits symmetrisch vor ihm verbeugt.

»Tu te rapelles, Rousseau, du paysage aztèque …?«, ruft ein Gedicht von Guillaume Apollinaire seinem Malerfreunde zu. Dieser Satz Apollinaires wurde als Beweis dafür verwendet, dass des Zöllners Rousseau fantastische und erfundene Landschaften weder fantastisch noch erfunden seien, sondern Modellmalerei aus dem Paysage aztèque. Wahr ist, dass Henri Rousseau als junger Militärmusiker mit der Interventionsarmee des Marschalls Bazaine nach Mexiko gekommen war, und dort mag er die Aztekenlandschaft mit ihren achthundertfünfzig Kakteensorten so gesehen haben, wie ein zukünftiger Maler sie sieht. Was der närrische Douanier jedoch später malte, hat damit nicht mehr zu tun als etwa sein Fußballbild mit einem Fußballspiel. Die Pariser Botaniker, von den ratlosen Kunsthistorikern zu Hilfe gerufen, konnten nur feststellen, dass außer den Agaven keine der Rousseau'schen Pflanzen in Mexiko wachsen.

III. Literatur

Für Adalbert Stifter ist der Kaktus »nicht das Letzte gewesen, dem ich meine Aufmerksamkeit geschenkt habe.« Er findet zwar die Blüten »verwunderlich wie Märchen«, aber nicht bizarr, formensprengend oder gar ungestaltig. Im Gegenteil: Sein Gärtner Simon im Kaktushaus schließt das Loblied auf den Kaktus und seine Blüten mit dem polemischen Akkord:

»Es könne nur Unverstand oder Oberflächlichkeit oder Kurzsichtigkeit diese Pflanzengattung ungestaltig nennen, da doch nichts regelmäßiger und mannigfaltiger und dabei reizender sei als eben sie.«

In Mexiko bedürfen die Kakteen keines Stifter'schen Gärtners, keines Spitzweg'schen Aktuarius, keiner Gewächshäuser und keiner zierlichen Blumentöpfe. Allerorten im Land wächst der Kaktus und treibt Blüten, die oftmals verwelken, ohne ein menschliches Auge entzückt zu haben. Dass und in welchen Gestalten er das mittlere und südliche Amerika bewächst, hat schon Goethe verzeichnet. Seine Kenntnis stammt aus Humboldts *Ideen zu einer Physiognomik der Gewächse,* dessen Formulierungen Goethe nur stilistisch verändert:

»Dem neuen Kontinent ist eigentümlich die Kaktusform, bald kugelförmig, bald gegliedert, bald in hohen vieleckigen

Säulen wie Orgelpfeifen aufrecht stehend. Diese Gruppen bilden den höchsten« (bei Humboldt: »den auffallendsten«) »Kontrast mit der Gestalt der Liliengewächse und der Bananenbäume.« (Bei Humboldt nur: »Bananen«.)

Nicht nur Goethe, sondern auch Karl May und sogar sein Pferd haben Humboldts *Ansichten der Natur* gelesen und darin die komplizierte Methode, mit der durstige Huftiere in den Wüstengegenden Amerikas sich »bedächtig und verschlagen« das wasserreiche Mark des Melokaktus zunutze machen:

»Mit dem Vorderfuß schlägt das Maultier die Stacheln der Melokakteen seitwärts und wagt es dann erst, den kühlen Distelsaft zu trinken. Aber das Schöpfen aus dieser Quelle ist nicht immer gefahrlos; oft sieht man Tiere, welche von Kaktusstacheln am Hufe gelähmt sind.«

Wen kann es wundernehmen, dass Karl Mays ungebärdiger Hengst den Trick besser beherrscht als alle bedächtigen und verschlagenen Maultiere und ihn gleich am Anfang des Romans *Old Surehand* dem Leser vorführt?

»Hierauf sattelte ich ab und ließ den Hengst frei. Gras gab es hier freilich nicht; dafür aber standen zwischen den Riesenkakteen Melokakteen genug, die Futter und Saft in Fülle lieferten. Mein Rappe verstand es, diese Pflanzen zu entstacheln, ohne sich zu verletzen …«

IV. Geschichte

Die Pflanze, die Sie hier sehen, meine Herren, eine Opuntia cochinellifera, habe ich an der Schlangenpyramide am Nordwestrand von Mexiko-Stadt ausgegraben. Ein Indioknabe, der dort Idolos anbot, griff diesem Kaktus in die Achselhöhle und streckte mir etwas Winziges, Rötliches, wie mit Mehl Bestäubtes entgegen und sagte: »Cochenilla.« Als er es über der Pflanze zerquetschte, floss Blut, so viel, dass dieses eine Opuntienglied aussieht wie rohes Fleisch. Von dem Tierchen, dem das Rot entstammt, blieb nichts übrig.

Um der Cochenille willen hat man einst das Gewächs gepflegt, das ihre Wohnung war. In der Aztekenzeit musste alles Blut dieser Läuse gesammelt und an die kaiserliche Hausverwaltung abgeliefert werden; Stammesfürsten und Kriegshelden wurden mit Töpfen dieses Karmins belohnt. Jedoch die edelste Sorte, jene, die von jungfräulichen oder wenigstens ungeschwängerten Lausweibchen stammte, durfte keines anderen Mantel färben als den des Herrschers selbst und die kurze Jacke des höchsten Hohepriesters. Wie im Heiligen Römischen Reich Deutscher Nation trugen im damals noch unentdeckten Mexiko der Kaiser und der Henker ein Gewand vom gleichen Rot. In der Tat, in Mexiko war der höchste Priester zugleich der höchste Henker und thronte auf dem Schafott, wie in Heines *Vitzliputzli* zu lesen:

Auf des Altars Marmorstufen
Hockt ein hundertjährig Männlein
Ohne Haar an Kinn und Schädel,
Trägt ein scharlach Kamisölchen.
Dieser ist der Hohepriester
Und er wetzet seine Messer …

Vergeblich war das Messerwetzen, vergeblich die Menschenopfer. Der weiße Feind marschierte heran, um dem Kaiser den Purpurmantel vom Leib zu reißen und dem Henkerpriester das scharlach Kamisölchen. Und die Götter verhinderten es nicht.

Aber ein schlichter Kaktus, ein Nopal aus der Gegend von Cholula, hätte es beinahe verhindert. In Cholula hatte Cortez die Bewohnerschaft massakrieren lassen, sechstausend Tote binnen drei Stunden – ein Gemetzel, wie es bis dahin die Neue Welt niemals erlitten. Nach vollbrachter Tat wandten sich die Spanier der Hauptstadt zu, voran das Reiterfähnlein: Es war ein sengender Tag, gierig schlürften die Kavalleristen die rötlichen Früchte des Nopals von Cholula.

Unterwegs wird Halt befohlen: »Absitzen! Austreten!« Aber, Herr des Himmels, was ist das? Es ist Blut, das die Reiter urinieren! Tiefrotes Blut! Kein Zweifel, ihre Venen sind gerissen – Gottes Strafgericht für die am Indiovolk begangenen Gräuel und Scheuel. Alle sind blass und zittern vor Todesangst. Sie rotten sich zusammen, knien gemeinsam nieder, beten zu San Jago de Compostella, leisten ein Gelübde, weigern sich, weiter Dienst zu tun.

Da kommt zu Fuß der indianische Hilfstrupp heran und lässt gleichfalls, jedoch ohne sich darüber zu beunruhigen, rotes Wasser. Nun erfahren die reuigen Sünder, solches sei die Wirkung der Tuna von Colula, der Frucht, die sie gegessen. Keine Strafe Gottes also! Kein Grund zur Reue! Erlöst von Skrupeln, setzen die Gottesstreiter ihre grausigen Kriegstaten fort.

V. Manufakturwesen

Und nehmen das Land mit allem, was da kreucht und fleucht. Unter dem, was da kreucht, kreucht die Cochenille bald zu hoher Bedeutung hinan. Cortez hatte sie übers Meer nach der heimatlichen Halbinsel geschickt, »nur um der Wissenschaft willen«, wie er zur Entschuldigung betonte. Aber während man in Spanien die Körner von Mais und Kakao, die Tomate und die Vanille und die Stücke edelster Jade als wertlos abgetan hatte, erfasste man sogleich den potenziellen Wert dieses Farbstoffs für die Wollweberei von Barcelona und die Seidenweberei von Valencia.

Eilends pflanzte man die vermeintlichen Samen in den Boden und wunderte sich, dass ihnen kein Gewächs entspross. Nun heischte man aus Neu-Spanien Sprösslinge, Fruchtknollen oder Wurzeln, und solche der Opuntia cochinellifera trafen ein. Aus denen wuchsen in den heißeren Territorien der spanischen Krone, in Algier und auf den Kanarischen Inseln, die Kakteen, und auf den Blättern fanden sich die winzigen Tuben, prall gefüllt mit dem ersehnten Farbstoff.

Große Plantagen wurden angelegt, sie brachten reichen Nutzen, aber immer noch begriff man nicht, dass die Pflanzensamen keineswegs Pflanzensamen seien. Als 1703 Mijnheer Ruysch unter dem gerade erfundenen Mikroskop Leeuwenhoeks die Cochenille leben und sich bewegen sah, geschah allgemeines Schütteln des Kopfes. Eine Laus? Wie kann eine Laus so edlen Farbstoff liefern?

Als ich zu Hause meine heutige Vorlesung vorbereitete, ließ mir ein in Schweinsleder gebundener Riesenfoliant kaum ein Eckchen meines Tisches zum Schreiben frei. Auf irdische Maße reduziert, lautet der Titel des Buchs *Museum Museorum oder Schaubühne aller Materialien und Specereyen … Unter Augen geleget von Doctor Michael B. Valentini, Franckfurt am Mayn, im Jahre Christi MDCCXIV.* (Dieses deutsche Werk, das neben vielem anderen eine komplette Technologie der Manufakturzeit darstellt, habe ich in Europa jahrelang gesucht und fand es – o Witze, die die Emigration mit uns macht – in Mexiko.) Noch 1714 ließ sich der Verfasser des gelehrten Wälzers nicht ganz durch das Mikroskop überzeugen:

»Ob nun die Kutzenellen vor einen Saamen oder sonsten etwas zu halten seyen? davon sind biss auff den heutigen Tag noch verschiedene Meynungen. Einige halten es vor einen Saamen, daher es auch die meisten Apothecker unter die anderen Saamen stekken und in ihren Catalogis als ein Sem.

Coccinillae setzen; – teils weilen Coccionella von Cocco herkäme und bey den Spaniern ein kleines Korn heiße, teils weilen Wilhelmus Piso in seiner *Historie der Brasilianischen Gewächsen* eine Art indianischer Feigen weitläuffig beschreibet, an welchen die Coccionellen wachsen sollen ...«

Valentini zählt die vielen Verwendungsmöglichkeiten dieser fragwürdigen Miniaturkörper auf, besonders die Tatsache, dass Italien den neuspanischen Kutzenellen die Rotfärbung des Glases verdankt.

VI. Revolutionsgeschichte

Zweieinhalb Jahrhunderte wahrte Spanien sein Cochenille-Monopol und überwachte jedes Schiff, das von den mexikanischen Küsten auslief. Auf den bloßen Versuch, die rötenden Läuse auszuführen, stand Todesstrafe. Ein Franzose, Thierry de Menonville, wollte es dennoch wagen, um seinem eben zur Republik gewordenen Vaterland das kostbare Färbemittel zu verschaffen. Im Staate Oaxaca (er schreibt »Juaxaca«) grub er nächtlicherweile etliche der besten Zuchtpflanzen aus und verschaffte sich einige Paare der Läuse. Die Beute brachte er glücklich nach Santo Domingo, wo sie gedieh und sich vermehrte, sodass er bald ein Fass Cochenille nach Paris senden konnte.

Und nun erlebte er den Höhepunkt seines Lebens. Die Gabe wurde dazu verwendet, der Fahne der französischen Republik, der Trikolore, die dem Nationalkonvent 1793 überreicht wurde, das Rot der Freiheit zu geben. Seine Tierchen waren es, die das neue Banner salbten!

Aber ach, auch der Vernichter der Republik schmückte sich mit dem Blut der Cochenille: Es musste dazu dienen, den roten Frack des Ersten Konsuls zu färben. Später verknüpfte sich, wenngleich nur anekdotisch, ein mexikanischer Kaktus noch einmal mit dem Namen Napoleons.

Zu Beginn des 19. Jahrhunderts verpflanzte ein britischer Kapitän, Sidney Longwood, die großen Kandelaberkakteen aus Mexiko auf die damals geschichtslose Insel Sankt Helena. Ihn hinderte kein spanisches Gesetz an diesem Export, denn Zierpflanzen waren für Industrie und Handel wertlos. Auf Sankt Helena schossen sie hoch, verzweigten sich von den lotrechten Säulen des Stammes in vielarmige Leuchter, ganz so, wie sie sich daheim in Mexiko verzweigt hätten, nur mit dem Unterschied, dass sie auf Sankt Helena nicht blühten. Erst an dem Maienabend, an dem Napoleon starb, entzündeten sich Hunderte von Trauerleuchtern, und ihre Flammen waren gelbgrüne Blüten mit roten Spitzen. Es war, als hätten Beleuchter, hinter den Felsen versteckt, auf diese Stunde gewartet. Angesichts der unvermutet brennenden Ampeln flüsterten die vorbeifahrenden Schiffe: »Er ist tot.«

VII. Industrie

Die Manufakturzeit endete, die industrielle Revolution brach aus, das Maschinenzeitalter und die Massenproduktion setzten ein, und mit ihnen stieg der Preis der mexikanischen Cochenille. Und gleichzeitig stiegen Ausbeutung, Spekulation und Konkurrenzkampf. Alexander von Humboldt berichtet daüber:

»Auf der Halbinsel Yucatán wurden allein in einer Nacht alle Nopale, auf denen die Cochenillen leben, abgeschnitten. Die Indianer behaupten, dass die Regierung diese gewaltsame Maßregel darum ergriffen habe, um den Preis einer Ware hinaufzutreiben, deren Eigentum man den Bewohnern der Mixteca ausschließlich zuwenden wollte; die Weißen hingegen versichern, dass die Eingeborenen aus Unzufriedenheit mit dem Preis, den die Kaufleute für die Cochenille festsetzten, einmütig das Insekt und die Opuntien zerstört haben.

Mit solchen Mitteln der Produktionsbeschränkung begann das 19. Jahrhundert. Ehe es zu Ende ging, waren diese Mittel, wenigstens soweit sie die Cochenille betrafen, nicht mehr nötig. Denn das Alizarin – aber das ist eine eigene Geschichte, und diese eigene Geschichte erzählte mir eine Dame, die einen urspanischen Taufnamen sowie einen urspanischen Familiennamen trägt und dahinter einen urdeutschen Vatersnamen. Dadurch geriet das Gespräch auf ihren Großvater.

Der kam als junger Mann mit Maximilian von Habsburg nach Mexiko und schickte seinem daheim gebliebenen Freund, dem Berliner Fabrikchemiker Karl Liebermann, eine kleine Schachtel mit Cochenille-Läusen, damit er sie analysiere. Er konnte sie per Post als Muster ohne Wert senden, zehn Centavos Porto, die Zeiten, da Thierry de Menonville beim Schmuggel Kopf und Hals riskiert hatte, waren längst vorüber. Drüben verfasste Liebermann eine Abhandlung über die Cochenille und schickte sie dem Freund in Mexiko mit einer Widmung, dem Dank für das Paketchen, das den Anlass zu der Arbeit gegeben. Bald darauf vernahm man, ein Karl Liebermann in Berlin habe die künstliche Cochenille erfunden, die synthetische Herstellung des Alizarins.

Bei diesem Punkt äußerte ich gegenüber der Erzählerin, ihr Großvater müsse wohl sehr stolz darauf gewesen sein, eine solche Erfindung angeregt zu haben.

Stolz? Sein Leben lang wurde er die Angst nicht los, jemand könnte erfahren, dass durch seine Schuld Mexiko eine Wirtschaftskatastrophe von unvorstellbarem Ausmaß erlitt.

Der bedeutendste Ausfuhrartikel war plötzlich außer Kurs gesetzt. Während Deutschland mit dem Alizarin Millionen und Abermillionen erntete und die unbeschränkte Herrschaft auf dem Farbenweltmarkt errang, verfielen in Mexiko die Nopalerias; die Cochenille-Flotte, die den Transport nach Europa besorgt hatte, wurde abgewrackt; angesehene Exporthäuser bankrottierten. Wie hätte ein Mexikaner – und das war der Großvater der Erzählerin inzwischen geworden –, wie hätte ein Mexikaner nicht entsetzt sein sollen, dieses nationale Unglück herbeigeführt oder zumindest beschleunigt zu haben! Noch seine Enkelin bat mich, seinen Namen nicht zu nennen.

Einen von den Erben jenes Krachs, einen Nachkommen des größten Exporthauses für Cochenille, habe ich in der Stadt Oaxaca als Beamten des Fremdenverkehrsbüros getroffen. Im Verlauf unserer Bekanntschaft erzählte mir Señor Corres von seinem Vater, der in England studierte, dort seine eigenen Pferde ritt und als Sohn des Cochenille-Königs von Mexiko Ansehen genoss. Bis er eines Tages nach Hause fahren musste – im Zwischendeck.

Señor Corres, durch Herkunft und Amt dazu berufen, informiert zu sein, konnte meine Frage, ob sich irgendwo der Rest einer Cochenille-Plantage finden lasse, nicht beantworten. Dadurch nicht abgeschreckt, suchte ich das Dorf Cuilapan de Díaz auf, das einst ein Zentrum der Cochenille-Zucht war und heute ein Weberort ist, dessen Sarapes man nachsagt, sie seien noch immer mit Cochenille gefärbt. Aber ich fand in den Werkstätten nur die Originaltiegel einer nordamerikanischen Farbenfabrik.

VIII. Pharmakologie

Für immer ist die Cochenille aus dem Exportgeschäft ausgeschieden, selbst als Heilmittel gegen Fleckfieber und Beulenpest kam sie aus der Mode.

Auf dem internationalen Medikamentenmarkt wird nur

noch der Peyote-Kaktus gehandelt, die »Mezcal Buttons«, der Zauberkaktus, über den ich Ihnen ein eigenes Kolleg lesen will. Eine überirdische Funktion wird auch manchen anderen Kakteen zugeschrieben, auf welche ich Sie bei unserer Exkursion in den botanischen Garten von Chapultepec der Floricultur Sánchez de la Vega aufmerksam machte.

Die »Cardon«, das heißt Distel, genannte Opuntie hängt man in den Dörfern über Tür und Fenster auf, um zu verhindern, dass die Dämonen eindringen und den Kindern das Blut aussaugen. In den Handtaschen städtischer Jungfrauen finden Sie oft die leicht gewölbte Spitze des Kaktus Lemaire cereus – ein unfehlbares Amulett gegen das Kinderkriegen. Das Totem des Jagdgottes Mixcoatl war ein topfförmiger, riesiger Igelkaktus, auf den, wie die Kodizes zeigen, die Menschenopfer gelegt wurden, damit sich ihr verströmendes Blut in die Gottheit ergieße; heute legt man in den Küstengegenden diesen Kaktus auf Wunden, die, so klaffend sie auch sein mögen, im Nu vernarben.

Auch in Europa glaubte man an die Heilwirkung der Kakteen. Zum Beweis sei eine Stelle aus Friedrich Hebbel hier angeführt, obwohl ich sie vielleicht hätte dort erwähnen sollen, wo ich von den literaturgeschichtlichen Beziehungen des Kaktus sprach. In seinen Tagebüchern erzählt Hebbel:

»In Hamburg auf dem Stadtdeich kommt eines Morgens zu meinen Wirtsleuten, den alten Zieses, ein Bauernweib mit Gemüse. Sie erblickt auf dem Fenstersims eine Pflanze, eine Art Kaktus, setzt ihren Korb beiseite und kniet nieder. Dann sagt sie: ›Das tu ich jedes Mal, sobald ich diesen Baum sehe, denn ihm verdank ichs, dass ich wieder gehen und stehen kann; ich war gichtbrüchig wie Lazarus, da riet man mir, den Saft seiner Blätter auszupressen und zu trinken, und davon wurde ich wieder gesund.‹«

IX. Ethnografie

Längst leben die Kakteen in der Diaspora, fast alle auf allen Kontinenten, jedoch keineswegs allüberall zu der Menschen Freude. In Australien zum Beispiel, wo man die Wälder verbrennt, um den Schafen Weideland zu schaffen, hat sich ein Kaktus eingenistet, der auf Deutsch Feigendistel und auf Englisch *prickly pear* heißt, obzwar er weder mit einer Feige noch mit einer Birne nennenswerte Ähnlichkeit hat. Kaum einen Schafzüchter habe ich dort gesprochen, der diese Pflanze nicht mit australischen Flüchen bedacht hätte, weil sie dem Boden das Gras entzieht und mit ihren Dornen die Herden verletzt. »Aber, nur Geduld! Schon haben wir einem englischen Entomologen den Auftrag gegeben, einen Wurm zu züchten, der den bloody Kaktus auffressen wird mit bloody Stumpf und Stiel, mit bloody Haut und Haar.«

In Mexiko hat der Kaktus keine solchen meuchelmörderischen Feinde, wenngleich er auch hier nur ein Unkraut ist, insofern ihn niemand anbaut, und er auch hier den Tieren Harm tut, die ihm zu Leibe rücken. Neben Orchidee und Bougainvillea und Rose steht er als Zierpflanze in Ehren und ist als Nutzpflanze unentbehrlich.

Wie sehr sich des Kaktus und des Menschen Leben wechselseitig bedingen, können Sie auf dem Land beobachten. Sie stehen vor einer Hütte, einer wie Hunderttausenden, armselig mit armseligem Hof. Der Zaun aber ist prächtiger und sichernder als das Gitterwerk einer Villa. Grün gerippte, meterhohe Orgelkakteen sind aneinandergeschlossen zu einer Phalanx, durch die kein feindlicher Mensch und kein feindliches Tier zu dringen vermag, selbst eine Schlange nicht. Wollte jemand hinüberklimmen, flugs bekäme er Stacheldrähte zu spüren, die aus der Pflanze wachsenden Widerhaken.

Die Hütte hinter dem Zaun ist ebenfalls dem Kaktus entboren, wenn auch nicht dem gleichen, der den Hof umschließt. Als Ziegelsteine und als Schindeln sind die flachen ovalen Glieder der Opuntia robusta verwendet, die auch alles »hölzerne« Material für den Haushalt beisteuert, denn sie wird so hart und unverweslich wie Mahagoni.

Bei isolierten Indiostämmen tut der Kaktus alle Arten von Diensten. Im östlichen Chiapas stricken die Frauen mithilfe langer weißer Kaktusstacheln, und auf den Berghängen bei Guaymas dient ein Kaktusglied als Kamm und Bürste zugleich. Weil wir gerade von Haarpflege sprechen, möchte ich Sie darauf aufmerksam machen, dass auf allen Märkten Opuntien als Haarwaschmittel verkauft werden. Sie schützen vor dem Ergrauen, und mag das Gesicht der Indiogreisin noch so fahl sein, ihr glattes und in Zöpfe geflochtenes Haar glänzt schwarz wie in ihrem ersten Lebensjahr.

Lieblingsspiel mexikanischer Kinder ist der Stierkampf. Über Bürgersteig, Fahrbahn oder Spielplatz tobt ein hölzernes Gestell auf Rädern, der Stier. Zwei echte Hörner sind seine Waffe, aber zwischen ihnen und an den Flanken des Steckenstiers sind Kaktusglieder befestigt, in die der kleine Picador die hölzernen Lanzen stößt und schließlich der kleine Torero sein hölzernes Schwert.

X. Gastronomie

Alle Gänge eines Mittagessens können aus Kaktus bereitet werden. Sogar das Fleisch wird von einer saftigen Scheibe der Opuntie täuschend vertreten, einer gleichen, wie man sie als Salat anrichtet. Dieses Menü aus Kaktus wird auf einem Herd gekocht, der mit Kaktus geheizt ist.

Kaktusfrüchte wie Pitaya und Tuna sind das billigste Obst, man kann es auf allen Wegen pflücken. An Ständen auf der

Straße und in Konfitürengeschäften kauft man es kandiert, als Gefrorenes, als Kompott, als Fruchtsaft, als Dulce de Bisnaga.

In diesem Zusammenhang muss ich wohl oder übel einer Sache Erwähnung tun, die nicht eben ins Gebiet der Gastronomie gehört, jedoch die Unverwüstlichkeit der Kakteen deutlicher dartut als alles andere. Auf der Tiburón-Insel im Kalifornischen Meerbusen (zum Staat Sonora gehörig) nähren sich die wilden, starken Seri-Indianer fast ausschließlich vom Feigenkaktus, Opuntia ficus indica, dessen Früchte sie in der Reifezeit heißhungrig in Unmengen verschlingen. Mit dieser Hemmungslosigkeit kontrastiert die fürsorgliche Maßnahme, die Resultate ihrer Verdauung gut aufzuheben. Das rettet sie, wenn die Saison des Mangels heranbricht, vor dem Hungertod. Denn dann suchen sie aus den inzwischen hart gewordenen Faeces die unverdauten Teile heraus, essen, verdauen und bewahren sie von neuem, um sie in der nächsten Hungerzeit wieder herauszuholen, zu essen und so ad infinitum.

XI. Hydrologie

Sie wissen, meine Herren, dass ich gegenwärtig ein Lehrbuch über Mexiko schreibe, und ich habe es mit einer Abhandlung über den Mais begonnen. Denn so wie die Kultur Europas mit dem Anbau von Korn und wie die Kultur Asiens mit dem Anbau von Reis zur Welt kam, fängt diejenige Amerikas mit dem Zeitpunkt an, da der indianische Mensch Mais züchtet und zu diesem Behufe sesshaft wird.

Vorher muss jedoch dieser Mensch da gewesen sein, wenn auch nur als Nomade.

Wie war er ins Land eingedrungen, ohne zu verdursten, wer wies ihm die Richtung durch die Wüstenei zum wilden Mais, zum künftigen Bauplatz für Hütte und Dorf? Niemand anderer als der Kaktus. Er wars, der den Menschen hereinführte und eine brache Unendlichkeit zum blühenden Lande machte, und ich frage mich, ob ich ihn nicht doch dem Mais voranstellen sollte.

Noch heute, meine Herren, können Sie längs der Steppenwege Kaktusalleen bemerken, sofern Sie ihnen überhaupt einen Blick schenken. Meist verzichten diese Kakteen auf Blätterwerk und Zierrat, sie halten sich gerade, senkrecht fast, um den Pfeilen der Sonne so wenig Fläche als möglich darzubieten. Manche verhüllen sich sogar mit einem Haarbüschel, einem verfilzten Schopf zum Schutz gegen Sonnenstich und Sonnenbrand. Abgehärtet, geradezu gegerbt ist ihre Haut, um keinen durstenden Sonnenstrahl hereinzulassen und kein Tröpfchen Wassers zu verschwitzen. Ihre Rippen haben eine raffinierte Form des Widerstands, die des Wellblechs, sodass der anstürmende Samum ihren Körper wohl biegen, aber nicht brechen kann. Von ihren Waffen gegen animalische Feinde haben wir bereits gesprochen.

Sie sehen, meine Herren, dass die Kaktusalleen im Steppengebiet die ältesten Denkmäler des Landes sind, älter als Gräberfunde oder Knochen vorsintflutlicher Ungeheuer. Niemand hat diese Alleen gepflanzt, sie haben die heutigen Wege umsäumt, bevor es die Wege gab. Entlang der Kakteenzeile liefen die Tiere, entlang dieser Zeile konnten sie nicht verdursten, entlang dieser Zeile folgte ihnen der Jäger.

Der Wanderer aß die erstaunlich saftigen Früchte der Wüstenpflanze und rastete, ich verwende hier Goethes Worte, an jenen Oasen, die die pflanzenleeren Wüsten so beleben wie die Orchideen den trockenen Stamm der Bananenbäume und die ödesten Felsenritzen.

Wenn Sie, meine Herren, das Steinplateau von Coahuila durchwandern, kann Ihnen jeder Peón die ewige Methode zeigen, aus dem vegetabilischen Quell einen Trunk zu tun. Er gräbt einen Kaktus aus, spannt ihn zwischen zwei Steine und bohrt in die Mitte eine Öffnung. Dann zündet er die Pflanze an beiden Enden an, das Feuer treibt alle Flüssigkeit dem Loch zu, und diese tropft nun in den darunter gehaltenen Flaschenkürbis oder in die hohle Hand. Des dergestalt geschöpften Wassers ist nicht viel, und es schmeckt auch bitter – aber für einen Verdurstenden!

XII. Dialektik

Vielleicht geht einer oder der andere von Ihnen, meine Herren, eines Nachmittags vor irgendeinem Provinzstädtchen spazieren, wohl um der Liebe willen. Sie achten nicht des staubigen und recht gewöhnlichen Gewächses auf den Hügelwellen, das weder Ihnen noch sonst jemandem in der Nähe einer Stadt wichtig ist. Sie lassen das Unkraut links liegen.

Aber ein paar Stunden später, in der Abenddämmerung, kehren Sie den gleichen Weg zurück und werden aufgeschreckt aus Ihren Gedanken oder Ihrer Müdigkeit durch Wogen leuchtender Strahlen. Plötzlich ist das staubige Unkraut zur Blüte aufgeschossen.

Sie schämen sich Ihrer Überraschung beim Anblick dieser Pracht, hätten Sie doch, Schüler der dialektischen Lehre, die Entwicklung des Gegensätzlichen erwarten sollen. Sie hätten wissen müssen, dass sich im revolutionären Punkt der evolutionären Entwicklung aus dem Elendesten der Erde die Blume des Schönen entfalten wird.

Zwei indianische Märchen

Schöpfungsmythos aus dem Popol Vuh

Hier der Anfang, als entschieden wurde, den Menschen zu erschaffen, und was in das Fleisch des Menschen eingehen sollte, wurde gesucht.

Und die Vorväter, der Schöpfer und der Macher, die genannt wurden Tepeu und Gucumatz, sagten: »Die Zeit des Morgengrauens ist gekommen, lasst uns das Werk beenden. Lasst jene, die uns ernähren und erhalten sollen, erscheinen, die edlen Söhne, die zivilisierten Vasallen, lasst den Menschen erscheinen. Lasst die Menschlichkeit entstehen im Gesicht der Erde.« Also sprachen sie.

Sie versammelten sich und hielten Rat in der Dunkelheit und in der Nacht. Sie redeten und suchten. Sie dachten nach und grübelten. Auf diese Art kam ihre Entscheidung klar ans Licht. Sie fanden und entdeckten, was eingehen sollte in das Fleisch des Menschen.

Es war, gerade ehe die Sonne, der Mond und die Sterne erschienen über dem Schöpfer und dem Macher. Von Paxil, von Cayalá kamen die Sprossen des gelben Maises und die Sprossen des weißen Maises.

Und dies sind die Namen jener Tiere, die die Nahrung brachten: *yac* (die Gebirgskatze), *utiú* (der Koyote), *quel* (ein kleiner Papagei) und *bob* (die Krähe). Diese vier Tiere riefen den gelben Mais und den weißen Mais und wiesen den Pflanzen den Weg. So erfanden sie die Nahrung, und dies war es, was in das Fleisch des erschaffenen Menschen einging; dies war es, woraus das Blut des Menschen gemacht wurde.

Und die Menschen waren erfüllt von Freude, weil sie ein schönes Land vorfanden, voll der Freuden, üppig gefüllt mit weißem und gelbem Mais und voll unzähliger anderer Früchte und Honig. Es gab Nahrung in Hülle und Fülle in den Dörfern, die Paxil und Cayalá hießen. Es gab Nahrung aller Art, kleine und große Nahrung, kleine Pflanzen und große Pflanzen.

Die Tiere wiesen dem Mais den Weg. Und dann, mahlend den gelben und weißen Mais, machte Xmucané neun Getränke. Davon kam Stärke. So wurden den Menschen Muskeln. Dies taten die Vorväter, Tepeu und Gucumatz wurden sie genannt. Danach begannen sie über die Schöpfung zu reden, über die Schöpfung unserer ersten Mutter und unseres ersten Vaters. Der gelbe und weiße Mais waren ihr Fleisch. Maismehl war es, aus dem sie die Arme und die Beine des Menschen machten. Nur Teig von Maismehl wurde verwendet für das Fleisch unserer ersten Väter. Vier Männer wurden erschaffen. Und dies waren ihre Namen: Balam-Quitzé, Balam-Acab, Mahucutah und Iqui-Balam.

Es ist überliefert, dass sie gemacht und geformt wurden, dass sie selbst keine Mutter, keinen Vater hatten. Man nannte sie nur Menschen. Sie wurden nicht von einem Weib geboren, noch wurden sie vom Schöpfer oder vom Macher gezeugt. Und da sie das Aussehen von Menschen hatten, waren sie Menschen. Sie redeten, sahen, hörten, gingen, griffen nach Dingen. Sie waren gut und schön. Ihre Gestalt war die des Menschen.

Sie waren begabt mit Verstand. Sie sahen. Und sofort sahen sie weit, und es gelang ihnen zu sehen und zu wissen all das, was in der Welt war. Sie schauten, und sofort sahen sie alles rings um sich, und bei angestrengtem Sehen sahen sie über den ganzen Bogen des Himmels und über das ganze Gesicht der Erde hin. Alle Dinge, verborgen in der Ferne, sahen sie, ohne sich von der Stelle zu bewegen. Groß war ihr Wissen, und ihr Sehen erreichte die Wälder, die Felsen, die Seen, die Meere, die Gebirge und die Täler. Wirklich, es waren bewunderungswürdige Menschen.

Da sprachen der Schöpfer und der Macher zu ihnen: »Wie denkt ihr über euer Sein? Seht ihr nicht? Hört ihr nicht? Ist es nicht gut, dass ihr sprechen und gehen könnt? Schaut also. Vertieft euch in die Welt, seht die Gebirge und die Täler erscheinen. Versucht, sie zu schauen.«

Dies sagten sie zu den ersten vier Männern. Und augenblicklich sahen die ersten vier Männer, was da alles auf der Welt war. Dann dankten sie dem Schöpfer und dem Macher: »Wirklich, wir danken euch zwei- und dreimal. Wir sind erschaffen worden. Wir haben einen Mund, ein Gesicht. Wir sprechen, wir hören, wir denken, wir gehen, wir fühlen uns vollkommen, und wir wissen, was weit und was nah ist. Wir sehen, was groß und was klein ist im Himmel und auf Erden.«

Sie waren fähig, alles zu wissen, und sie betrachteten die vier Ecken, die vier Punkte des Himmelsbogens und das ganze runde Gesicht der Erde.

Aber der Schöpfer und der Macher hörten das gar nicht gern: »Es ist nicht gut, dass unserer Arbeit Ergebnis, unsere Geschöpfe, sagen, sie wüssten alles, Großes und Kleines«, so sprachen sie. Und also hielten die Vorväter wieder Rat.

»Was sollen wir mit ihnen machen? Richten wir es so ein, dass sie nur sehen, was nahe ist. Lasst sie nur wenig sehen vom Gesicht der Erde. Es ist nicht recht, was sie sagen. Wer weiß, vielleicht sind sie doch nicht einfach Geschöpfe unserer Hervorbringung? Vielleicht sind sie auch Götter? Und wenn sie sich nicht vermehren, was wird beim Morgengrauen geschehen, wenn die Sonne aufgeht?« Also sprachen sie.

»Lasst uns ihre Wünsche etwas einschränken. Denn so ist

es nicht recht. Sie sollten wirklich nicht uns gleich und ebenbürtig sein.« Also sprachen die Vorväter, der Schöpfer und der Macher. Also sprachen sie und veränderten das Wesen ihrer Kreaturen.

Das Herz des Himmels blies Nebel in die Augen der ersten Männer. Ihr Blick wurde getrübt wie ein Spiegel, auf den man haucht. Ihre Augen wurden abgedeckt. Sie konnten nur noch sehen, was nahe und was deutlich war.

Auf diese Art wurden die Weisheit und all das Wissen der vier ersten Männer zerstört.

Dann wurden die Frauen gemacht. Gott selbst machte sie sorgfältig. Und so im Schlaf tauchten sie plötzlich auf, wahrhaftig und schön, die Frauen des Balam-Quitzé, Balam-Acab, des Mahucutah und des Iqui-Balam. Sie waren ihre Frauen, und als sie erwachten, war ihr Herz mit Freude erfüllt, weil sie nun Frauen hatten …

Viele Menschen wurden gemacht, und in der Dunkelheit vermehrten sie sich. Weder die Sonne noch das Licht waren bisher gemacht, als sie sich so vermehrten. Alle lebten zusammen. Es gab sie in großer Zahl, und sie gingen dort im Osten umher. Sie sorgten nicht für ihren Gott. Sie schauten zum Himmel, aber sie wussten nicht, warum es so weit gekommen war.

Sie waren vorhanden in großer Zahl: die schwarzen Menschen und die weißen Menschen, Menschen vieler Klassen, Menschen vieler Zungen, und es war herrlich, ihnen zuzuhören.

Es gibt Generationen auf der Welt, es gibt Völker in Ländern, deren Gesicht wir nicht sehen, die kein Heim haben. Sie wandern nur durch die kleinen und großen Wälder wie Verrückte. So spricht man verächtlich von den Menschen des Waldes. So redeten sie dort, wo sie die aufgehende Sonne sahen. Die Rede von allen war gleich. Sie beschworen nicht Holz noch Stein. Sie erinnerten sich des Wortes des Schöpfers und des Machers, des Herzens des Himmels, des Herzens der Erde.

Und dies sprachen sie, während sie an das Heraufziehen der Morgendämmerung dachten. In diesen Worten beteten sie zu Gott, liebend, gehorsam, furchtvoll. Sie blickten zum Himmel, wenn sie um Söhne und Töchter baten, und sprachen: »Oh, du, Schöpfer und Macher! Schaut auf uns, hört uns an. Verlasst uns nicht, gebt uns nicht auf. O Gott, der du bist im Himmel und auf Erden, Herz des Himmels, Herz der Erde, gib uns Nachkommen, solange die Sonne sich bewegt und Licht ist. Lass den Tag anfangen. Gib uns viele gute Straßen, flache Straßen. Mögen die Völker Frieden haben, viel Frieden, und mögen sie glücklich sein. Gib uns ein gutes Leben, eine sinnvolle Existenz. Oh, ihr, Huracáu, Chipi-Caculhá, Raxa-Caculhá, Chipi-Nanauac, Raxa-Nanauac, Voc, Hunahpú, Tepeu, Gucumatz, Alom, Qaholom, Xpiyacoc, Xmucané, Großmutter der Sonne, Großmutter des Lichts, lasst es dämmern, lasst es hell werden.«

Und so sprachen sie und beteten das Aufgehen der Sonne herbei, die Ankunft des Tages. Und zur selben Zeit sahen sie das Aufgehen der Sonne. Sie dachten an den Morgenstern, den großen Stern, der vor der Sonne kommt, der das Himmelsgewölbe erleuchtet und die Oberfläche der Erde, der die Schritte der Menschen erhellt, die geschaffen worden waren und gemacht.

Kondoy – Eine Legende

Im Frauengebirge gab es eine Höhle, in der die Leute ihren ungeschälten Mais aufzubewahren pflegten. Einmal nun fanden sie dort zwei Eier und nahmen sie mit heim.

Zwei Leute gingen dorthin, ein Mann und eine Frau. Es gibt auch eine Quelle dort. An diesem Platz sah die Frau die Eier.

Sie sprach zu ihrem Mann: »Gib mir einen Stock. Ich will die Eier dort herausholen.« Also brach er einen Ast von einem Baum ab und gab ihn ihr. Aber sie konnte die Eier nicht erreichen. Sie lagen immer noch genau an derselben Stelle wie zuvor. Dann drehte sie sich um, und plötzlich lagen die Eier auf der Spitze des Felsens. Also sagte sie zu ihrem Mann: »Geh, bring sie mir. Sie sind dort oben. Sie liegen nicht im Wasser.« Und der Mann ging und brachte sie ihr.

Also nahmen sie sie mit heim. Drei Tage später sprangen die Eier auf. Aus dem einen kroch Kondoy, der das Volk ist, und aus dem anderen kam sein Bruder, der war eine große Schlange.

Kondoy wuchs rasch. In zwei, drei Tagen war er schon erwachsen. Sein Essen schmeckte ihm. Sie brachten es ihm in einem Korb, und er aß immer alles auf.

Eines Tages sprach er zu seiner Mutter: »Mutter, ich gehe nach Tehuantepec.«

»Was willst du denn dort machen?«, fragte seine Mutter.

»Ach, das wird sich finden. Man soll eine schöne Aussicht haben von dort. Mach dir keine Sorgen. Ich bin bald wieder zurück.«

Er ging aus, kam noch am selben Tag zurück und brachte seine Bündel wieder in die Hütte.

Andermals sagte er zu seiner Mutter: »Mutter, heute will ich nach Oaxaca.«

»Aber was willst du denn dort machen?«

»Ach, das findet sich. Meine Seele ist voller Verlangen. Ich will sehen, wie es in Oaxaca aussieht. Mach dir keine Sorgen. Ich werde bald wieder zurück sein.«

Er ging fort und war am nächsten Tag zurück.

Er brachte drei Krüge voll Geld mit für seine Mutter. Er sprach zu ihr: »Mutter, hier hast du Geld. Ich geh jetzt auf Reisen. Ich will mir alles anschauen.«

»Aber nicht doch, mein Sohn. Warum willst du denn umherwandern? Bleib hier.«

»Nein, Mutter. Ich gehe jetzt. Ich bin bereits erwachsen. Ich danke dir für deine Fürsorge. Du hast mir alles gegeben. Jetzt lass ich dir dieses Geld. So wird es dir an nichts mangeln.«

Dann brach er auf und reiste durch die ganze Region von Mixe. Als er durch Camotlán kam, versteckte er dort einen Krug voller Geld in der Klippenschlucht. Dann betrat er die Höhle von Trapiche de Chusnabán. Dort ließ er eine Kiste voll Geld zurück. Aber man sagt, die Leute von Cacalotepec seien schon dort gewesen und hätten sie abgeholt.

Deswegen lobte Kondoy auch die Leute von Camotlán. Er sagte: »Das sind gute Leute. Dort habe ich Geld versteckt, als ich vorbeikam; und es ist immer noch an der Stelle, an der ich es versteckt habe.«

Jenseits von Santa Cruz, auf der Straße nach Trapiche, hatte er eine große Schlacht mit einem, der sich selbst König Moctezuma nannte. Noch heute sieht man dort die Musketenkugeln, mit denen sie schossen. Sie erinnern sich doch daran? Ich zeigte sie Ihnen, als wir nach Oaxaca gingen. Rechts neben der Straße liegen noch viele. Ich hob einige auf und zeigte sie Ihnen. Sie sind jetzt rostig, das stimmt schon, aber dies sind die Kugeln, die von Moctezumas Männern beim Kampf gegen Kondoy abgefeuert wurden.

Kondoy stand hier, näher auf Trapiche zu. Und Moctezumas Soldaten dort drüben, höher hinauf. Da um San Isidro oder vielleicht sogar noch höher hinauf. Er hatte viele Truppen bei sich, Tausende um Tausende. Ja, wirklich! Kondoy war ganz allein.

Dann begannen Moctezumas Soldaten mit diesen Musketenkugeln zu schießen.

Und was tat Kondoy? Er hob nur große Felsen auf und warf sie ihnen auf den Kopf. So tötete er viele seiner Feinde, und so kämpften sie lange Zeit. Ich denke, die Schlacht dauerte mindestens drei Tage. Kondoy geschah nichts. Er kümmerte sich nicht um Moctezumas Kugeln. Die Kugeln schlugen auch immer nur auf dem Boden ein. Und dort liegen sie noch heute herum.

Aber immer wenn Kondoy einen Stein schleuderte, war es um viele von Moctezumas Männern geschehen. Die armen Kerle waren ihm nicht gewachsen. Keiner konnte es mit ihm aufnehmen. All die armen Burschen mussten dort sterben. Die Felsen sind auch noch da. Haben Sie nicht gesehen, wie felsig es dort im Umkreis von einer halben Meile ist?

Also machte Moctezuma kehrt und marschierte zurück nach Mexiko. Und so kam die Schlacht zu einem Ende. So jedenfalls haben es mir die alten Leute erzählt.

Und dort in Trapiche setzte sich Kondoy nach der Schlacht hin. Auch darauf gibt es noch Hinweise. Als er aufstand, stützte er sich am Boden ab. Man sieht noch die Abdrücke der Handflächen. Selbst seine Finger kann man ganz deutlich erkennen.

Dann lief er bis nach Mitla. Dort baute er sich ein Schloss. Er setzte es auf den nackten Stein, und es war aus nichts als aus Fels gebaut. Haben Sie es nicht gesehen? Es steht immer noch dort, heißt es.

Der Untergrund ist weich an dieser Stelle. Man hat herausgefunden, dass das Gelände deswegen so weich ist, weil er dort seine Krone getragen hat, die wog mehr als fünf Arrobas (125 Pfund). Seine Füße sanken in den Boden ein. Dasselbe trifft zu für Tlacolula und Tule.

Nicht weit von Tlacolula ist ein Ort, der heute Caballito Blanco genannt wird. Er schrieb dort auf den Fels, wohin er jeweils ging. Es kostete ihn keine Mühe, obwohl es jetzt ganz da oben geschrieben steht. Er war über drei Meter groß, verstehen Sie. Seine Machete wog mehr als drei Arrobas und sein

Stock mehr als fünf. Er stand auf der Spitze des hohen Felsens, und er schrieb, indem er die Hand etwas über Kopfhöhe hob.

In Tide war es auch, wo Kondoy jenen großen Baum pflanzte. Der Untergrund ist dort ziemlich weich. Kondoy steckte seinen Stock in den Boden. Einfach so. Er trieb den Stock tief hinein, und der Stock wuchs an, und zwar gerade so wie die Tzompantli-Pfosten anwachsen. Also wurde aus dem Stock ein großer Baum. Dann kam Kondoy nach Oaxaca. Das war fester Grund. Er richtete dort seine Hauptstadt ein. Er sprach: »Selbst, wenn Krieg sein sollte und sie mit Kanonen schießen, wird nichts passieren. Das ist fester Untergrund hier.«

Als Kondoy in Oaxaca war, sprach sein Bruder, die große Schlange: »Ich will einmal hingehen und schauen, was mein Bruder so treibt.«

Also fuhr er nahe Coatlán in die Erde. Er hinterließ dort eine Spur, und er machte ein großes Loch, als er unter die Erde kroch. Als er nun unterwegs war, zitterte oben immer dort die Erde, wo er gerade unten drunter hindurchkroch. Er hatte gerade das flache Land auf dieser Seite von Mitla erreicht, als der Priester und der Bischof kamen und die Gegend segneten. Da war es um ihn geschehen.

Kondoy ging von dort nach Mexiko, und er ließ seine Krone zurück und sprach: »Wenn jemand kommt, der sie tragen kann, wird sich die Regierung ändern.«

Aber bisher hat sie sich niemand aufsetzen können, weil sie zu schwer ist. Wenn Sie nach Mexiko kommen, sehen Sie sie sich an und dann sagen Sie mir Bescheid, ob es stimmt, dass sie sich immer noch dort befindet.

Kondoy zog mit all seinen Soldaten zu einem Ort, der heißt Comaltepec. Er ist nicht gestorben. Er zog in das Innere des Gebirges, das da Ipxyukp oder Zwanzig Spitzen genannt wurde. Und dort ist er noch immer.

Tenochtitlán – der Mittelpunkt der Welt

José León Sánchez

Es war Mittag. Vor ihnen lag Tenochtitlán. Tenochtitlán, die erhabene Stadt, der Mittelpunkt der Welt. Wohnsitz des großen Tlatoani von Mexiko, des Herrschers von Meer zu Meer. Wie ein Smaragd in der Mitte einer Lagune war sie, wie eine Blumenschale, wie ein Kolibrinest, wie der Gesang eines Vogels, wie ein kleines Gebet. Wie zwei aneinandergelegte Hände, die auf Wiedersehen sagen. Tenochtitlán, der Ort, an dem die Blumen ihre Blüten dem Licht öffnen.

Tenochtitlán ... Ach, Tenochtitlán!

Und das Spiegelbild der Sonne zersplitterte im Wasser, mitten am Vormittag, mitten in der Lagune, mitten am Tag. Auf der oberen Plattform der Tempelpyramide beobachtete ein einsamer Mann den Einzug des spanischen Heers in die Stadt. Das war Moctezuma, der Tlatoani von Mexiko. An diesem Tag würden die Leute aus Tlaxcala seine Stadt betreten, und der Tag würde ein Tag der Klage werden.

Die spanischen Soldaten rückten in vollendeter Marschordnung in die Stadt, mit Augen, so offen wie Schalen voller Mais.

Zuerst kam das spanische Heer, danach das Heer von Tlaxcala. Ihm auf dem Fuß folgten die Herren von Cholula, die Herren und Krieger von Atlixco, die Herren und Krieger von Tliliuhquitepec und die adligen Krieger von Tecoac. Vornweg, nur zwanzig Schritt vornweg, ging der Herold von Tlaxcala, der lauthals in unserer Sprache verkündete, dass jede Frau, jedes Kind, jeder Mann, jeder Greis, jede Blume, jedes Blatt, jeder Baumzweig, dass jeder, der es wagen sollte, sich dem Einzug des spanischen Heeres zu widersetzen, zweigeteilt und den Hunden zum Fraß vorgeworfen werde. Das waren die Worte des Kriegers aus Tlaxcala, die er mit donnernder Stimme mehrmals wiederholte.

Auf den Dachgärten der Häuser hatten sich Tausende von Menschen eingefunden, die schweigend den Einmarsch der Fremden beobachteten. Zu beiden Seiten des Dammweges von Ixtapalapa standen in gleißendem Sonnenlicht die Mädchen in ihren hübschen farbigen Röcken. Die einen in Hemden, die anderen mit nackten Brüsten, die sich vor Staunen langsam hoben und senkten. Und so weit sich der Dammweg von Ixtapalapa Richtung Sonnenaufgang erstreckte, war er mit roten, weißen, blauen, grünen und violetten Blumen bedeckt. Und mit Rosen, Millionen kleiner Rosen. Rosen aller Farben. Und mit Millionen Binsenblüten. Und millionenfacher Freude … Und millionenfacher verborgener Traurigkeit.

Und da waren Tausende von Booten, in denen Frauen und Kinder saßen, die einen wahren Blumenregen auf die Spanier herabgehen ließen, die sich auf das Fort von Xólotl zubewegten, in dem die Herrscher von Tlacopan, Texcoco und Tenochtitlán auf sie warteten.

In den Zweigen der Bäume hingen Tausende bunter Papierfahnen. Manche bis zu zwanzig Meter lang. Sie flatterten in der leichten Brise, die vom See her kam, den Dammweg kreuzte und am Fuße des Sternenhügels verebbte, von dem aus unsere Priester, immer wenn ein Jahresbündel von zweiundfünfzig Jahren zu Ende ging und ein neues geboren wurde, mit dem Lebensfeuer herabstiegen, um es auf die zweihunderttausend Feuerstellen von Mexiko Tenochtitlán zu verteilen.

Der größte Teil der Bewohner war von tiefer Freude erfasst. Einen Augenblick lang herrschte regungslose Stille, doch dann brach es los, und der Boden unter dem Dammweg dröhnte wie bei einem Erdbeben. Das Geräusch wurde von Tausenden und Abertausenden auf den Boden stampfender Füße verursacht. Auf diese Weise grüßten die Einwohner von Tenochtitlán die Männer, die die Stadt betraten.

Cortés' Leute bewunderten die schön geformten Brücken, von denen manche bis zu zwanzig Meter maßen. Sie führten über den Dammweg hinweg und enthielten die mit Süßwasser gespeisten Kanäle der Wasserleitung – die Lebensquelle der Chinampa, der künstlichen Inselgärten, von denen einige mit Blumen, Lilien, Gemüse und Obst bepflanzt waren. Tausende Bäume waren zu sehen, darunter besonders viele mit roten und gelben Früchten, den Xoxotl und Nance. Alles, was die Bewohner unserer Stadt mit viel Liebe anbauten und weshalb Tenochtitlán die Stadt der Früchte, der Vögel, der Fische, der Blumen genannt wurde, war vorhanden.

Ach, unsere Stadt, in der die Blumen dem ersten Morgenlicht und dem letzten Licht der Abenddämmerung ihre Blüten öffneten! Tenochtitlán, du Schöne, du blühendes Maisbüschel, kleiner Schmetterling, murmelndes Gewässer der Lagune, schönes Mädchenauge, Tempel der Krieger, die geboren werden, um zu sterben und mit der Sonne weiterzuleben. Es war in der dritten Tagesstunde, in der Stunde von Chalchiuhtlicuye, der Göttin des Wassers … Mein kleines Gemurmel … Mein kleines, vom Wind hinweggefegtes Blatt … Mein Knospenknall im Frühling … Ach du, mein Tenochtitlán!

Unzählige Papierblumen, eine jede so groß wie zwei Hände, hingen zwischen den Zweigen der Huexotes, der Weiden, der schönsten Bäume in der Stadt, und wiegten sich zur Musik des Windes, der über den See bis zum Herzen der Lagune strich. Und dort, weit in der Ferne, reckten sich bis an des Himmels

Gewölbe die Vulkane Ixtaccíhuatl und Popocatépetl, zu denen jedes Jahr im Frühling die Pilger aus Tlatelolco mit Körben voller Früchte wanderten, die sie den Vulkanen darbrachten. Die Blicke der spanischen Soldaten schweiften über die kleinen künstlichen Inseln mit ihren schönen aus Kalk und Stein errichteten Häusern, die so weiß aussahen wie die Eier der Truthennen. Schon wanderten die Blicke der Ankömmlinge weiter zu den Inselgärten, den Chinampa, die den Eindruck erweckten, als würden sie auf dem Wasser schwimmen.

Und so zog das erste Eroberungsheer, das die Stadt in ihrer tausendjährigen Geschichte erlebte, in Tenochtitlán ein. An der Spitze schritt ein einzelner Soldat, dessen Rüstung in der Sonne funkelte. Er schaute weder nach rechts noch nach links oder gar zurück. Er blickte stur geradeaus, als wären seine Augen fest auf das Adlertor gerichtet. In der Hand hielt er die Schwadronsfahne. Er hob sie in die Höhe, drehte und schwenkte sie im Kreise, und zwar exakt im Takt der ihm vorauseilenden Trommelwirbel und Trompetenstöße. Dies war der erste Soldat, der seinen Fußabdruck auf dem Blumenteppich hinterließ. Das weiße Ziegenleder seiner Stiefel war von den Tausenden Blumen, die er auf den zehn Kilometern vom Ufer des Sees bis zum Fort Xólotl niedergetreten hatte, bunt gefleckt.

Auf den Fahnenträger folgten vier Reiter. Sie trugen glänzende Brustpanzer. Auf ihren Helmen, von denen man meinen konnte, sie wären aus Bergkristall, prangten leuchtende Quetzalfedern, die beim leisesten Windhauch bis auf ihre Rücken herabflatterten. In der einen Hand die nach unten gerichtete Lanze, in der anderen Hand das gezückte Schwert, dessen Scheide im Sonnenlicht blendete, so zogen die vier Reiter vorüber.

Dann marschierte vor den staunenden Blicken der Einwohner ein Fußtrupp vorbei. Jeder hatte einen kleinen Hut auf dem Kopf, den rote Federn zierten. Die Kleider waren aus Leder; dazu trugen sie Handschuhe und hielten ein paar Lederriemen, an denen jeweils zwei Hunde festgebunden waren, in ihren Händen. Das war die Abteilung der Hundeführer.

Den großen, wilden, schwarz und weiß gefleckten Hunden troff der Speichel aus dem Maul. Sie hechelten. Die Führer hielten sie zurück, denn durch den Geruch der Menschen aufgereizt, versuchten sie, sich loszureißen und auf die Menge zu stürzen. Dies waren die Hunde, die mit Menschenfleisch gefüttert wurden. Einen Augenblick lang herrschte Verwirrung. Die Leute traten zur Seite, einige stolperten und fielen in den See. Das steinerne Schweigen der Menge wurde nur vom Keuchen der ausgehungerten Hunde unterbrochen. Es schien, als rissen die Hunde ihre Führer vorwärts.

Dem Trupp der Hundeführer folgte ein einzelner Hauptmann: Pedro de Alvarado auf seinem Pferd. In der linken Hand hielt er die Zügel seines schwitzenden, tänzelnden Reittiers. Auf dem Leib trug er eine goldglänzende Rüstung. Er hatte keinen Helm auf. Sein Haar war blond, die Augen blau, und rotblond war sein Bart. In der Rechten trug er die Fahne von Hernán Cortés, die er hin und her schwenkte. Als er Alvarado erblickte, rief ein Tempelpriester halb entzückt aus: »Ein Sohn Gottes, ein Sohn Gottes! Tonatiuh, Sonne!«

Bewehrt mit Schild und Schwert folgten in Reih und Glied weitere Reiter. Sie trugen baumwollene Panzerhemden, wie die Krieger aus dem Heer von Tlaxcala. Hinter ihnen kamen die Bogenschützen. Die meisten hielten ihre Waffe kampfbereit und zielten auf die sich drängende Menge der Tenocha, die sie beobachteten. Nur einige wenige trugen die Waffen auf der Schulter. Es folgten die Arkebusiere in ihren mit Salzlake getränkten baumwollenen Panzerhemden, die ihnen weit übers Knie reichten. Auf dem Kopf trugen sie einen kleinen Hut mit grünen Federn. Ab und zu schossen sie mit ihren Büchsen in die Luft. Die Tenocha erschraken. Aber gerade das hatte Hernán Cortés bezweckt.

Danach kam das Fußvolk. Es belief sich auf einige Tausend Männer. In ihrem Zug führten sie die Geschütze mit sich, die von Kriegern aus Tlaxcala gezogen wurden. In der rechten Hand hielten sie eine brennende Fackel, als hielten sie sich jederzeit bereit, die Waffe abzufeuern.

Anschließend zog die Gruppe der spanischen Frauen vorüber. Allen voran und hoch zu Ross María Estrada, die verächtlich auf die schönen Mädchen mit den nackten Brüsten herabblickte. Auf einem anderen Pferd ritt der Geistliche Díaz. Er trug ein weißes, goldbesticktes Chorhemd. Er wurde von Fray Bartolomé de Olmedo begleitet, der zu Fuß neben ihm herging. Ihnen folgten zwei Spanier, welche die Standarte der Jungfrau Maria, der Señora del Rescate, trugen. Ganz in Blau gehüllt, die Füße auf einen Halbmond gesetzt, so stand sie da, durchbohrt von den Spitzen der Schwerter, die sie gleich Sonnenstrahlen umgaben. Die andere Standarte war die des heiligen Santiago, wie er hoch zu Ross die feindlichen Soldaten niederwarf, indem er ihnen mit dem Schwert die Schädel spaltete; die Hufe seines Pferdes aber traten auf den Kopf eines Kindes.

Dahinter marschierten in größerem Abstand die Hauptleute Sandoval und Olid sowie weitere Offiziere. Ihre Rüstungen glänzten wie die Sonne. Die Fesseln ihrer Pferde waren mit Schellen geschmückt, die bei jeder Bewegung klingelten.

Zehn Meter hinter seinen Offizieren kam Hernán Cortés. Allein. Ganz in Rot gekleidet. Eine Kappe aus Sevilla bedeckte seinen Kopf. Er trug keine Rüstung. Das Schwert hing an der Seite herab. Aufrecht saß er auf seinem Pferd, das in ruhigem Schritt ging. Er ritt mit der Haltung eines mächtigen Herrn in die Stadt ein. Ungeachtet seiner kleinen Statur machte er auf dem Pferd einen überaus majestätischen Eindruck. Man warf ihm so viele Blumen zu, dass ein Soldat aus Tlaxcala vor ihm herlaufen und den Weg säubern musste, damit das Pferd passieren konnte.

Zehn Meter hinter ihm schritten drei Häuptlinge aus Tlaxcala, bei deren Anblick die Menschenmenge jäh verstummte. Es waren dies die Herren Tlatotzin, Tehuanitzin und Maxzatzin. Die drei betraten die Stadt mit der Würde edler Kriegsherren und den Insignien, die ihren Rang kennzeichneten.

Den Herren von Tlaxcala folgten Malintzin und Jerónimo de Aguilar, jeder auf seinem Reittier. Malintzin ritt im Damensitz. Sie trug ein weißes Kleid mit blauen Quasten und auf dem Kopf eine Krone aus roten Rosen. Keiner warf ihr auch nur eine Blume zu.

Vom Fort Xólotl aus beobachteten aztekische Hauptleute und Einwohner von Tenochtitlán, wie die Männer aus Tlaxcala näher und immer näher kamen. Mit ihren Booten fuhren die Kriegerinnen aus Tenochtitlán dicht an den Dammweg heran und bewarfen die Gruppe der tlaxcaltekischen Häuptlinge mit gelben Blumen. Die Antwort der Krieger aus Tlaxcala ließ nicht auf sich warten, und die bis dahin beibehaltene Ordnung geriet durcheinander. Die tlaxcaltekischen Krieger bliesen mit den Schnecken, trompeteten Alarm und schlugen ihre Kriegstrommel. Cortés machte halt und wartete auf Malintzin. Mithilfe von Jerónimo de Aguilar fragte er sie, was das zu bedeuten hätte.

»Herr«, erklärte Malintzin, »die Krieger aus Tenochtitlán hassen die Krieger aus Tlaxcala … Sie fühlen sich durch sie gedemütigt. Die gelben Blumen sind Ausdruck ihres Hasses und symbolisieren den Tod.«

Cortés beobachtete den Blumenregen, der auf die tlaxcaltekischen Krieger niederging. Plötzlich tauchte ein aztekischer Priester auf und verbot den Frauen, die Krieger weiter mit gelben Blumen zu bewerfen. Gleichzeitig erinnerte er sie daran, dass die Tlaxcalteken Gäste des Hohen Rates des Städtebundes seien. Cortés deutete das Verhalten des Priesters jedoch falsch, gab seinem Pferd die Sporen, ritt auf ihn los und riss ihn zu Boden. Der Priester blickte Cortés entsetzt an. Doch bevor die Spanier bemerkten, was geschehen war, erklang die Trommel; als ob nichts den pompösen Einzug beeinträchtigt hätte, wurde der Marsch fortgesetzt.

Es folgte eine Abteilung tlaxcaltekischer Krieger, die berühmt dafür waren, dass sie vortrefflich mit Pfeil und Bogen umzugehen wussten. Sie galten als gefürchtete Krieger. Die Menschen, die sie vorüberziehen sahen, warfen ihnen keine Blumen zu und machten über sie auch keine Scherze. In Tenochtitlán war es Sitte, dem Feind, der sich durch ungewöhnliche Tapferkeit auszeichnete, mit höchstem Respekt zu begegnen.

Unter den Kriegern aus Tlaxcala befanden sich etliche, die sehr ärmlich gekleidet, ja fast in Lumpen gehüllt waren. Es sah so aus, als würden sie statt der Umhänge Netze auf dem Körper tragen. Doch alle hielten die Waffe kampfentschlossen in der Hand, bereit, jeden unverhofften Überfall abzuwehren. Ihre Zahl belief sich auf Tausende. Habsüchtig starrten sie auf die Kleidung der Einwohner von Tenochtitlán.

Mehrere Soldaten aus Cortés' Truppe traten dicht an die Mädchen mit den nackten Brüsten heran, einige versuchten sogar, sie zu berühren, was ihnen aber von den Offizieren verwehrt wurde.

Nach dem Heer von Tlaxcala kamen andere Krieger, die besser gekleidet waren. Es schritten vorüber die Hauptleute des Heeres von Huexotzinco; die Herren aus Cholula und ihre Krieger; die Herren aus Atlixco und ihre Krieger; die Herren aus Tliliuhquitepec und ihre Krieger und die Herren aus Tacoac und ihre Krieger.

Das verbündete Heer zählte Tausende und Abertausende

von Kriegern. Vor dem Fort Xólotl kamen sie zum Stehen – eine riesige Schlange auf der sich endlos dahinziehenden Blumenmatte, die den zehn Kilometer langen Dammweg von Ixtapalapa in seiner ganzen Ausdehnung vom Festland bis zur Mitte des Sees und darüber hinaus bedeckte.

Kapitän Cortés ritt an die Spitze des Heerwurms. Die Reihen öffneten sich, um ihn durchzulassen. Die Leute warfen ihm keine Blumen mehr zu. Sie blickten ihn einfach nur an.

Die Männer aus Tlaxcala nahmen gesondert Aufstellung, jeden Fußbreit der Dammstraße von Ixtapalapa beherrschend. Sie waren auf der Hut, denn sie befürchteten vom Heer der Azteken das Schlimmste. Viele der tlaxcaltekischen Häuptlinge trugen auf dem Kopf weiße Reiherfedern, das Symbol, das ihnen die Herren von Tenochtitlán zehn Generationen zuvor zum ersten Mal geschickt hatten. In ihren baumwollenen Panzerhemden waren sie gut gerüstet. Ein tlaxcaltekischer Priester löste sich aus der Gruppe. Auf seinem Rücken trug er das aus Ton gebrannte Bildnis des Gottes von Tlaxcala. Zum Klang eines Tamburins tanzte und tanzte er, bis er erschöpft zu Boden sank.

Mithilfe seines Stallburschen stieg Hernán Cortés vom Pferd und schritt mit rasselnden Sporen über die Blumen. Seine Schritte erzeugten einen dumpfen Klang. Mitten auf dem Dammweg von Ixtapalapa blieb er stehen, direkt vor dem Haupteingang zum Fort Xólotl. Die Handwerker von Tenochtitlán hatten an dieser Stelle einen riesengroßen roten Teppich, der ganz aus Vogelfedern geknüpft war, ausgebreitet und in der Mitte einen neuen, aufs Feinste geflochtenen Thronsitz aus Binsen aufgestellt. Neben Cortés standen Jerónimo de Aguilar und Malintzin. Letztere sagte zu Cortés: »Dort kommt der Herrscher Moctezuma.«

Moctezuma erschien in einer Sänfte, die von acht Kriegern des Adler-Ordens getragen wurde. Vor ihm schritt ein Herold, der mit einem goldenen Fähnchen den Leuten Zeichen gab, auf dass keiner sich dem Herrscher nähere oder ihm ins Antlitz blicke. Diener breiteten vor den edlen Kriegern, welche die Sänfte trugen, grüne, weiße und blaue Teppiche aus. Kaum hatte Moctezuma die Teppiche passiert, wurden diese von den Dienern aufgenommen und aufs Neue vor ihm ausgerollt. Die acht Krieger trugen kostbare Gewänder und hatten goldene Sandalen an den Füßen. Es waren Krieger vom Orden der Adler- und Ozelot-Ritter. Währenddessen beugten die Einwohner von Tenochtitlán ihre Köpfe und hielten den Blick auf den Teppich gerichtet, zum Zeichen des Respekts und der Ehrfurcht.

Moctezuma wurde von den Adler-Rittern abgesetzt. Auf seiner Brust leuchtete ein riesiger, faustgroßer Smaragd, der an einer Goldkette hing. Sein Umhang war eine herrliche Knüpfarbeit aus blauen Kolibrifedern. Auf dem Kopf des Herrschers glänzte eine Krone aus Quetzalfedern mit goldenen Fransen und kostbaren Perlen. Zu beiden Seiten des Kopfes hingen bis zum Hals Quasten herab – das Symbol des Tlatoani von Tenochtitlán und des Oberhauptes von Mexiko.

Cacamatzin, der Herrscher von Texcoco, und Cuitláhuac, der Herrscher von Ixtapalapa, halfen Moctezuma aus dem Tragesessel, mit dem er hergekommen war. Sie führten ihn bis zur Mitte des roten Federteppichs. Hernán Cortés saß auf einem Mattenthron. Der Teppich war so groß, dass auf ihm dreitausend Menschen und mehr Platz gefunden hätten. Cacamatzin und Cuitláhuac stützten den Tlatoani von Tenochtitlán jeder mit einem Arm. Der Herrscher von Meer zu Meer zeigte sich erstaunt und gerührt zugleich.

Auf ein Zeichen von Hauptmann Alvarado befahl der Offizier, der die Geschützabteilung kommandierte, die auf zwei Holzrädern sitzenden Lombarden abzufeuern. Ein ohrenbetäubendes Krachen folgte der Rauchwolke und dem Funken sprühenden Blitzstrahl. Den Anwesenden fuhr der Schreck in die Glieder. Beim Dröhnen der Geschütze waren Cuitláhuac, Cacamatzin und Moctezuma stehen geblieben, doch im Gegensatz zu den Tenocha verrieten ihre gleichgültigen Mienen keinerlei Entsetzen. Moctezuma war am Ende des Federteppichs stehen geblieben, ein wenig von dem Thron entfernt, auf dem Hernán Cortés saß. Der Teppich war so breit wie der Dammweg; er maß etwa achtzehn Meter in der Breite und sechzig in der Länge. Der Wind, der vom See her wehte, bewegte sanft die Federn des Teppichs, und in der Luft schwebte ein zarter Duft nach Blumen. Blickte man in die Richtung zurück, aus der Cortés gekommen war, konnte man kaum glauben, dass dort, wo die Stiefel der Soldaten und die Hufe der Pferde nur Schmutz zurückgelassen hatten, Stunden zuvor ein einzigartiger Blumenteppich gelegen hatte.

»Das ist der Blitz des Todes«, sagte Cuitláhuac zu Moctezuma. Dieser drehte sich um und betrachtete die abgebrochenen Äste des Baumes, auf den die Schützen ihr Geschoss abgefeuert hatten. Die Seevögel, die sich zu Hunderten in dem Wald nahe einer kleinen Insel aufhielten, flohen von dem Ort, und über der Menschengruppe hörte man das Flügelschlagen Tausender Reiher, die aufgestört zum Flug ansetzten.

Hernán Cortés streckte beide Arme aus und rief: »Auf Santiago!«

Und sein Heer antwortete ihm im Chor: »Auf Santiago! Auf Santiago!«

Mit Befremden hörten Moctezuma, Cuitláhuac und Cacamatzin den Ruf der Spanier.

»Wahrscheinlich ein Kriegsruf«, bemerkte Cuauhtemoc, der Herr von Tlatelolco, zu seiner Gefährtin Matla, der Herrin aus dem Haus der Kriegerinnen.

Die Bemerkung von Cuauhtemoc im Ohr, trat Matla nach vorn. Sieben Schritte hinter Moctezuma blieb sie stehen, hielt ihre Blumenschale hoch und rief »Campa uee!« Reglose Stille war die Antwort. Wieder schrie Matla, und ihr Ruf, der Ruf einer Frau, breitete sich über dem See aus, bis er wie ein Echo auf die Berge traf; dort, wo die Vulkane sich abzeichneten … »Campa uee! Campa uee!«

Verwundert beobachteten Cacamatzin, Cuitláhuac und Moctezuma die Reaktion von Matla und die Antwort des Volkes darauf. Tausende Menschen hatten ihre Blumenschalen zum Himmel gehoben. Da hielten die drei Männer ihre Schalen ebenfalls hoch und wiederholten den Ruf: »Campa uee!«

Von der Höhe eines Tempels herab verkündete die Schneckentrompete die Stunde vier, die Stunde von Nahuiolin …

Fort Xólotl war eine kleine Insel mitten im See. Eine kleine, schöne Insel, von Gärten und Chinampa umgeben.

Cortés' Soldaten standen streng in Reih und Glied, doch untereinander machten sie Scherze. Man hörte griechische, italienische, portugiesische Brocken … Unter den Soldaten gab es Weißbärtige und Dunkelhäutige, Zwerge, Einäugige, Alte und junge Burschen, die kaum älter als fünfzehn waren. Im Heer gab es auch Väter und Söhne. Ein Soldat, der in Cortés' Nähe stand, trat mit einem roten Wimpel und einem Kreuz vor die Front und rammte beides seitlich vom Teppich in die Erde. Dabei rief er: »Auf Santiago und die Jungfrau Maria!« Doch diesmal antwortete ihm keiner. Ein Trommelwirbel erklang, dann ein Hornsolo. Ein spanischer Marsch überflutete den Ort. Die Soldaten gaben vor, zum Klang der Musik zu marschieren, ohne sich von der Stelle zu rühren. Sie demonstrierten eiserne Disziplin, und gerade das war es, was Cortés den Herrschern von Mexiko vorführen wollte.

Ein wenig abseits hielt ein Stallbursche die Zügel des Rotschimmels, den Malintzin ritt. Die Trommeln und Hörner verstummten für einen Augenblick. Die Empfangszeremonie für Hernán Cortés war eröffnet.

In der Reihenfolge ihres Ranges traten mehr als zweitausend Azteken an Hernán Cortés heran und entboten ihm ihren Gruß. Steif auf seinem Binsenthron sitzend, sah dieser sie an, ohne auch nur eine Miene zu verziehen. Er hatte befohlen, seinen Sitz leicht erhöht aufzustellen, sodass alle, die ihn grüßten, sich unter ihm befanden. Jeder für sich schritten die mexikanischen Herren über den Federteppich, und sobald sie sich Cortés auf zehn Meter genähert hatten, beugten sie ein Knie zum Teppich, berührten mit der rechten Hand den Boden, küssten ihn und zogen sich gesenkten Blickes wieder zurück. Die ganze Zeremonie dauerte über drei Stunden. Drei Stunden, die mit einem Warten angefüllt waren, das die Soldaten von Cortés zunehmend beunruhigte.

»So wird es sein. Genau so …«, hatte Malintzin Cortés vorher aufgeklärt. Und so grüßten Cortés Cacamatzin, Herrscher von Texcoco; Totoquiahuatzin, Herrscher von Tlacopan; Itzqueuhtzin, Herrscher von Tlatelolco; Cuitláhuac, Herrscher von Ixtapalapa. Gemäß ihrem Stande kamen alsdann die Herrscher Atlixcatzin, Herrscher von Tlatecatl, und Tepecuatzin, Herrscher von Tizociaocatl. Eine Gruppe von Priestern und Priesterinnen verschiedener Tempel tanzte vor Cortés zu Ehren von Quetzalcóatl. Hierbei wurden sie von ein paar Musikern mit Rohrflöten begleitet. Ein Jüngling, der ein Räuchergefäß mit Kopalharz in der Hand trug, hüllte Cortés von Kopf bis Fuß in Rauch ein.

Edle Herren aus anderen Teilen Mexikos folgten. Sie unterschieden sich durch ihre jeweilige Tracht. Es waren dies die Herren von Xochimilco, Coyoacan, Huitzilopocho, Culhuacan, Atzcapotzalco, Checatepec und Amaquemecan. Die übrigen Mitglieder des Hohen Rates der verbündeten Völker von Technotitlan, Tlacopan und Texcoco schlossen sich an, dreißig an der Zahl. Die Männer und Frauen, unter denen sich auch ein paar Greise befanden, trugen einen mit Quetzalfedern reich verzierten Kopfschmuck – Ausdruck ihrer Macht und Würde.

Matla und Cuauhtémoc waren die beiden letzten Vornehmen, die Cortés begrüßten. Matla beugte ihr Knie auf den Federteppich, doch anstatt mit der Hand die Erde zu berühren, streifte sie ihr Hemdgewand zur Seite, sodass Cortés' Blick auf ihre schönen runden Brüste fiel. Matla ließ sich keine seiner Regungen entgehen. Dann trat Cuauhtémoc zum Gruß vor. Nachdem er sein Knie gebeugt hatte, küsste er sich zum Zeichen der Demut weder die Hand noch blickte er Hernán Cortés ins Gesicht. Nun kam das Oberhaupt von Mexiko, der große Moctezuma, der Herr der Herren und Herrscher von Meer zu Meer. Von Neuem begleiteten ihn Cuitláhuac und Cacamatzin. Fünf Meter vor Cortés blieben sie stehen, gingen fünf Schritte zurück und ließen Moctezuma allein. Es war die Stunde sechs, die Stunde von Mictlantecutli, dem Herrn des Totenreichs.

Moctezuma verbeugte sich tief, setzte ein Knie auf den Teppich, berührte ihn mit der Hand und küsste ihn. Dann hob er zum Zeichen der Bewunderung und Verehrung seine Augen zu Hernán Cortés empor und richtete sich allmählich auf, bis er dem spanischen Kapitän direkt ins Gesicht sah. Cortés erhob sich von seinem Thronsitz und wollte Moctezuma umarmen, doch schnell traten Cuitláhuac und Cacamatzin dazwischen und hinderten ihn daran. Auf ein Zeichen von Cortés setzte ein Trommelwirbel ein, und es erklang ein spanischer Marsch. Es war der gleiche Marsch, den Isabel die Katholische und ihr Mann Fernando gehört hatten, als die Mauren die Stadt Granada für immer verließen. Es war eine sehr heitere Musik, doch auf ein weiteres Zeichen von Cortés brach sie jäh ab.

Moctezuma trat mit einer goldenen, bis an den Rand gefüllten Blumenschale auf ihn zu. Alle, die Cortés gegrüßt hatten, stellten ihre Blumenschalen rings auf den Boden …

»In Tenochtitlán«, so hatte Malintzin ihm berichtet, »gehen die Leute von Stand immer mit einer Blumenschale umher. Immer, bei Tag wie bei Nacht, bei Sonne wie bei Regen. Es ist eine Stadt, die mit Blumen reich gesegnet ist. Treffen sich Freunde, so schenken sie einander Blumen, und wenn sie sich besuchen, legen sie Blumen vor das Haus, das sie betreten.«

Eine Gruppe von jungen bildhübschen Mädchen näherte sich mit Blumenkränzen, mit denen sie einen Tanz vollführten. Dazu sangen sie mit weicher Stimme. Nach ihrem Tanz ließen sie die rotfarbenen Kränze auf dem Teppich zurück.

Cortés ging auf Moctezuma zu, nahm eine Kette aus weißen gläsernen Margeriten, mit der ihn der Priester Juan Díaz vor der Zeremonie geschmückt hatte, und legte sie Moctezuma um den Hals. Dieser empfing die Gabe mit dem Ausdruck tiefen Glücks. Moctezuma seinerseits streifte die Muschelkette, die seinen Hals zierte und das Symbol von Quetzalcóatl darstellte, sowie die Schulterdecke aus Quetzalfedern Cortés über den roten Rock, wobei er sagte: »Oh, du Herr der Herren! Oh, du mein Herr Quetzalcóatl!«

Cortés warf ihm einen kurzen Blick zu. Womöglich mochte er sich fragen, warum ihm der Herrscher der Azteken die Muschelkette und nicht die goldene mit dem großen Smaragd um den Hals gelegt hatte. Doch den Gedanken gleich wieder beiseite schiebend, fragte er: »Herr, seid Ihr wirklich der große Moctezuma?«

Malintzin übersetzte: »Ich bin Moctezuma, der Tlatoani von Mexiko und Herrscher von Meer zu Meer.«

Cortés lächelte.

»O Herr!«, übersetzte Malintzin Moctezumas Worte. »Mit Mühsal und unter großer Anstrengung bist du nach Mexiko gekommen, in dein Land … Du bist hierher gekommen, um dich auf deine Matte, deinen Thron zu setzen, den ich für eine kurze Weile für dich bewahrt habe. Denn seit Langem schon sind deine Diener, die ihn für deine Ankunft bewahrt hatten, dahingegangen; die Könige Itzcóatl, Moctezuma Ilhuicamina, Axayicátl und Ahuizotl. Auch sie hatten deinen Thron nur für eine kurze Zeit bewahrt und von ihm aus über Mexiko Tenochtitlán geherrscht …«

Moctezumas Augen füllten sich mit Tränen.

»Ach, wenn einer von ihnen doch nur teilhaben könnte an dem Erstaunen, das mich erfasst! Wenn einer von ihnen doch nur erleben könnte, was ich erlebe! Wenn sie doch nur sehen könnten, was ich sehe! Fünf, zehn Tage lang war ich voller Unruhe, Herr, denn man hatte mir berichtet, du seist aus einem unbekannten Land aufgebrochen und zu uns zurückgekehrt, aus Wolken und Nebeln und Stürmen, so wie es unser Herr Nezahualcóyotl vorausgesagt hat … Unsere weisen Vorfahren, die Herren Tlatoani, hatten immer davon gesprochen, dass du eines Tages zurückkehren würdest, um deine Stadt wieder zu sehen und dich auf deinen Thron, deinen Stuhl, deine Matte zu setzen … Und nun bist du wirklich zurückgekommen, unter Mühsal und Anstrengung. Sei willkommen in deinem Haus, und ruh dich nun aus. Geh zu deinem Palast, gib deinem Körper Ruhe.«

Er machte ein paar Schritt zu einer Ecke des großen Federteppichs, hob seine Arme gen Himmel und rief, das Wort an sein Volk richtend, laut aus: »Unser Herr Quetzalcóatl ist zurückgekommen!« Und das Volk von Tenochtitlán erwiderte: »Campa ueeeee!«

Es war die Tagesstunde acht, die Stunde, in der über Tenochtitlán der Mond aufging.

Die Engel dieser Stadt

Elena Poniatowska

Früher sah man zuerst den Engel der Unabhängigkeit in Mexiko-Stadt, er zeichnete sich gegen den Himmel ab, ragte in die Luft, da wo die Wolken beginnen. Das war der liebste Traum aller Kinder vom Lande, an Nachmittagen, an denen die Ruhe sie kribbelig machte: »Ist der Engel wirklich so wie auf den Fotos?« Und der andere antwortete, mit einem Gesicht wie ein auserwählter Engel, voller Stolz: »Ach wo, noch viel schöner!« Er war auch der beste Orientierungspunkt. »Weißt du, wo ich wohne? Wo der Engel ist, ganz in der Nähe.« Das Mädchen Titi wurde in der Schule gefragt, wann die Unabhängigkeit Mexikos begonnen hätte, und sie antwortete stolz: »Als der Engel herabstürzte.« Raúl Prieto hält an der Theorie fest, dass Mexiko ein derart machobeherrschtes Land ist, dass die Siegesgöttin, die die Unabhängigkeitssäule krönt und ohne jeden Zweifel feminine Attribute aufweist, so unumwunden runde Rundungen, dass sie sich sogar eindeutig gegen den Himmel abheben, dennoch von allen der kleine Engel genannt wird.

Am Sonntag, dem 28. Juli 1957, um 2.40 Uhr, bebte die Erde; der Engel stürzte herab und zerschellte am Boden. Ein sehr alter Maurermeister kam und sah nach, wie weit der Engel zersprungen war, er hatte nämlich den Sockel gebaut und darin ein Kästchen mit den Briefen seiner Braut eingemauert, die ihn sitzen lassen hatte, so wie die Erbauer von Staudämmen oder Deichen ein Neugeborenes mit einmauern, um die Wogen zurückzuhalten. Wahr ist, dass dieses Kästchen mit den Zeugnissen der verratenen Liebe als Gegenmittel wohl gewirkt hat. Denn nur wenige Verliebte haben sich von diesem Engel herabgestürzt, viele allerdings haben von der Torre Latinoamericana aus Selbstmord begangen. Außer dem Maurermeister kam noch ein Mann, der sich ein Stück Gusseisen aneignen wollte: »Ja, war der denn nicht aus purem Gold?« Eine vermummte Betschwester kniete nieder und murmelte unter dicken Tränen: »Mein Schutzengel ist gestorben.« Und sie hatte recht, denn der Engel der Unabhängigkeit ist der Schutzengel vieler Mexikaner. Das Entsetzen der Einwohner musste man einfach gesehen haben! Langsam gingen sie um das runde Denkmal herum: »Sieh bloß mal seinen Kopf an, wie der jetzt aussieht!« Engelshaar auf der Erde, in den Baumkronen das Gold seiner Flügel, die Federn zerstoben auf den Rasenstreifen vom Paseo de la Reforma. Ein paar Männer von der Müllabfuhr trugen die beiden Brüste vorsichtig weg und setzten sie als Hüte auf: »Wie groß die sind, die könnten uns gut vor Sonne und Regen schützen.« Ein anderer warf sich die Taille über die Schulter, wieder ein anderer den Lorbeerkranz, ein fünfter schlang sich die Arme um den Hals, eine gigantische, steinharte weibliche Umarmung. Der Engel fuhr im Lastwagen ab und wurde in einer der ärmsten Siedlungen von Mexiko-Stadt neu zusammengefügt, in der Siedlung Buenos Aires. An seinem Krankenlager bekam er viel Besuch, man konnte ihn sogar vom Viadukt aus sehen; wenn man die für 40 km/h Geschwindigkeit reservierte Fahrspur benutzte, schimmerte er halb verborgen hinter einem hölzernen Geländer durch, das ihm nur bis zur Hüfte reichte. Nach und nach erhielt er seinen Rumpf zurück, seine güldenen Schultern und seine riesigen Flügel, nur der Kopf fehlte noch und der ausgestreckte Arm mit dem Lorbeerkranz. Hunderte von Neugierigen beugten sich aus ihren Autos, wollten sehen, was mit der Zeit aus seinen Narben würde. In der Nachbarschaft wurden Prozesse um die Besitzverhältnisse ausgetragen. Die Anwohner der Straßen Dr. Liceaga und Dr. Barragán waren überaus stolz darauf, dass der neue Engel ihre lumpige Siedlung größer und güldener verlassen würde.

Die kleinen schwarzen Engel

Doch seit 1957 sind die Engel in Mexiko-Stadt immer weniger durchsichtig geworden. Wie der Liedtext verkündet, beschert der Smog uns, wortgetreu, schwarze Engel. Man kann zusehen, wie sie sich da flügellahm zwischen den Autos durchschlängeln, sich an den Kotflügeln der Autos vorbeidrängeln, sich an Autotüren verheddern, ihre zarten, empfindlichen Muskeln quetschen, was ihre Haut, die ohnehin zu blauen Flecken neigt, bläulich verfärbt. Sie haben nichts mehr gemein mit jenen Engeln aus feinem Gold, die von den Barockaltären der Kirchen im Stadtzentrum herablächeln, oder mit jenen rundwangigen Engelchen, die die Einheimischen in irdische, der Völlerei frönende Geschöpfe verwandelt haben, die in Santa María Tonantzintla ihre kleinen bemalten Münder hinhalten: Engel, die einseitig beladen mit Trauben, Granatäpfeln, Bananen und großen Ananas umherfliegen.

Heutzutage sind Engel vielmehr all jene in dieser Stadt, die nicht wissen, dass sie es sind. Jahr um Jahr kommen sie grüppchenweise an und lassen sich auf den Straßen, den Grünstreifen, in Hauseingängen und unter Dachvorsprüngen nieder. Die Pepitas und die Marias verkaufen ihre Häuflein Samen und Kerne in winzigen Mengen, prisenweise sozusagen, »damit mir der Vorrat nicht ausgeht«. Im Volksmund sind das Zugschwalben oder, anders gesagt: Vögel mit menschlichen Gesichtern, die in den Monaten, in denen kein Regen fällt, in die Hauptstadt kommen, um ihre Finanzen »abzurunden« und sich ihre trockenen Brötchen zu verdienen. Wenn aber die Zeit der Ernte oder der Aussaat kommt, steigen sie auf zum Flug und kehren zurück in ihr Dorf. Diese Zugschwalben bauen kein Nest, und wenn sie es dennoch tun, dann ist es so elend und löchrig, dass es keinerlei Schutz bietet; ein Nest, das die Seele dem Winde aussetzt, das Fleisch offen für die erstbeste Verletzung, ein Nest, das bald herunterfällt, das sich kaum an die Holzbalken anklammern konnte, das am nächsten Morgen mit dem Abfall zusammengekehrt wird.

Solchen Mexikanern begegnen wir auf Schritt und Tritt, ohne Maske und mit dem Kleid, das ihnen das Leben gibt. Sie verschwinden im Nu: Engel ohne sichtbare Flügel. Husch! stehen sie da mit ihren zweirädrigen Karren, um Flaschen, Alteisen oder Zeitungspapier aufzulesen und weiterzuverkaufen, mit ihren Blechen voller Früchte, ihren Körben voller Avocados, mit denen sie zwischen den Autofenstern herumfuchteln, mit Karren, die Lokomotiven nachgebaut sind, auf denen sie Süßkartoffeln und Bananen braten, mit Eisbergen, die wie Iglus aussehen, von denen sie das Eis abschaben und in Waffeln füllen – bis solch ein Engel dann eines Tages in dieser himmlischen Hierarchie zum Ratenkassierer aufsteigt. Dann kommt er tatsächlich, klopft an die Tür und fragt mit samtener Stimme: »Ist Señorita Estela zu Hause?«

Wenn man ihn fragend ansieht, fügt er hinzu: »Sagen Sie ihr, Ariel, der Kassierer, möchte sie sprechen.«

Ein schüchterner, atemloser Engel kommt vom Flachdach herunter. Der Straßenkassierer holt die Karte dieses Engels aus einem mit breitem Gummiband (mit denen die Frauen sich früher die Strümpfe befestigten) zusammengehaltenen Stapel Karten heraus und wedelt damit vor den Augen des Mädchens herum. »Ich komme kassieren.«

»Oh je, ich hab jetzt kein Geld, meine Herrschaft hat noch nicht bezahlt.«

»Na ja, keine Sorge. Aber sehen Sie sich noch diesen tollen Rock an!«

Estela kräuselt die Lippen, betrachtet abwägend wie jemand, der eigentlich nichts will. Und wie alle Frauen dieser Welt befühlt sie den Stoff zwischen Daumen und Zeigefinger: »Ich kann jetzt nicht, ich bin gerade beim Reisrösten.«

»Nehmen Sie ihn doch vom Feuer«, ordnet der Kassierer mit jener Autorität an, die ihm die immerwährende Verschuldung der Leute und die von seiner Schulter baumelnde Ali-Baba-Höhle verleihen, wo die Kunstfasern moderner Kleidung und das Acryl maschinengestrickter Westen nur so prangen.

Estela saust im Fluge die Treppe hinauf und wieder hinunter. Der Rock ist wirklich zu schön! Ariel füllt mit schwungvoller Schrift und mit einer weißen Feder, die er unter seinem großen Flügel hervorzieht, eine neue Karte aus. Schon vor Monaten haben Estela und ihre Schwester Epifania und ihre Cousine Dominga und Domitila, die im nächsten Häuserblock arbeitet, und Lupita, die gerade mit der Señora von Nummer acht hereinkommt, die Rüschenröcke, die sie vom Dorf herbrachten, abgelegt. Jetzt tragen sie Mini, angeleitet von Ariel, dem Straßenkassierer, der dem Diktat der Mode folgt und unter seinen Schätzen Strumpfhosen und Hosenblusen führt. Ariel schreibt auf, zählt zusammen, zieht ab, nimmt mal und verabschiedet sich.

»Nächste Woche komme ich wieder vorbei, meine Schöne.«

Die Engel für eine Nacht

Aus Toluca, Querétaro, Ixtlahuaca, Hidalgo, Atlacomulco und sogar aus Oaxaca kommen die kleinen Dienstmädchen in die große Stadt: Die Provinz, die Gemüse liefert, liefert auch junge Frauen mit langen Zöpfen und schüchternem Lächeln. »Sie haben es mir erlaubt, wissen Sie.« Sie kommen mit gesenkten Blicken und mit ihren indianischen Trippelschrittchen, gehen durch die Zimmer, man nimmt sie kaum wahr, so als wollten sie sich verkriechen. Vom Dorf brachten sie ihre allerbesten Sachen mit, die beiden Kleider, das cremefarbene und das himmelblaue, die Schürze mit den Taschen und den Pullover mit den im Lochmuster eingestrickten Rhomben. Jetzt öffnen und schließen sie Türen, entdecken den Kühlschrank, den Boiler und etwas, das dem Auge Gottes gleichkommt: die kleine Mattscheibe, die sie aus ihrem Kasten heraus idiotisch anglotzt und mit unvorhersehbaren Wellen in ihr Hirn eindringt. Eines schönen Tages findet ihre Herrschaft sie mit fast zum Bersten aufgerissenen Augen vor *Komm doch rauf, Pelayo, komm hoch* sitzen, und eines Abends hört die Herrschaft ihr schamloses Gebrüll: »Schenk mir diese Nacht«. Das schwarze Haar fällt ihnen frisch gewaschen wie ein Vorhang über Schultern und Taille, und eines Morgens teilen sie um die Frühstückszeit schüchtern mit: »Señora, ich verlasse Sie«. Sie suchen ihre Federn zusammen und gehen, leicht gerundet wie Ringeltauben, davon. Später werden sie mit ihrem heiseren Taubengegurre die zarten Täubchen einlullen, Produkte jener Nacht, die sie den Täuberichen schenkten.

Manchmal stirbt das Neugeborene, und die Überlebenden verwandeln es sofort in ein Engelchen. Wenn die Compadres sicher sind, dass ihm auch der letzte Atemzug ausgegangen ist, legen sie es auf einen Tisch und streuen Papierblumen drumherum, kleiden es in Seidenpapier und kleben ihm einen Stern auf die Stirn. Niemand weint, um ihm seinen himmlischen Glanz nicht zu nehmen. Im Gegenteil, andere Frauen bringen sogar ihre eigenen Kinder herbei und sagen zu ihnen: »Sieh es dir an, das ist nämlich ein Engelchen, mal sehen, ob etwas davon auf dich übergeht«, und trösten die Mutter: »Gut, dass es so klein gestorben ist, so ist es direkt in den Himmel gekommen!« Sie zünden ihm Wachskerzen an, bis die Compadres mit der Schnapsflasche kommen, und dann gibt es Kaffee mit Schuss. Sie malen dem Engelchen rote Wänglein, setzen ihm einen Blumenkranz auf, betten es in den weißen oder in den himmelblauen schuhschachtelkleinen Sarg; sie schließen den Deckel mit dem Blechengelchen obendrauf und tragen es zu dem kleinen Loch, das dafür auf dem Friedhof gegraben wurde. Das Engelchen fliegt gen Himmel, Gott nimmt es zu sich; sie haben es beizeiten mit Weihwasser besprengt, damit es nicht in die Hölle der Ungetauften kommt.

Die Mexikaner: Vögel ohne Nester

1976 kamen jeden Tag eintausend vom Hunger gepeinigte Mexikaner in die Hauptstadt; 1978 waren es schon doppelt so viele. Jährlich lassen sich also 730 000 Männer und Frauen in Mexiko-Stadt nieder. Reinste Vögel ohne Nester, reinste Lilien vom Felde, die auf das Wunder warten, das vom Himmel fallen muss. Man spricht immer wieder von der Stadt Nezahualcóyotl, im Texcoco-Becken gelegen, von den 700 000 Arbeitslosen dort, dem Mangel an Sickergruben und Abwasserkanalisation, den Wohnungen mit den beiden Zimmerchen, in denen bis zu sechzehn Personen zusammenleben, den »Freiluftschulen«, in denen die Schüler während des Unterrichts auf einem Ziegelstein oder auf einem Bänkchen sitzen, das sie von zu Hause mitbringen. Doch die Einwohner von

Nezahualcóyotl sind reich, verglichen mit anderen Neuankömmlingen, denn sie haben sich inzwischen die Fähigkeit zu Protest und Organisation erworben, über die die Geschwader der Engel und Erzengel, die über die Elendsviertel verstreut leben, nicht verfügen. Die Leute aus Nezahualcóyotl entführen Lastwagen, machen Geschäfte dicht, erstatten Anzeigen, und die Kinder lernen vom fünften Lebensjahr an, sich ihrer Haut zu wehren: Sie arbeiten als Schuhputzer, Autowäscher und verdingen sich in Restaurants und Büros, um Botengänge zu machen oder den Müll hinauszutragen. Statt zum Beispiel in der Karwoche die obligatorischen Kreuzwege zu beten oder Bußandachten zu halten und lange Litaneien aufzusagen, haben sich die Männer zusammengetan, um zwei Straßen zu pflastern und zu teeren, und leisteten so mit ihren Karfreitagspflichten ihren Mitbewohnern einen nützlichen Dienst. Ihre Lebenseinstellung ist anders als die der Zugezogenen, die den Versuch machen, ihr dörfliches Leben in der Stadt weiterzuführen. »Wie früher, nur mit Fernsehen«, und so sammeln sie Brennholz in der Umgebung, sind Wasserverkäufer, bieten ihre Dienste an, schleppen Wasserkübel in die Häuser und würden am liebsten noch auf drei Quadratmetern ein Maisfeld anpflanzen. In Nezahualcóyotl ist man schlauer, und selbst die Frauen dort werden pfiffig. Heimarbeit ist eine der Arbeiten, die viele Frauen ausüben: Jede Woche nähen sie bis zu hundert Hosen für 350 Pesos zusammen, wobei sie Nähgarn, Nähmaschine, Knöpfe, Reißverschlüsse und auch noch den Mann, der dann die Hosen anziehen soll, stellen müssen. Diese Heimnäherinnen sind, zusammen mit einigen männlichen Arbeitern, privilegierte Wesen, die mit einiger Sicherheit etwas zum Beißen haben. Die anderen Neusiedler gehen Staub schlucken und ziehen los für ein »mal sehen, was abfällt«.

San Martín de Porres – Von Heiligenbildern und anderen Einrichtungsgegenständen

Oscar Lewis hat seine Assistenten einmal damit beauftragt, topografische Erhebungen über die Einrichtungsgegenstände in den von ihm und seinem Team untersuchten Wohnungen zu machen. Sie sollten die Anzahl von Stühlen sowie Tisch, Petroleumofen, Speisekammer, Abtritt – sofern vorhanden –, die Betten, das Geschirr und sonstigen Krimskrams registrieren. Mir fiel auf, dass in allen Küchen dieser Viertel die Gabeln fehlten. Ich sah immer Löffel, breite, schöne Löffel aus Zinn für die gewässerten Bohnen, die Nudelsuppe, den langsam zu schlürfenden Blättertee – aber solche Gabeln wie die, die alle Teufel auf den Heiligenbildchen schwenken? Nein, davon war nichts zu sehen. Auch Stühle gab es nicht gerade im Übermaß, aber das war auch nicht nötig. Zum Essen setzten sich die Bewohner aufs Bett und zogen den Tisch näher heran, der stets wie ein Schiff ohne Kiel durchs Zimmer dümpelte, ein bisschen nach hier, ein bisschen nach da. Ihr Menü: in Brühe schwimmende Nopalitos. Zwischen einem Löffel Nopalitos und einem Löffel Brühe spähte ich hinüber zu den Unterhosen der Frauen, die in grellen Farben auf der Leine hingen und farbigen Luftballons glichen: flieder, lila, rot, fleischrosa, bougainvilleafarben, orange, goldgelb, khaki, beige, violett, vom Winde geblähte Pluderhosen. An den Büstenhaltern sah man noch die Spuren von Medaillons, Schlüsseln oder Geld, was die Frauen so unter ihre BH-Ränder klemmen, Sicherheitsnadeln, die über dem Herzen verrosten. Zwischen zwei rachitischen Möbelstücken, Bett und Tisch, fiel der Fernseher auf wie ein Gott, erworben in bequemen Raten; eine ganze Anzahl von eingerahmten oder im Passepartout – weil billiger – steckenden Heiligenbildern, vor allem San Martín de Porres. Je nach Rhythmus der Flammen wurden sie auf einem kleinen Regal neben der Creme Marke Ponds in Familiensparpackung und der Spule schwarzen Garns, das man immer brauchen kann, von dort aufgestellten Kerzen beleuchtet oder verschwammen im Dunkel. Die Batterien von leeren Flaschen im Patio, in einer Ecke zu Pyramiden gestapelt, hinterließen in mir ebenfalls einen unauslöschlichen Eindruck wie auch die unbrauchbar gewordenen Gegenstände, die einfach niemand entfernt und die schließlich zu Fetischen werden: mitten im Patio die Waschschüssel ohne Boden, der Schuh, Gesicht nach unten, der Schlamm schlürft, während er zu Lebzeiten sein Gesicht der Sonne entgegenstreckte, das ausgediente Plastikauto, der weiße Nachttopf, der uns, ohne mit der Wimper zu zucken, ansieht. Wenn dann die Sonne untergeht, kommen die Frauen auf ihr Abendschwätzchen heraus, lehnen ihren Stuhl an die Mauer des Hauses, Rücken an Rücken – so müssen ihre Großmütter in der Provinz wohl schon auf dem Balkon gesessen haben, um »über den Nächsten zu lästern«. »Lucecita, bring mir die Schere«, sagte Teresa dann verschmitzt zu ihrer jüngeren Schwester, »wir müssen die anderen zurechtstutzen«. Jetzt stand ihnen der Sinn nicht mehr danach, im Gegenteil, sie redeten mit gebrochener Stimme wie jemand, der die letzten Schritte tut, bevor er ins Dunkel taucht: »Mein Mann trinkt.« Kein Ärger in der Stimme von Doña Ubaldina, die vor sich hinmurmelt: »Er lässt alles in der Wirtschaft oder beim Compadre. Für morgen reicht es nicht mal für Kaffee oder für Maisfladen.« – »Aber heute haben Sie doch wenigstens Ihr Kaffeechen getrunken, Doña Uba.« – »Das ja, Gott sei Dank.« – »Nun, Sie sehen ja, heute leben wir, und wer weiß, was morgen kommt«, und sie fuhren fort, sich gegenseitig zu trösten mit Sätzen gleich Dolchen in der Luft, Messerstichen, die die Dinge ein für alle Mal lösen: »Wenn sie mich morgen umbringen wollen, sollen sie es doch besser gleich tun«, »das Leben taugt nichts«, »später ist es zu spät«, »eigentlich habe ich das nicht gewollt«. Sie schienen immer wie Ausgestoßene zu leben, drauf und dran, mit den Füßen nach oben im Straßengraben zu landen, während das Radio lautstark schmalzige, heiße Rhythmen in den Äther sandte und der Sprecher bis in den letzten Winkel vordrang und alles verschlang, das Elend, den Schmutz, den Wassermangel, den Alkoholismus, die Unterernährung, die Brutalität, die Wassereimer, die Kinder, die ihre Notdurft vor aller Augen verrichten, die Erwachsenen, die dazu ein klein wenig weiter weggehen, die Fliegen, die langbeinigen Spinnen, die Scham und die Männer, die stundenlang an den Straßenecken an irgendwelche Pfosten gelehnt stehen.

Die Hackordnung/Immer drauf mit dem Schnabel

Man sagt, dass die Verwaltung von Mexiko-Stadt sich der Zugschwalben und der Marias annimmt. Die Schwalberiche unter dem Flügel des Engels reichen nicht an die 3000 heran, doch ihr immer gleiches Gesicht erneuert sich Jahr um Jahr; die Marias trifft man vor allem in den südlichen Stadtbezirken an, mit ihren roten und blauen Satinblusen stehen sie auf den Mittelstreifen der Straßen Universidad, División del Norte, Churubusco und Popocatépetl. Sie gehören zweierlei Gruppen an: den Otomí und den Mazahua, die sich aufgrund ihrer Händlertradition und auch aufgrund der Tatsache, die ältesten Rassen des Landes zu sein, verbunden fühlen. Anfangs verkauften sie Früchte, jetzt allerdings gehen sie auf die Autos zu mit ihren schön in Reih und Glied ausgelegten Papiertaschentüchern und bieten mit kurzen Rufen ihre Ware an. Die Marias kommen aus den Bundesstaaten Hidalgo, Querétaro, Ixtlahuaca, San Felipe del Progreso, Temascalcingo und aus dem Bezirk Atlacomulco. Wer in ihr Dorf kommt, merkt, dass der Erdboden vor Trockenheit derart aufgerissen ist, dass die harten Schollen obenauf liegen; sie stellen dort irdene Teller und Töpfe her, die die Männer dann an die Landstraßen oder nach Guadalajara, nach Guanajuato und sogar bis in die Hauptstadt bringen, um sie zu verkaufen. Wenn ihnen das Elend schließlich bis auf die Knochen dringt, gehen die Frauen mit ihren Männern weg; die Witwen, die das Land allein nicht bearbeiten können, kommen in die Großstadt und lassen sich als Marias nieder, ein Baby auf den Rücken gebunden und ein größeres Kind auf die Hüfte gesetzt und ein drittes, das da irgendwo zwischen den Röcken schläft – die auch bloß ein Haufen Flicken sind –, und auf einem runden Rahmen sticken die Marias sorgfältig Blumen, Girlanden, Vögel, all das, was sie nicht sehen inmitten dieses funkelnden Autoflusses, vor dem man zur Seite springen können muss, sobald die Ampeln auf Grün schalten.

Wenn in den südlichen Stadtteilen fast alle betteln, dann deshalb, weil die Einwohner von Pedregal de Santo Domingo sie dort gewähren lassen. Früher schliefen sie im Viertel von San Francisco, danach ließen sie sich in Coyoacán nieder, bis sie sich dann in Pedregal de Santo Domingo mit vier Stöcken eine Hütte bauten, und bislang jedenfalls hat sie noch niemand von dort vertrieben. Guadalupe Rivera hat in Carreteraco, im Stadtviertel Coyoacán, eine Art Lehrzentrum für die Otomí eingerichtet, um den Frauen beizubringen, Stickereien über eine ganze Tischdecke zu verteilen, kleine Sets zu machen, Posamentenbänder auf weiße Bezüge zu heften, Tränentüchlein mit Hexenstichen einzusäumen und Monogramme ineinander zu verflechten, die so lange halten müssen, bis die Spitzen abgewetzt sind, Sofakissen fürs Wohnzimmer zu füllen und wunderschöne Puppen auszustopfen, Stoffpuppen, die den Originalkopfputz der Kinder der Otomí tragen: dieselben Rüschen, die sie den Kindern um den Kopf wickeln, viele weiße Wellen, um die Kälte zu verscheuchen, mit vielen Schaumkronen darauf, damit die guten Geister sich einnisten können. Sie sprechen kein Spanisch, deshalb wird ihnen von zweisprachigen Lehrern Lesen und Schreiben beigebracht. Die Näherinnen bekommen einen Wochenlohn von hundertfünfzig Pesos, dazu je nach Leistung eine Extraprämie, die fünfundzwanzig oder sogar dreißig Pesos täglich betragen kann. Doch obwohl ihnen die Stickfäden, die Wolle, die Stoffe, die Rahmen, auf denen sie sticken sollen, gestellt werden, trotz der niedrigen Stühlchen neben dem Fenster bevorzugen viele Frauen die Mittelstreifen der Straßen, das ununterbrochene silberne Band der Autos, ein Kaugummi gegen eine Münze, die ihnen von einer gleichgültigen Hand durchs Autofenster gereicht wird, die Rosen, die von ihrer Hand in die des Fahrers wechseln, die Papiertaschentücher, auf die man bei Regen mehr aufpassen muss als auf die eigenen Kinder. Das kommt ihnen unterhaltsamer, aufregender und abwechslungsreicher vor, ist ein intensiveres Leben, als in einem Haus in Coyoacán zu sitzen, denn dieses Haus ist nicht die Großstadt, die vom Mittelstreifen herüberleuchtet, und sie verdienen da auch keine dreißig, keine fünfzig Pesos täglich, die sie sich dort nach und nach in einem Arbeitstag von mehr als acht Stunden auf der Straße zusammenverdienen können.

Eine Frau mit dem Spitznamen Goldeselin ging nie mit weniger als hundert Pesos nach Hause. Sie stand im Morgengrauen auf, um sich an der Plaza del Aguilita neben der Markthalle Merced mit Süßigkeiten, Kaugummis und Früchten auf Kredit einzudecken – ohne sich allerdings bewusst zu sein, dass sie damit auch die Händler reicher machte – und dann stürzte sie sich in das Spiel Ankauf-Verkauf, in dieses Schlingern zwischen dem »Kaufen Sie es mir doch ab« und dem unentschlossenen Blick des möglichen Kunden. Sie wurde zur besten Verkäuferin der Welt, und an der Plaza del Aguilita wurde sie wegen ihrer Geschicklichkeit von allen respektiert. »Lesen und schreiben kann ich nicht, ich bin ein rechter Esel, aber die Zahlen, die kenn ich gut.« Daher ihr Spitzname.

Die Engel mit den getarnten Beschäftigungen

Nach Mexiko-Stadt kommen auch die Männer der Marias; die Ehemänner und die, die nicht ihre Ehemänner sind, sowie jene, die Männer von all den mexikanischen Frauen sind, die nie einen Ehemann gehabt haben. Väter von mindestens vier Kindern, Ehemänner, von denen drei von fünf ihr Land verlassen, in ihren rauen, halblangen Wollhosen, den schräg über die Schulter zusammengelegten Sarapes und ihren vor Bartlosigkeit glänzenden Gesichtern. Sie steigen aus dem Bus und stürzen sich auf das Erstbeste, was sie finden. Gewöhnlich verkaufen sie dann irgendetwas auf offener Straße. Die Wirtschaftswissenschaftler nennen sie Unterbeschäftigte oder Teilbeschäftigte und bezeichnen ihre Tätigkeiten als »getarnte« Beschäftigungen. Viele von ihnen sind Bauern, die ein oder zwei Monate im Jahr ihr Land bebauen und den Rest des Jahres keine Arbeit finden. Wenn von den sechs Millionen Bauern, die Land bestellen, vier Millionen damit aufhören würden, so würde die landwirtschaftliche Produktion keineswegs sinken, denn vier Millionen sind lediglich Unterbeschäftigte, Männer, die kaum so viel aus dem Land herausholen, um sich davon schlecht ernähren zu können. Man nennt sie Bauern, weil sie auf dem Lande leben, und weil ihre einzige Beziehung zum Leben in dem Boden besteht, den sie bearbeiten. Aber in Wirklichkeit fällt ihnen das bloße Leben so schwer, dass sie tagein, tagaus die Zeit vom Morgen bis zum Abend einfach nur vorüberstreichen lassen. Sie kommen in die Stadt, weil sie glauben, dass sie hier weniger schlecht als auf dem Lande leben; sie können elektrisches Licht sehen, über Asphalt gehen, schattige Parks wie den der Alameda besuchen, den Kopf heben, um das Hochhaus Torre Latinoamericana zu bewundern: Das alles sind Zerstreuungen, die den Hunger lindern. Aus Aztlán, aus Tlaxcala, aus Oaxaca bringen sie die große Hoffnung mit, Arbeit, und wenn nicht Arbeit, dann wenigstens Zerstreuung zu finden. »Wenigstens war ich ganz beschwipst davon«, sagte Erasmo Castillo González zu mir, der in die Stadt kam, um sein Glück zu versuchen. Zwischen Hungerkrämpfen und Trunkenheit ist unsere Stadt von vier Millionen Einwohnern im Jahr 1960 auf über siebzehn Millionen im Jahr 1985 angewachsen, zusammengepfercht auf einer Betonplatte von siebenhundert Quadratkilometern. Es wird bald keinen einzigen Baum mehr geben für unsere Engel, die nach wie vor landen werden, um sich einer nach dem anderen und trotz alledem hier niederzulassen, an den Hügeln von Chiquihuite, Chalma und San Lucas, die das größte Elendsdreieck des Distrikts bilden, wo sich die Menschen wie Ziegen zusammendrängen. Die Marias werden sich weiterhin in die Häuser schleichen (jede fünfte Frau in Mexiko arbeitet als Hausangestellte, und es gibt sicher 90 000 Mädchen im Alter zwischen acht und vierzehn Jahren, die als Dienstmädchen arbeiten), und die jungen ledigen Engel werden durchs Zentrum schlendern, um zu sehen, ob sie Glück haben und eine Arbeit als Autowächter finden, werden durch all diese Straßen voller Autos und voller Fallen laufen, voll von Syphilis und Gonorrhoe. Einmal rief ein pockennarbiger Engel, einer von denen, die ihre Flügel an der Ecke von San Juan de Letrán platt drücken, einem Fünfzehnjährigen mit Strohhut zu: »Na, Süßer, soll ich dir deinen Griffel spitzen?«

Da kommt zum Beispiel der Compadre Albino an und lässt sich mir nichts dir nichts, weil das eben so ist, aus purer Not, in der Siedlung Ruiz Cortinas nieder. Von jetzt ab ist er ein Fallschirmspringer. Er stellt seine Pfähle auf, zwei oder drei Steine, eine kleine Plastikfolie, sammelt seine Pappkartons und legt sie darüber, und, wenn er Glück hat, sein Stückchen Teerpappe, und niemand holt ihn da je wieder raus. Vom Fallschirmspringer wurde er zum Siedler. Und jetzt ein bisschen Schwein von dem, das die Soziologen verächtlich Unterbeschäftigung nennen, aber verflixt, was die leisten! Asphalthändler für Papiertaschentücher, Kaugummis, Blumen, jedwede Beschäftigung, die keine Fachkenntnisse erfordert, sondern nur Pfiffigkeit. »Schau dich um, Freundchen, da kommt die Polente!« Wenn die Polizei sie schnappt, wird die Ware konfisziert. Bald schreibt der Compadre Albino an Chente, der im fernen Pachuca sozusagen verhungert: »Komm her, Compadre, Schluss mit dem Elend.« Und obwohl der Brief ihn nie erreicht (denn dort kommt kein einziger Brief je an), ahnt Chente-Vicente den Inhalt, kommt angesaust, um sich mit dem Compadre Albino zusammenzutun, und gemeinsam mit ihm und Ponciano und Fermín und Valente Quintana bilden sie eine Siedlung. Tatsächlich sind ganze Gebiete dieser Siedlungen von Besitzlosen mit ehemaligen Einwohnern aus Pachuca besiedelt. In der Siedlung Tablas de San Agustín sagte Jesusa Palancares eines Tages zu mir: »Wir sind hier alle aus Oaxaca, darum gibt es keine Diebstähle, wir helfen uns alle gegenseitig, denn wir stammen alle von demselben kahlen Hügel.« Briefe werden abgeschickt, oder man lässt »etwas ausrichten«, und postwendend kommt eine Familie von fünf, sieben oder acht Tagträumern, die das »Man-hat-uns-ausgerichtet« wie einen Zauberspruch wiederholen: »Compadre, ich hab ein Stückchen Erde ergattert, man munkelt hier sogar, dass man uns in eine Gegend mit Sozialwohnungen umsiedelt.« Mit diesem Komm-her-und-komm-her haben wir Mexikaner eine monströse Stadt von inzwischen mehr als siebzehn Millionen Einwohnern geschaffen. Ein bezeichnendes Beispiel gibt der Bezirk Nezahualcóyotl, der 1965 125 000 Einwohner zählte und 1980 2 500 000. Das Problem der inneren Emigration hat eine lange Geschichte. Als Folge der Revolution von 1910 flüchteten die Bauern von ihren zu Schlachtfeldern gewordenen Feldern und kamen in die Hauptstadt, »um zu sehen, ob das Leben ihnen dort weniger schwer gemacht werde«. Während der Revolution absorbierte die Hauptstadt sechzig Prozent des gesamten Zuwachses des Landes, wie der Historiker Enrique Semo herausfand, und seither haben die Mexikaner nicht mehr damit aufgehört, in die Hauptstadt zu ziehen. Die Kreise werden größer, der Elendsgürtel breiter, eine Welt wuchert da, die weiter und weiter verkümmert, bis sie nur noch aus nacktem Boden besteht; elende Löcher, in die man auf allen vieren hineinkriecht und aus denen im morgendlichen Dunst schmutzige Engel mit dreckigen, zerfetzten Flügeln auftauchen, sich mitleiderregend zwischen diesen gemeinsamen Unterkünften langschlängeln und losgehen, um sich die »Tagesauslagen« verdienen zu gehen, sie irren herum und herum, knacken an ihren Fingerknöcheln, mal sehen, was abfällt, mal sehen, was das lausige Glück mit ihnen vorhat. Auch wenn uns vielleicht eine noch so bescheidene Hütte auf dem Lande besser erscheinen mag als ein so elendes Loch, glauben die, die vom Lande kommen, weiterhin an die Güte der Großstadt, die ihnen eines Tages das geben wird, was das Land ihnen nicht gegeben hat, den Lotteriegewinn, Gott gebe dir Glück, die Preise, die man im Radio und im Fernsehen gewinnen kann, die Lieder, die meinem Mütterlein gewidmet sind, denn heute ist ihr Namenstag, die Haushaltsgeräte, die die Firma Pelayo verlost,

Fotoromane, Fortsetzungshörspiele im Radio, Fernsehserien, Zahnpasta, Binden Marke »stay free«, Hühnerbrühe in Würfeln und die Kleinfamilie, die Sendung »der Hausarzt rät« und ihr Horoskop für den nächsten Tag, der Wettbewerb für Fans, die am Telefon singen und nervös am schwarzen Kabel zupfen, während das Orchester ganz was anderes spielt: »Herzallerliebste«, die Herz-und-Schmerz-Post und die schmalzige, verführerische Stimme des Sprechers, der pure Flirt: »Ach, meine Schöne, Sie heißen Merceditas? Und was tun Sie? Arbeiten Sie oder studieren Sie?«, bis die Frage um die vierundsechzigtausend Pesos darin gipfelt, ob einer ihrer Söhne vielleicht sogar Transportarbeiter wird.

Der langsame Aufstieg der Engel in der himmlischen Hierarchie

Und dann kommen sie aus den Wänden heraus, die Handlanger, die Lastenträger, die Verkäufer von so allerlei: Plastikspielzeug, Püppchen, Disney-Tierchen und rosa Panter, Wikinger und diverse Bekleidungen für Batman, Sirenen und Frösche für die Windschutzscheibe. Auf den Gehsteigen lassen sich Verkäufer mit Pomade für Hühneraugen nieder, die Ein-Sortiment-Anbieter, die Süßigkeitenhändler, die ihr Blechtablett auf einen hölzernen Dreifuß mitten auf die Gehsteige stellen, Baiserverkäufer, die einst dem Engelshaar ihrer Ware ein paar Krümel Marihuana beimengten, um die Kinder an den Geschmack zu gewöhnen, bis sie geschnappt wurden, und im Kittchen aßen sie all ihre Baisers alleine auf. Verkäufer von Schnürsenkeln, bunten Knöpfen, Druckknöpfen, Reißverschlüssen, Häkchen und Fingerhüten, Kräuterhändler, die Hirschaugen gegen Erkältungen feilbieten und Kolibris, die man unter dem Leibchen direkt über dem Herzen tragen muss, damit der Undankbare zurückkehrt und davon ablässt, anderen nachzustellen. Nach und nach steigen sie auf in dieser Engelshierarchie, bis sie es zum Bewacher von Autos bringen, zum Verkäufer von Luftballons, Lotterielosen oder Chicha, zum Botengänger, Zeitungsverkäufer, Schuhputzer, Altkleidersammler, Ratenkassierer, Straßenkehrer, Milchverteiler, Verkäufer von Gebäck, gebackenen Süßkartoffeln und gefüllten Maisfladen, zum Stromabzapfer (die klauen den Strom, indem sie ihn an Stellen, wo die Leitungen nicht so hoch verlegt sind, mit Lüsterklemmen anzapfen), werden Messerschleifer oder Resteaustrinker in Kneipen; sie alle gehören einer Zunft an, die sie mehr oder weniger schützt und ausbeutet, und letztendlich gelangen sie auf einer rigorosen Beförderungsliste zur obersten Stufe der Himmelsleiter: Briefträger, Maisfladenteigwalker, Straßenfotograf, Tippse, Lastwagenfahrer und sogar Friseur. (Immer wieder kommt mir jener Briefträger in den Sinn, der eines Tages nicht zur Arbeit erschien. Sie suchten ihn in seiner Wohnung auf. Er war es leid geworden, stets Briefe auszuteilen und nie selbst welche zu bekommen, und so hatte er sich die Schuhe ausgezogen und las seelenruhig, einen nach dem anderen, 20 000 Briefe, die man in seinem Kleiderschrank fand.)

Die Engel wissen nicht, wo sie mal sterben werden

Gleich neben den armen Leuten stehen auch immer ihre Ausbeuter, Erzengel mit gezogenem Schwert, kalte Chorführer Gottes, geschlechtslos, unerbittlich und stets bereit, sich dem Teufel zu verschreiben. Man erzählt sich zum Beispiel, dass die Rosen, die die Armen an jeder Ampel beim Halten in ihren Wachspapiertütchen einzeln anbieten, von einem Politiker vertrieben werden, der Eigentümer von Zeitungen war und jetzt im großen Stil Sämereien von grünen und bunten Blütenblättern auf den Hügeln von Chapultepec betreibt. Sicherlich sind die Rosen von den Hügeln von Chapultepec deshalb auch frischer als die Rosen aus Coyoacán. Man sagt auch, dass die Aufkäufer, die die Exklusivrechte für die Pakete mit Papiertaschentüchern haben, sich dadurch eine goldene Nase verdienen, dass sie die Ware an die männlichen und weiblichen Zugschwalben im Morgengrauen an der Markthalle Merced auf Kredit verkaufen. Doch es gibt keinen Erzengel, der mehr zu fürchten wäre als der der Müllmänner. In unserer Stadt werden täglich 7000 Tonnen Müll allein am Straßenrand von Ermita Iztapalapa weggeworfen, und das bringt dem Erzengel monatlich drei Millionen Pesos ein. Die »Leute von Rafael Moreno«, dem schwarzen Erzengel mit Adlerkrallen und reißendem Schnabel, sammeln und sortieren den Müll: hier das Plastikzeug, hier Eisen, hier Blech, hier die Politiker, diese Strauchdiebe, da die Ratten vom PRI, die Frömmler vom PAN und da die Frischlinge vom PMT, und diese organische Materie wird einem Mahlwerk übergeben, anschließend vergoren und als Düngemittel benutzt. Dieser dickbreiige Kompost, ironischerweise »reicher Boden« genannt, wird in der Landwirtschaft verwertet. Dieser Kompost, zweimal gemahlen und in Säcke verpackt, düngt dann die Grünflächen von Mexiko-Stadt. Oder um es eleganter auszudrücken: Es ist ein Süppchen aus unserer eigenen Schokolade. Der Kreis schließt sich. Wir nähren uns, entleeren uns und nähren uns erneut. Etwas anderes gibt es nicht. Die Erde ist eine einzige Kugel. Ich sehe was, was du nicht siehst und was ist das …? Na, meine Herrschaften, wo steckt denn die Kugel? Da haben wir die Müllmänner, die mehr sein wollen als die anderen. Keine Zunft ist habsüchtiger als die der Müllmänner, ihr Gefieder sträubt sich schon beim Anblick des ersten Besuchers. Ihre Müllhaufen steigen in konzentrischen stinkenden Kreisen zum Himmel, und sie bewachen sie mit den mächtig gespreizten Flügeln aasfressender Geier.

Die Soziologen und die Wirtschaftswissenschaftler pflegen die Engel der Stadt »Randgruppen« zu nennen. Sie sind zum Festmahl dieses Lebens zu spät gekommen, ihnen bleiben nur noch die Reste. Sie ernähren sich von Krumen, und eigentlich sind sie selbst »Reste«, Saugfische, die am großen Wal hängen bleiben. Ausgeschlossen vom ökonomischen, politischen und sozialen Wachstum, gleichzeitig aber davon abhängig, leisten sie ihre Dienste, oder besser gesagt: stehen sie zu seinen Diensten. Die untere Mittelschicht, die Mittelschicht und die Oberschicht benutzen sie als Dienstboten, sofern es ihnen zupasskommt. Keiner der Regierenden mit all den ausgeklügelten technokratischen Mühltrichtern, Zahlenspielen und Versprechungen hat bisher einen Weg gefunden, diese Randgruppen in das zu integrieren, was man »Entwicklung und soziale Gerechtigkeit« nennt. Diese Randgruppen haben keine Sozialversicherung, keine Krankenversicherung, keinen Ausweis und keine Geburtsurkunde. Sie leben ohne jede Absicherung im permanenten Hin und Her. Sie wissen nicht einmal, wo sie irgendwann sterben werden. In der sogenannten Stadtzone gibt es etwa fünfhundert verlorene Städte, und die als »Volkssiedlung« (Colonias populares) bezeichneten Vororte erstrecken sich über vierzig Prozent des Stadtgebiets und beherbergen vier Millionen solcher Engelchen. Neunundvierzig Prozent der Engel von Mexiko-Stadt haben ein monatliches Einkommen von weniger als hundert Pesos, und 1970 gab es über 110 000 Arbeitslose und 350 000 Unterbeschäftigte. Inzwischen hat sich die Arbeitslosigkeit vervielfacht. 1980 waren wir neun Millionen Einwohner, 1990 werden wir vermutlich fünfundzwanzig Millionen und im Jahr 2000 vierzig Millionen sein. Wie wird unser Leben dann aussehen? Was wird jedem Einzelnen zustehen? Hier in der Stadt liegt die Geburtenrate bei 3,14 Prozent. Wem entsprechen die Komma vierzehn? Dem Arm eines Kindes, einem Bein, dem Bäuchlein? Ich kann Statistiken einfach nicht verstehen, und niemand hilft mir, sie zu verstehen, denn sie stimmen nicht einmal aus Versehen überein. Die Statistiken des Wohnungsbauministeriums sind anders als die von der Zentralverwaltung, und die vom Planungsamt haben nichts mit denen des Kollegs für Mexikanische Studien oder denen des Instituts für Wirtschaftsforschung der UNAM zu tun. Das sagte ich irgendwann einmal zu dem Wirtschaftswissenschaftler Gilberto Loyo, und er antwortete mir: »Sie können einsetzen, was Sie wollen, Elena, denn eigentlich weiß sowieso niemand irgendwas.« Wenn wir jetzt in dieser Republik (nach den Schätzungen) 60,5 Millionen Mexikaner sind und alljährlich zwei Millionen Kinder geboren werden (ebenfalls schätzungsweise), dann werden wir im Jahre 2000 120 Millionen sein, und unsere Probleme mit Transport, Verkehr, Wasser- und Stromversorgung, Umweltverschmutzung und Abwasserbeseitigung werden uns in Wesen verwandeln, die die Engel vom Mars, die vermutlich von ihrem Planeten herabsteigen werden, um uns aus der Nähe zu betrachten, mit absoluter Gewissheit verscheuchen werden. Deshalb sehe ich mir die Fernsehserie *Der Affenplanet* auch nie an, das soll bloß keine Wirklichkeit werden.

Die wundersamen blauen Flügel

Was mich außer dem fettigen Geruch der billigen Garküchen, außer kreischendem Wirrwarr, diesen eigensinnigen Gesichtern, die sich einen Weg bahnten, außer den Kurzwarengeschäften und den Schallplattenläden, dem Mambokönig und der Bretterbudenprinzessin, Dora María, die Kleine mit dem traubenförmigen Körper, und du gefällst mir, du, du, nur du allein, der Marsch von Zacatecas, mehr als tausend Jahre werden vergehen, mach langsam, du bringst mich um und du machst mich fertig … was mich außer den hässlichen Titelseiten der hässlichen Zeitschriften an den Kiosken hierherzog, war Folgendes: Plötzlich fand ich in einem gläsernen Kasten eines Lädchens in einem Hausdurchgang die wundersamen blauen Flügel, die einem Herrn mit Wollmütze gehörten, der mir erzählte, sie kämen aus Brasilien. Ein Schmetterling, der über der Zeit schwebte inmitten all dieser Püffe und Eile. Ich blieb stehen, betrachtete seine stecknadelkopfgroßen Äuglein, während der Herr wer weiß wie viele Eisenstücke in seinem Laden herumräumte. In seinen besseren Zeiten war er Klempner gewesen, jetzt verkaufte er nur noch Rohrstücke und Schraubenmuttern, die ihm von jenem Installationsbetrieb übrig geblieben waren. Ab und zu lötete er mal einen Wasserhahn an, und abends nahm er mit denselben schwarz gewordenen Händen, mit denen er galvanisierte Kupferrohre zusammengeschweißt hatte, seinen Schmetterling an sich und steckte ihn sich, nachdem er das Metallrollo seines Büdchens heruntergelassen hatte, vorsichtig zwischen Jacke und Hemd, in den Schrein seines Herzens.

Der Korso der lächelnden Seraphinen

Doch ich blieb nicht nur San Juan de Letrán verbunden, sondern auch dem Alameda-Park. Dort, potzblitz, wurde Marihuana geraucht. Als der für Liebesbeweise so geeignete alte Park eine Beleuchtung erhielt, protestierten Tausende von Menschen. (Mein Gott, was für ein junges Land!) Aus dem Gebüsch kamen erschrockene Mädchen hervor, die Gesichter noch plattgedrückt von Küssen. Früher brauchte man dem Nachtwächter bloß eine Zwanzigermünze zu geben! Es wird auch erzählt, und das soll erst wenige Jahre her sein, dass ein Schuhputzer Fressen für über vierzig Katzen dahin brachte, die von den Bäumen herunterkletterten oder aus ihren Verstecken gelaufen kamen, sobald sie ihn witterten. Heute streicheln die Studenten am helllichten Tag die weißen Skulpturen: Die attraktivste heißt *Malgré tout,* die der Künstler Chucho Contreras angefertigt hatte, um zu beweisen, dass er noch bildhauern konnte, obwohl er eine Hand verloren hatte. (Contreras ist auch der Schöpfer des Denkmals Cuauhtémocs auf dem Paseo de la Reforma.) Früher traf hier um zwölf eine Riesenschar von kleinen Chinesen zusammen, lächelnde und schwatzende Seraphine, und die Taubstummen vom San-Hipólito-Heim, die statt Silben Blumen in die Luft malten.

Nach so einer fantastischen Reise kehrte ich über die Stratosphäre nach Hause zurück, an Bord des Linienbusses Colonia del Valle-Coyoacán: rot, ganz rot, sein Herz Jesu ebenfalls rot, die Jungfrau von Guadalupe über dem Rückspiegel mit bunten Lichterchen und der Aufschrift »Gott ist mein Beifahrer«. Der Bus Colonia del Valle-Coyoacán war, wie sich herausstellte, respekteinflößender als jedes Ufo, und in ihm kam ich zu vielen Begegnungen gemäß der Dritten Art: Ich stieß auf Pedro Ferriz, der zwischen Antizeit und Antimaterie schwebte. »Aaaaaaffarrren!«, schrie der Engel Busfahrer und begann seinen Luftangriff, begleitet von höllischem Gerassel, dem Klappern lockerer Schrauben und schlecht vernieteter Bleche; beim Losfahren hustete der heiße Motor, der seinerseits während der Fahrt alles erhitzte, der Geigerzähler sprühte kreischend Funken, die Tachonadel drehte durch; die nach dem Motto »was das Zeug hergibt« genommenen Kurven ließen uns auf den Sitzen hin und her rutschen, ohne dass wir die Haltung verloren hätten, allerdings zogen wir der Situation angemessene Gesichter, als der Engel der Vernichtung auf den halb leeren Straßen der Siedlung Narvarte bei Lichtgeschwindigkeit Rennen zu fahren begann. »Eiiiinsteigennnn! AAAA-Aussteigennnn! Aaaaaffarrrrenn!« Beim Aussteigen hatten wir Gesichter wie Marsmenschen, Köpfe wie fliegende Untertassen und ein beträchtlich erhöhtes Magnetfeld.

Die Stadt bedeckt die Engel mit Ruß

Die Stadt hütet ihre Engel nicht, sie lässt sie beizeiten in irgendeinen Hühnerstall fallen wie den schlampigen Engel von García Márquez; sie springt mit ihnen ohne die geringste Ehrerbietung um, bewirft sie mit verfaulten Obstschalen, bis sie wie Hühner gackern, die darauf warten, dass der Hahn auf sie springt. Dann geht einer los und sucht erfolglos die Spuren der Flügel. »Jaja, da wuchsen sie ihm heraus, genau unter der Schulter!« An den Schulterblättern der Kinder sieht man sie sprießen, eine Knospe von einem Flügel, die aufgebrochen wäre, um groß und weiß zu wachsen, wenn das Leben nicht über diese Unschuldigen hereingebrochen wäre. Aber da sind ja schließlich noch die Papierflügel. Die Papierverkäufer schwingen sie herum, mit Überschriften, so schwarz wie Todesanzeigen: »Drittes Communiqué von Lucio Cabañas. Die Mexikaner sollen dableiben, die USA sind auch nicht der Himmel auf Erden, sie sollen dableiben, sie werden sich die Flügel verbrennen, bittet in höchst besorgtem Ton Monsignore Patricio Flores, Weihbischof von San Antonio, Texas.« Die Zeitungsverkäufer strengen ihre Stimmen an und steigern ihre Tonstärke, damit man sie über dem Motorenlärm der Autos, dem heiseren Heulen dieser durchlöcherten, bis ins Tiefste geschändeten, ausverkauften, düsteren Stadt noch hören kann. Nachts bedecken sich die Altpapierhändler und die Zeitungsverkäufer mit ihren Papierhäuten; den nicht verkauften Zeitungsstapel breiten sie über ihre Blöße und kauern sich unter einer Markise zusammen. Am milchig-schmutzigen Morgen holen die Zeitungsverkäufer auf der Bucareli ihre neue Zuteilung an Zeitungen ab: Jene, die statt Flügeln ein Fahrrad haben, können durch die Straßen flitzen und die Zeitungen mit unglaublichem Geschick in die Gärten der Abonnenten werfen oder unter der Tür durchschieben, ohne dass sie beschädigt werden, und gleichzeitig dem Dienstmädchen, das gerade den Gehsteig kehrt, ein Kompliment rüberwerfen. Zeitungen und Komplimente gehen immer Hand in Hand. Um zwölf Uhr mittags kann kein Mädchen auf der Bucareli langgehen, ohne in die Ausrufe der Zeitungsverkäufer mitverpackt zu werden. An allen Ecken flattern die Nachrichten vielstimmig durch die Luft, und die Pfiffe für die Frauen prasseln hernieder wie Regen und lassen sie schneller laufen als die Nachrichten.

Die Engel mit den Erfrischungsgetränken

Es ist schon so, dass die Großstadt die Engel mit Ruß bedeckt, sie in der Asche wälzt, ihnen die Flügel versengt. Es gab einmal eine Limonadenverkäuferin in Juchitán; ihr Stand hatte ein Dach aus Palmblättern, an denen saftig grüne Tropfen langglitten, die jedoch nie so frisch und klar waren wie das Grün, das die Frau selbst umgab; der Saft des Lebens in ihren Händen und ihrem Gesicht und in ihren vollen Lippen, den Lippen einer glücklichen Frau. Es war der bestbesuchte Stand am Platze, der fröhlichste; die Leute drängelten sich darum, ihre Limonaden schmeckten himmlisch: »Eine mit Jamaica-Geschmack, Rosita.«

»Eine mit Chia-Geschmack.«

»Für mich eine mit Tamarindo.«

Unermüdlich schenkte sie aus, und die Männer blieben stehen, um ihr zwischen zwei Gläsern nette Dinge zu sagen, »die hübscheste Blüte«, wie Cortés Tamayo sagen würde. Zwei Fotografen freundeten sich mit ihr an. Sie gingen hin, schwatzten mit ihr, beschrieben ihr die Hauptstadt und tauschten Adressen aus; und da es sehr heiß war, trank man auch viele Erfrischungsgetränke von sämtlichen tropischen Früchten. Eines Morgens mussten sie sich verabschieden, und sie nahmen das klare Bild von Juchitán und seine einnehmenden Farben mit sich. Sie schickten Rosita dann noch eine oder zwei Ansichtskarten aus Mexiko-Stadt, und dann schluckten die Stadt und ihre Mauern das strahlende, grüne Bild, bis einer der beiden Fotografen eines Tages einen Anruf bekam: »Ich bins, Rosita.«

»Welche Rosita?«

»Rosita Chacón, die aus Juchitán.«

»Verzeihung, aber ich komme im Moment nicht drauf ...«

»Sicher, Rosita, Rosita vom Limonadenstand.«

Aus der Tiefe kehrte das taufrische Bild der Verkäuferin zurück. »Rosita, was für eine Freude! Wann können wir uns treffen?«

»Wann Sie wollen.«

Ihre Stimme klang so sanft. Der Fotograf ging zur angegebenen Adresse, einem fünftklassigen Hotel in einer dunklen Straße. Als er sie sah, erkannte er sie nicht wieder. Drei Tage in der Stadt hatten genügt, ihre weiten blumenübersäten Überröcke aus Tehuana und ihren mit Kettenstich reich bestickten Huipil abzulegen, drei Tage in der Großstadt, und schon hatte sie ihre glänzenden schwarzen Zöpfe abgeschnitten, um sich eine Dauerwelle zuzulegen. Mit einem eng sitzenden kirschroten Rock und einem aggressiven Pullover darüber hatte die Stadt Rositas Engelhaftigkeit weggeblasen. Dem Fotografen sank das Herz.

»Ich bin Sie besuchen gekommen.«

»Aber – und Ihre Familie, Rosita?«

»Die ist dageblieben.«

»Und Ihre Arbeit? Ihr Stand?«

»Nein, ich will jetzt hier wohnen, in der Hauptstadt.«

Rosita war in der Stadt nur eine Frau mehr in der Menge, ein gewöhnliches, alltägliches Wesen, bereit, sich an den Fotografen zu klammern wie das Elend an die Welt. Hier in Mexiko-Stadt hatte sie nichts zu suchen. Hier war die einzig mögliche Arbeit für sie, fremden Dreck zu kehren. Rositas Verwandlung war unerhört: »Gestern noch ein prächtiges, ein sentimentales Mädchen, bin ich heute kaum noch ein Schatten.« Der Fotograf gab einer stummen, verweinten Rosita Geld für ihre Rückfahrt: Wäre sie in der Hauptstadt geblieben, hätte sie sich in die Klauen des Ungeheuers begeben, hätte sich von der großen Stadt, die alles herabwürdigt, verschlucken lassen. Er begleitete sie noch an den Busbahnhof, sah sie in den Bus steigen, wobei sie in ihrem röhrenengen kirschroten Rock die Hüften schwang, wo doch dort im Dorf all ihre Bewegungen die Grazie des Wassers hatten. Es hätte nicht viel gefehlt, und dieser Engel wäre dahingewelkt, nicht viel hätte gefehlt, und er wäre seinem Dorfplatz abgenutzt und zerlumpt zurückgegeben worden. Hier gab es für Rosita nur den Verlust ihres engelgleichen Wesens, die Obstschalen und die Reste des Festmahls.

Der Angelus

In der Abenddämmerung, zur Stunde des Angelus, schließt sich die Stadt über ihren Bewohnern. Noch gibt es den Angelus im dingeling-dingeling der Dorfglocken, und die Glocken klingen dann so einsam, so schutzlos und so verhungert wie die Menschen. Viele Kinder beten den Angelus, um Gott zu danken und in Frieden zu schlafen, denn Angelus heißt auch, dem Geist dessen, der da ruht, Erleuchtung zu geben. Mit einem seit Jahrhunderten immer gleich bleibenden Aussehen wird der Engel in Kirchen, an Portalen und auf Statuen abgebildet, ändert sich zwar mit den Stilen der Architektur, nie aber in den Gefühlen der Menschen. Wenn man die Ohren gut spitzt, kann man zur Stunde des Angelus ein Flügelrauschen hören; himmlische Heerscharen bedecken den dämmrig werdenden Himmel, und wenn Sie nicht aufpassen, meine Herrschaften, könnten Sie mit Ihrem Schutzengel zusammenstoßen, der auf dem Gehsteig dieser Engelopolis gerade von irgendeinem Treff zurückkommt, ein Engel aus Fleisch und Blut und mit einem winzigen Schlund – in dieser Stadt, die uns nicht so lieben lässt, wie wir möchten, um unseren Hunger zu stillen. Man muss schon in einem begnadeten Zustand sein, um noch lieben zu können bei so viel Huperei, Prozessen, Todesängsten, Smog, Gewalttätigkeit, ständigem Hin und Her ohne ein Irgendwohin, und bevor wir liebende Engel werden, treffen uns Vorladung und Urteil. Dann wiederholen wir an der Seite des potenziellen Engels, auch wenn dieser sich als schwarzer Aasgeier getarnt hat, noch einmal:

Schutzengel mein,
sanfter Begleiter,
verlasse mich nicht
weder bei Tag noch bei Nacht.

Es muss Mapimí gewesen sein

María Luisa Mendoza

Beim Anblick der Sterne habe ich immer zu fliegen vermeint, sie sind weiß glühende Leuchtfeuer prismatisch vervielfachter Eiseskälten, tönende Durchsichtigkeiten, unzugängliche Netzwerke aus Zuckerzeug. Die Schwärze des großen Kosmosschlundes wächst gestirnt ins Ungeheure; eine Million Mal bin ich von meiner mikroskopischen Höhe hochgehüpft; voller Sehnsucht, zu ihr zu gelangen. Kindersüßigkeiten, baumbestandener Dezember, Frühling, in dem das Heiße in der Nacht wächst und man alterslos jung ist; ich begehre sie, und da sind sie, die Sterne. Auf dem Lande vermehren sie sich, sie machen Lust darauf, ihre Namen, ihre Wege, die Biografie, die Geografie zu erfahren, kraft derer sie sich durch die Jahrhunderte erhalten, geschmückt, bereit, die Treppe zum prächtigen Ballsaal hinabzuschreiten; in der Stadt tröstet das Wunder ihres Daseins, funkelnd zuweilen im Oktober, den Tagesdämon, diese Anhäufung schrecklicher Kreaturen, die sich übel riechend und schreiend Raum, Brot und Licht streitig machen. Sie sind die Rückkehr in den Dachgarten der Jugend, wo die Kratzer im Gesicht, die Hautfinnen, die Gerstenkörner, die Ausschläge am Mund, die grindigen Flechten verschwinden angesichts der unendlichen, endlosen Fantasie der Liebe, des Sich-nie-Ereignens, des Einander-Findens zweier Körper. Mannbar betrachtet das Mädchen das Gottesdach und stellt sich das Geschlecht vor, dringt in sich selbst ein, löscht die Zeit aus und ist die Verherrlichung der erfüllten Tatsachen, die nicht eintreffen. Nichts ist wahrhaftiger als die unter den Sternen mit fünfzehn Jahren in der Einsamkeit erdachte Liebe. Es ist der Mund von irgendjemandem, das Ideal, der weiß getünchte Dachgarten mit seinen Bottichen, die sich tintig verschatten, wenn sie sich in Seen und Paläste verwandeln.

Ich blicke zu ihnen hoch, erkenne den Großen Bären, den Orion und die Venus; Sterne gehen nieder im Blickfeld meiner Augen, programmiert ziehen die Satelliten vorbei, die Zeit durchstreifend. In der Krümmung des Alls bevölkert sich die menschliche Nichtexistenz mit Kugeln, die genau und pünktlich gehen und kommen, ohne sich zu berühren, solange der SCHÖPFER nicht an Hustenanfällen leidet oder in ungewohnter Schroffheit die Silbermurmel gegen den blau glänzenden Quecksilberknochen der afrikanischen Bergwerke rollt, die es in den unerforschten schwarzen Löchern geben wird. Gott muss manchmal ein Hemingway sein, der mit Saracof seine Besitztümer auf Wochenend-Kilimandscharos erforscht, angenommen, es gibt Wochenenden an den ewigen Sonntagen, die er sich selbst zu Müßiggang und Langeweile geschenkt hat. Unerlöster Gott, einsam, verdammt, ein ewiges Leben zu leben, ohne jemand seinesgleichen zu haben, um mit ihm zu sprechen, der ihn liebt und liebkost, ein gleich gewordenes Paar, das der Labsal des Lachens teilhaftig wird; ein stets feierlicher und gelangweilter Gott, der nie zum Spaziergang ausgeht oder zum Einkaufen, ein neues Tuch für den Hals, Schuhzeug oder ein Flugzeugticket nach Paris, um Austern aus an griechischen Dreibeinen hängenden Eisschalen zu schlürfen, inmitten stellungsloser Künstler, dieser lärmenden Snobs, die in der Morgenfrühe, um zu vergessen, ins Restaurant La Coupole kommen; armer, fantasieloser Gott in schläfrigem Einverständnis mit seiner letzten Laune, dem durch Blasen in

Brand gesetzten und wieder gelöschten Planeten, mit Nissen, die aus dem Wasser an die Oberfläche evolutionieren; armer Gott, der nicht die Kathedralen bemerkt, die die Rückstände der Fische, Affen, Tiger und Schmetterlinge ihm zu Ehren errichtet haben, um ihn anzurufen, zu ihm zu beten, ihn zu besingen, sich auf ihn zu berufen, ER weiß nichts; alt, beginnt er sich in den Spleen seiner einstimmigen Sippe zu zersetzen: in seinen VATER den älteren, seine MUTTER die menschliche, seinen SOHN das Opfer, die beiden Letzteren gottverlassen, starrköpfig bei den Menschen bleibend, die sich gegenseitig zerreißen und die Grünungen und Gewässer, Lüfte und Tiere verschlingen und vernichten, aussterbende Rasse, Welt von Vögeln, die mit ihren Flügeln Rauch wedeln. Armer, gescheiterter Gott, unreif und unvollkommen.

Die Sterne betrachten mich von ihrer Seite aus; hier bin ich, sie betrachtend, wie sie glimmend schlafen und wie ausgestreut am Himmel hängen, Lichtlebensjahre vollendend, getauft, mit verlorenen Söhnen, pflichtbewusst herumreisenden Kometen, allesamt den Sonnenfleck umkreisend, der unter katastrophischem Röcheln in endlosem Todeskampf erstirbt, im Koma, ekzembedeckt, geronnen und extrovertiert, die Sonne mit tizianrotem Haar Nummer dreißig, zum Wegschleifen der bleichen Flecken ihrer himmlischen Helfershelfer, der feinen Schandperle des vornehmen Mondes mit seinem einzigen Gesicht, der weißen Klagelieder der Planeten und Planetoiden, der Sternchen und Sternschnuppen, die da uniformiert die Kommunion von den stets Erzengelhaften empfangen.

Ich friere, meine vereisten Füße ruhen auf den Felsbrocken, einer ohne Schühchen, der andere im durchlöcherten Strumpf steckend. Was für eine Schande, der karierte Rock lässt meine Knie herausschauen, die ich bedecke, damit man nicht die Narben von den Spielen des Mädchens bemerkt, das auf die Bäume klettert, aus den Rollschuhen kippt, vom

Fahrrad fällt, oder die Druckstellen vom Niederknien vor der Jungfrau zwecks Danksagungsgelübden bei ungerechten Prüfungen, Unterbrechungen der Menstruation, tüchtigen Ehepaaren, Flügen und Seereisen. Ich weiß wohl, obgleich ich in gewisser Weise an solcher Feststellung gehindert bin, dass meine Brüste sich wohlbehütet weiterhin im Mieder befinden, unter der Bluse, die fest zugeknöpft ist mit der zweckmäßigen Sorgfalt, mit der ich mich morgens ankleide, um in den Krieg zu ziehen. Ich spüre die Arme nicht, und meine Hände sind alter Plunder, bedeckt von Erde und Sand. Ich weiß, dass hinter mir, unter mir, um mich herum, die geheime Wärme der Wüste lau mein Erstauntsein umfasst, wie ich auf dem Rücken liegend den nächtlichen Himmel betrachte; in meiner Wirbelsäule widerhallen die aufgeregten Schritte des Frühlings und die kalten Herbste des endlosen Ödlands von Sonora, der Savanne, die ich ebenso sehr liebe wie den Kampfergeruch der gebirgigen Wälder, in denen ich geboren wurde, wie das Krachen der welken Blätter unter den Füßen, wie die gichtige, gelackte Anwesenheit der Frösche, deren großvaterhaftes oder trunkenes Rülpsen dem Wiehern von Vorarbeitern in der Kneipe gleicht; unterhalb meiner Schulterblätter, meiner Nieren, meiner Schenkel, meiner Waden, meiner Fersen arbeitet eine private Welt ohne tote Zeit mit düsterem Trommelschlag, auf dass das ungewöhnliche Gras und die Dornenblume herauswachsen und sich in den fünfzig Hitzegraden der Hölle wiegen oder die Winternachtskurve des unbändigen Nordpols bezeugen.

Ich beginne, müde zu werden, in meinem Kopf die passenden Befehle zu erteilen, um mich zu setzen, meine Beine hochzuziehen, auf den Fuß den fehlenden Schuh zu stecken, den Kragen, die Haare zu ordnen, mir blindlings in der Nacht die Lippen zu schminken, um so schön zu sein wie du; die sich dort in der Nacht hinziehende Landstraße ist der Gürtel, der vom Flughafen zur Stadt und zurückführt. Ich kehre nach Hause zurück, trage in der Rocktasche meine kleinen Esssachen, das Gerstenmehl in seinem öligen Beutel, die weißen runden Tortillas mit mondförmiger Oberfläche, den Puder für Gesicht und Rücken, die Coyotas mit der Seele eines verspielten Mädchens, verschlafen in der eigenen Wurzel aus Braunzucker hockend. Ich rede, um zu reden mit dem Polizisten, der mich zum Flugzeug bringt, zurück nach beendeter Mission; mich erwartet die Liebe des glücklichen Bettes und des gewohnten Gefährten, der die Zeit mit mir verbringt, ohne nach links oder rechts zu blicken, der das Leben mit zwei normalen Tätigkeiten, aus denen jede Überraschung verbannt ist, ausfüllt. Dennoch gibt es Frieden für Monate, mit Salz und Brot und Obst und Tieren, bellenden Hunden. Ich bin die in Mode gekommene Vortragsreisende, gleich jenen Frauenbefreierinnen von 1900, die die ersten männlichen Rollen spielten zwischen Auszischen und Applaus, von Hotel zu Hotel, vom leeren zum einsamen Bett, mit dem Morgenbad in den Brunnenbecken und dem Geschlecht in fremden Waschschüsseln.

Es tut mir leid, dass der Mann sich die Umstände machte, mich zum Flugplatz zu bringen. Warum er? Das löst in mir noch immer die gleiche Unruhe aus wie die, die sich mit jener großen Welle von Müdigkeit in mir erhob, als ich ihn im großen Wartesaal ausmachte, wie er aufrecht dastand, stark in seinen Stiefeln, hochgewachsen und Furcht einflößend in der Rolle des muschelhornblasenden Kriegers, der den Drogenschmuggel längs des amerikanischen Traums überwacht. Er näherte sich mir mit Willkommensmiene in seinem gut sitzenden Anzug mit glänzenden Aufschlägen an Revers und Taschen, mit dem um die Schulter geschlungenen Pistolenhalfter und Hosen, die wie Hängematten den Bauch umschaukelten. Aus seiner schwarzen Sonnenbrille durchbohrten zwei

Laserstrahlen mein Staunen, ich spürte, dass er die Marke meiner Unterwäsche, den Namen der Entfettungscreme auf meinen Hüften wusste und dass meine Brille von Christian Dior stammt, wahrscheinlich hatte er die geheime Karteikarte meines Lebens gelesen, bevor er mir gegenübertrat, entsandt von den hohen Behörden, die mich eingeladen hatten. Als ich in sein stromlinienförmiges Auto stieg, natürlich ein Auto, das keiner meiner Freunde je besitzen würde, und ich noch viel weniger, niemals, sah ich die Furcht erweckende Wölbung einer Pistole, die eingeklemmt aus dem Gürtel herauslugte, und da hatte ich den ersten Schauer weg. Während der Tage meines Dortseins schaffte es seine feine, schalkhafte Höflichkeit, meine Widerborstigkeit und Reserviertheit einer von der miesen Niedertracht des Bundesdistrikts angesteckten Hauptstädterin zu überwinden; nach und nach nahm mich seine offene Höflichkeit – er tauchte auf, wenn die Notwendigkeit es erforderte, und verdrückte sich, wenn sich mir eine bedeutende Persönlichkeit näherte –, aber auch die Fernwirkung der dunkelhäutigen, klotzigen, eisernen Kraft eines Mannes gefangen, der sorgsam mit geschlossenem Mund und danebengelegtem Hut an den hintersten Plätzen der Banketttische isst. Es gab keinen Augenblick auf jener Reise, in dem ich nicht von seiner Aufmerksamkeit per Distanz wusste, so wenn ich meine Standpunkte während der Vorträge darlegte, mit dem Publikum diskutierte, den Journalisten Rede und Antwort stand und im Bewusstsein meiner selbst und meiner Nase vor den Fernsehkameras posierte. Er observierte mich polizeilich, und ich antwortete ihm, fast ohne es zu wollen, über die Entfernungen hinweg. Obsessiv blieb er in meinem Kopf anwesend bis zu der Stunde, da ich beim Einschlafen das Licht löschte. Am letzten Abend kulminierte mit einem Rosenstrauß in meinem Zimmer eine ewige, ununterbrochene Bewachung; an diesem Abend auch befragte ich ihn nach seinem Leben, veranlasst einfach durch meine gute Erziehung sowie unleugbar durch eine unzähmbare Neugierde auf ihn und die Messerschmisse in seinem Gesicht, die geflickte Nase und den horizontal durch eine grausame Stichwaffe zweigeteilten Bart. Wir waren gerade beide in seinem Auto von einer domestizierten Wüste am Meer zum Goldenen Strand verschlagen worden, auf den wir beim Essen blickten (in dem wie gestreut daliegenden weißen Sand pickten große Pelikane, und zwei sonnverbrannte Mädchen hatten ihn ganz für sich allein mit Beschlag belegt, mit Spaß am Eincremen mit Sonnenöl, mit unterdrücktem Lachen, intimen Geständnissen, Liebe und den Busen an der freien Luft, wobei man zuweilen verstohlen so etwas wie andere schwarze Augen sah, die winzige Geheimnisse wisperten). In der Dämmerung setzten sich die Mädchen in Höschen erneut neben die vermutete hartnäckige Anwesenheit des Mannes, der in Wirklichkeit und in Fleisch und Blut das interplanetarische Raumschiff durch den unendlichen Kosmos steuerte – Mongos Wächter und die Königstochter. Es arbeitete in der Mechanik des stolzen Einbruchs der Nacht in die farbige, kalendarische Wüste eine Mechanik, die verdunkelt wurde durch das weibliche Paar aus der Erzählung von Cortázar, das mich beunruhigte, das ich ausgespäht hatte durch das Glasfenster des Restaurants und den Boden des Bierglases, das sie noch weiter auszog, sie wie schamlose gelbe Bierkellnerinnen tanzen ließ und sie mit ihren leuchtenden vornübergebeugten Wirbelsäulen der Wirklichkeit wieder zurückgab. Sie, das 25. Jahrhundert, der Polizist und ich. Mitten in einer Wüste mit dem Schluckauf von trockenen Organen, von der ich mit aller Kraft wünschte, es wäre Mapimí.

– Ich nahm ihn wieder und wieder querüberfeld aufs Korn, den blonden Gringo, der, jung und hochgewachsen, ständig im Zickzack lief und das Gesicht herumdrehte, um mich mit seinem Thompson-Kaliber mit Schüssen unter Feuer zu nehmen, die mich nicht ins Blatt trafen, wie man so sagt. Ich schoss mit langen Schritten, und er antwortete mir, bis ich ihm in den Kopf schoss, Seño, Señorita, Señorota (hat es Sie schockiert?) in den Kopf, wie ich Ihnen sage, sodass sich seine Frisur auflöste und sein Schädel wie eine Kokosnuss zerbrach, zuerst milchig und dann rot der Bregen und das alles überschwemmend, und er rannte dabei noch weiter, er lief, sage ich Ihnen, als wenn er sein Hundeleben nie beenden wollte. Er stürzte zu Boden, in eine Staubmulde, und ich gab ihm im Vorbeilaufen einen Fußtritt, ganz schnell, um mich selber zu überzeugen, dass er krepiert war, erledigt; er war toter als Wildbret, Seño, und ich rannte bis zur Spitze einer Anhöhe, wo ein Maschinengewehr ohne jede Bedienung stand, umgeben von Gringo-Bierbüchsen, halb aufgegessenen Sandwiches, Beuteln mit Kartoffeln und sogar, Sie werden es nicht glauben, einem Taschenkrimi, den umkralle ich und knie nieder und schieß von dort aus weiter auf die anderen Kumpel des gefallenen Gringos, die schon fast am Flugzeug angelangt waren, von dem man wusste, es sollte die Droge fortschaffen. Mit der kleinen Maschine gingen wir vorsichtig um, brachten sie zum Lager zurück, wo wir das beschlagnahmte Gut ließen … die aus den Staaten (die haben wir mit bloßen Eiern – verzeihen Sie den Ausdruck – vor diesem verfluchten Schmuggelbandwurm errettet, der sich den ganzen lieben langen Tag wie eine Flutwelle, stellen Sie sich vor, von da, von den Vereinigten Staaten nach hier und von hier nach da wälzt … Millionen Dollars) waren drei. Zwei Blonde und ein Neger; auch sie wollten mich umlegen, aber, stellen Sie sich vor, in weniger Zeit, als ein Hahn kräht, legte ich auf einen von ihnen an und verletzte ihn sogleich an den Beinen. Ich lief hinzu, fasste nach, sagte: Ruhig geblieben, und die Ochsen wagten nicht mal zu atmen. Ich redete mit ihnen auf Englisch, gab ihnen Befehle, denn Sie müssen wissen, dass ich auf einem Corpus-Cristi-Rancho aufgewachsen bin, wohin mich meine Mutter mit einer Tante schickte, weil wir vor Hunger starben, sodass ich Englisch aus dem Effeff kann – Ach Señora, ich sag doch, man soll mir verzeihen! –, Englisch kann ich besser als alles andere, besser als meine Muttersprache, als die Sprache meiner Mutter aus Zacatecas, stellen Sie sich vor, welch Glück die Armut ist, im Englischen bin ich, mit Ihrer Erlaubnis, ein Superkönner, ein Ass, deshalb setzen sie mich hier so viel ein, die Chefs; kenne ich alle, meine besten Freunde sind von da oben, habe haufenweise schwarze, pechschwarze Gevattern und Patenkinder, und die Gevatterinnen, wie gut die erst sind, Señora, viel besser als die Kubanerinnen. Und wie ich Ihnen sagte, hinter mir drein kamen hoppelpoppel meine Kumpel angelaufen, und so wahr ich hier sitze, zwei Kleinlaster kommen ich weiß nicht wo raus und rasen in Richtung Wald davon; da hab ich ihnen in die Reifen geschossen und aus wars. Sie blieben stehen. Wir nahmen die Schmuggler fest, die Pickups waren voll, hoch beladen wie mit einer Mauer aus festgepressten Cocablättern, die Packen übereinandergestapelt, ganz frisch gepflückt. Die haben wir dort an Ort und Stelle verbrannt, das müssen Sie mir schon glauben, Señora-Señora; keiner glaubts. Gewiss, manchmal leg ich mich mit anderen Polizisten und mit den Soldaten an, die es ihnen an den Augen ansehen und ihnen mit Fußtritten händevollweise das Kraut aus dem Leib ziehn. Arme Teufel! Elende Menschen, verderbt wie aus Vietnam; da mach ich nicht mit; ich, ich handle streng nach Vorschrift; wie Sie mich da sehen, gesund und munter, sehen Sie, sehen Sie da: ein indischer Lorbeerbaum, so als wenn ich Ihnen einen zeigte (nein, Señora, hier gibts keine Lorbeerbäume, nur mal angenommen dass), so bin ich, ein großer Baum, der dichten Schatten spendet und wächst und wächst, wenn er gut gewässert und gedüngt wird. Nein, mein Herr, Señora-Señora, bei uns ist der Drogenhandel sehr stark. Klar dass ich auch hinter den Autos her bin, die illegal laufen … hab ein Auge auf sie! … Sie kommen mir auf der Landstraße näher, und schon merk ich, ob sies nicht sind oder ob sies doch sind: an den hinterfotzigen Augen des Fahrers, an der Frau auf dem Nebensitz und sogar an den ausgeliehenen Kindern, an den silberverchromten vorderen Stoßstangen, die es hier nicht gibt, an den ausgewechselten Fabrikmarken, an den Farben, an der einfältigen Tarnung, die sie ihnen verpassen, und an den Nummernschildern, die noch falscher sind als meine Zähne. Ja, ich bin mit allen Wassern gewaschen. Und Sie, so 'ne stattliche Frau, wer weiß, was Sie von mir denken; aber sehen Sie, ich bin zum zweiten Mal verheiratet, meine Alte ist blutjung, dreiundzwanzig Jahre, wie finden Sie das, hübsch ist der Frechdachs, hat mir schon zwei Söhne geschenkt; sonntags werf ich mich in Shorts und grille ihnen auf dem Rost im Garten ein paar dicke Filets; einmal hat mir mein Gevatter zum Hochzeitstag ein Schwein geschenkt, das er selber gemästet hatte, ausgeschlachtet wog das über fünfzig Kilo … Ich organisierte eine Fete, da kamen meine Chefs und meine Kollegen und Leute von der anderen Seite, mein Gevatter, der Neger, ich kann Ihnen sagen, mit den Patenkindern und allem; meine Alte war hinreißend. Ja, Señora, ich bin glücklich, so wies bei jedem sein soll. Auch sie hälts mit dem Glück, obgleich sie manchmal nicht schlafen kann, reine Nervensache, die Angst, schreckhaft ist sie, sagt, eines Tages bringen sie mich um. Was soll ich Ihnen sagen, einmal hatte ich alles organisiert, um nach drüben zu fahren wegen eines Kühlschranks, mein Gevatter wollte, dass ich den herschaffen sollte für eine seiner Schwiegertöchter, die hier wohnt, und da kommen doch ein paar Kumpel zu mir, ich sollte mitkommen, um einen Schmuggeltransport aufzubringen, sie waren ganz sicher, jemand hatte es ihnen verpfiffen; und ich sagte: Nein, ich muss nach drüben fahren wegen des Kühlschranks der Schwiegertochter meines Gevatters, und dass ich nicht mitmache. So sprach ich telefonisch mit einem anderen von uns, der sollte kommen und mich vertreten, und er sagte Ja, und ich fuhr rüber. Und wie ich zurückkomme, sehe ich doch vier Kerzen in der Kommandantur und die Leiche von dem, der an meiner Stelle ging. Stellen Sie sich das vor, die Totenwache für ihn! Ich fühlte mich saumäßig, leer; er hatte ein Jahr lang mit uns gearbeitet, und er war einer von den Guten, aber sie haben ihn umgelegt, womöglich bevor seine Zeit gekommen war, womöglich damit ich es Ihnen jetzt zu erzählen habe; sie sagen, er fuhr auf dem Hintersitz des Pick-up, es war gegen drei Uhr nachmittags, und zwei von uns saßen vorn, und dass sie den Hügel hochfuhren, auf dem ein paar Straucheichen standen, und dass er so was hörte, als wenn die Äste im Winde schaukelten, da war aber gar kein Wind, und da merkte er, es waren Kugeln. Da brüllte er los, sie sollten anhalten, nein doch, weiterfahren, linksrum, und Gas geben, kurz und gut, der andere bremste und mein Gevatter wie ein Tiger kreisend runter, wie in der Zeitlupe im Fernsehen, sag ich Ihnen; er durchquerte gerade die Hitze der Abenddämmerung, während ich zurückkam mit dem Kühlschrank auf meinem Pick-up, und ganz säuberlich fährt ihm eine Kugel in den Wanst, die für meinen Wanst bestimmt war … den, den Sie da sehen, Señora-Señora, der aber innerhalb einer Woche verschwindet, denn meine Frau, wegen allem und meiner sechzig Jahre auf dem Buckel, will nicht, dass ich dick werde. Sie will, dass ich schon in den Ruhestand trete, aber mit dem Drogenhandel ist es so, wie Sie es vom Theater sagen und alles das, was Sie in den Vorträgen erzählen, von Vaterland und der Liebe und den Tieren, das, was Sie da drinnen in sich tragen, reine Torheiten, Señora, so hübsch, wie Sie aussehen, und so verdorben durch so viel Gelehrsamkeit, ja, wenn Sie aus dem Norden wären, nichts da mit Büchern und alledem! Sie hätten ein Rudel Gören und würden ihre Wäsche waschen und das Wasser für die Waschmaschine ranschaffen und die Wäsche in eine Zeitung packen und fest in die Milchkannen reinpressen, in diese alten von damals, und danach das Wasser durch den durchlöcherten Deckel wegkippen und sie an den Bäumchen, Indischen Lorbeerbäumen aus Yucatán, aufhängen, damit die Kinder schön groß und bärenstark werden, wenn sie in Ihrem Bauch gewachsen wären, aber nicht diese Coyotas, wie Sie sagen, sondern richtige Kinder, die Sie hätten haben sollen, entschuldigen Sie die Offenheit. Sie würden schon sehen, Señora-Señora (wie gut, dass Ihnen nicht gefällt, dass ich Sie einfach mit Seño anrede), wie Sie hin und her geschaukelt wären in meinem Wagen, wenn Sie so dasäßen zwischen die Kinder gequetscht. Ich habe zwei mit meiner neuen Alten, und drei mit der ersten; wir heirateten wie im Spiel, wie das junge Volk so schön sagt, aber wir wurden uns zu viel; meine Arbeit, meine Gefahr, ihr Geheule, da ging ich fort, und nachher machte sie mich bei meinen Söhnen schlecht, die mich jetzt, selber verheiratet und in den besten Ehejahren, verstehen. Meine Alte von jetzt will, dass ich das hier sein lasse, wie ich Ihnen sage, aber wie denn? Wer zahlt mir diesen kalten Schweiß wie bei einem Kartenspieler, bei Hahnenkampf- und Pferderennenwetter? … Dieser Schreck von innen, wenn man hinter den Blondschöpfen herrennt, oder wenn man die Flugzeuge ganz dicht über sich im Tiefflug vorbeirauschen sieht, und dann los, jetzt ists so weit, Gevatter, da lang, hier lang, los, im Dauerlauf mit vorgehaltener Pistole, tschass, tschass! – Hört sich nach Mann an, nicht wahr, meine Dame? – Der Abzugshahn und das Kugelkrachen. Wer gibt mir das? Ein kleiner Laden in El Paso? Mein Haus in Tijuana? Nein. Ich bin sehr gefürchtet. Aber das mit der Angst nimmt mir keiner ab … Denken Sie sich jetzt einen Hinterhalt, Señora-Señora, nichts, hören Sie mich? – Nichts kommt diesem Gefühl, dieser Leidenschaft gleich. Man liebt mich. Respektiert mich. Wir haben einfach das Gespür. Und ich habe gute Zuträger. Weil ich Englisch spreche, weil wir da über die Dinge und die Termine reden, die Orte und die Flugkarten, die Aussaaten, die geheimen Landeplätze, die sie mit Baumasten abdecken, und ich, ich seh sie aus der Luft oder von der Bergkuppe aus, wie diesen Koyote da, der da langschleicht, sehen Sie ihn? Der Arme! Hat Hunger, den werden die Rancher hetzen, die sind grausam wie die Yaki-Indios, schwer zu überlisten, gut, ich kriege sie zu fassen; diese planierten Gelände zum Landen sind trotz des Grüns und der Feldsteine, die sie darauf packen, wie Salzseen in der Sonne. Ja, warum soll ich Ihnen das vorlügen, ich habe Feinde, und sie werden mich an einem Tag wie diesem umnieten, und so wie ich meinen Toten die Totenwache halte, werden sie mir die Totenwache halten, warum denn nicht? Reine Vorahnung, haben Sie Vorahnungen? Das weckt mich nachts auf und ich weiß, wo das Flugzeug langkommt, als wenn ich selbst am Steuer säße; ich steh auf, zieh mich an und zieh los in die Ebene mit meinem Pick-up; allein, wenn keiner da ist, der mich begleitet, besser mit zwei oder drei Inspektoren; niemals Fehlanzeige: Das Kleinflugzeug landet, und schon die Schießerei. Mit Ihnen hatte ich so meine Vorahnung, ich wusste im Voraus, dass ich Sie kennenlernen würde, ich weiß nicht warum, aber als sehr wichtige Person … so belesen wie die Señora-Señora ist.

Die ewige und durch den weißen Streifen, der sie teilt, noch länger wirkende Autostraße endet niemals. Meine Unruhe wuchs, ein ganz kleines Angstgefühl kroch am vom Büstenhalter zusammengepressten Brustbein hoch; dunkles und beharrliches Vorgefühl, dicker Fleck in nächtlicher Schlaftrunkenheit, im Traum, beim Erwachen im Sonnenglast des Winters von Sonora. Der Mann sprach, ohne die Stimme zu heben, gleichmäßig, männlich und gedämpft, er wechselte nie den Tonfall, er war wie die alte Aufnahme von einer Tonwalze, hochinteressant, aber ohne Kraft; vielleicht spürte er selber nicht die Wahrheiten beim Aussprechen, vielleicht existierten auch in seinem Inneren Tiegel mit schwerem Wasser. Ich suchte nach den Sternen, einer silbernen Sternschnuppe, der Rakete, der fliegenden Untertasse, die sich weigerte, sich mir zu zeigen, mich zu entführen. Das Einzige, was ich wirklich herbeiwünschte, war, die Lichter des Flughafens in der lauen Nacht auszumachen, die gerade begann.

Das kompakte Geräusch trat auf; ich dachte an ein Motorrad mitten in der desolaten Ruhe der Wüste beim Zerplatzen der vier Reifen des Autos, das anfing in einem unentschiedenen Schlingern zu zittern, in einem seltsamen Herumkurven, das mich Mühe kostete, es in meinem Bewusstsein, in meiner von Angst geknebelten Logik zu begreifen: Sie schossen auf uns mit Feuerwaffen, und der Mann am Steuer gab noch mehr Gas, beschrieb einen Zickzackkurs mit sauberen und wie mit Pfeilschüssen geschriebenen Zetts, als er versuchte, dem Angriff auszuweichen, der nach einer Wegbiegung dreist auf uns zukam. Ich wusste, dass es zwei Autos waren, die uns verfolgten. Kino. Fernsehen. Stummheit, Keuchen und Worte eines kleinen, im Hausflur vergessenen Mädchens, Flüche und zweimal ein heiseres Aufkeuchen wie von Pärchen, die die ungestüm ersehnte Begattung vollziehen. Der Mann bog ab und raste in das steinige Feld mit plattgewalztem Bewuchs, dahinter die anderen, wie Schlepppferde, ich sah nur noch nach vorn, zu den fernen Bergen. Mama! Ich dachte an meinen Gefährten, zur Totenwache aufgebahrt, die Telefongespräche, die Tränen bei der Rückkehr in unser leeres Zimmer; wie blöd dachte ich an meinen Baum, meine Hunde und ein Foto, das ich verlegt und niemals wiedergefunden habe. Etwas Heißes berührte meine Brustspitze, und mir fiel die Verwegenheit des Mannes ein, der sich endlich zu erkennen gab, bis ich das warme Blut spürte und sein klebriges Gerinnen auf meiner Handfläche; viel Blut, das wie lachend oder weinend meinen Kopf herunterrann. Der Mann auf dem Sitz neben mir legte seinen starken und behaarten Arm vor meinen zitternden Leib, öffnete die Tür und stieß mich ins Leere. Er fuhr davon, gefolgt von Schüssen und dem Geklapper der Wagentür, die sich wütend hin und her bewegte. Die Schüsse öffneten mir den Magen, glaube ich. Die Autos, mit sechs roten Lichtern, der Staub. Ich erblicke und unterscheide fast zwei von ihnen dahinten, in der Entfernung, und ich weiß, dass der Mann tot ist, getötet fern von seiner jungen Alten, von seinen Söhnen, so wie ich hier ganz sachte wegstarb, hier, auf dem Rücken liegend in der Wüste von Mapimí. Es musste Mapimí sein, und ich weinte.

Tijuana City Blues

Gabriel Trujillo Muñoz

1

Sosehr er es auch versuchte, Morgado konnte sich nicht auf seine Arbeit konzentrieren. Das Gehämmer und das Geräusch einer unermüdlichen Säge zerrten an seinen Nerven. Das Schlimme war, dass er nichts tun konnte. Es sei denn, er würde alle Papiere aus seinem Büro und dem Aktenschrank zusammenpacken und in das Café an der Ecke umziehen. Also musste die Verteidigung einer Gemeinschaft von Landarbeitern noch einen Tag warten.

»Señor Márquez, wann hört der Lärm endlich auf?«, fragte er, als ihm klar wurde, dass er von dort verschwinden musste oder für immer ertauben würde.

Manuel Márquez, der Tischlermeister, schenkte ihm keine Beachtung. Er hämmerte weiter auf ein noch nicht eingepasstes Holzteil ein.

»Señor Márquez!« Dieses Mal schrie er, und tatsächlich wandte Manuel sich ihm zu.

»Was ist denn?«

»Wie lange brauchen Sie denn noch für das Regal?«

Manuel zog die Mütze mit dem Bild des Subcomandante Marcos ab und betrachtete das hartnäckige Holzteil, mit dem er schon den ganzen Nachmittag kämpfte. »Zwei Tage. Höchstens drei«, antwortete er. »Warum?«

Morgado fand sich damit ab. »Ach, nichts. Tun Sie weiter Ihre Arbeit, ich verschwinde.«

»Endlich«, sagte Manuel, »dann können wir loslegen.«

»Loslegen?«, fragte Morgado ungläubig, der bis zu diesem Augenblick die Dinge nicht aus dem Blickwinkel der Tischler gesehen hatte. »Das müssen Sie mir erklären.«

Manuel setzte die Kappe wieder auf, diesmal mit dem Schild nach hinten.

»Ja, Chef. Wir sind lange genug sanft mit dem Teil umgesprungen.«

»Sanft?«

»Um Sie nicht zu stören, wissen Sie. Um Sie in Ruhe schreiben zu lassen.«

»Mann!«, rief Morgado wütend. »Und wer ist auf diese barmherzige Idee gekommen?«

»El Güero, Chef. Den wir Nägel holen geschickt haben.«

»Wie rücksichtsvoll von ihm.«

Manuel und die beiden anderen anwesenden Tischler lachten. Morgado merkte, dass ihm offensichtlich etwas entgangen war.

»Danken Sie ihm nicht, Chef«, sagte Manuel. »El Güero will Sie um einen Gefallen bitten, eine kleine professionelle Hilfe. Deswegen ist er so nett.«

Morgado versuchte, sich an den Tischler zu erinnern, von dem sie sprachen. Ein älterer, grauhaariger Mann zwischen vierzig und fünfzig, groß, schlottrig, wortkarg und mit ausweichendem Blick. Der Fachanwalt für Menschenrechte dachte, bestimmt will er, dass ich einen seiner Verwandten aus dem Gefängnis hole. Was sonst?

Er ging mit zwei Mappen voller Dokumente die Treppen hinunter. Das Gehämmer war immer noch zu hören, als er El Güero traf, der mit einer Tüte Nägel und zwei Stücken Drahtgewebe die Treppe hochkam.

»Gehen Sie schon, Chef?«, fragte El Güero.

»Ich fliehe vor dem Inferno da oben«, scherzte Morgado und wollte schnell weiter, bevor dieser Mann ihm einen Strafprozess aufbürdete.

»Ich möchte mit Ihnen reden, Chef.«

Morgado hielt an. Er wollte weiter und seine Arbeit beenden. Aber der Ton von El Güero ließ ihn zögern. Er legte die Mappen auf den Treppenabsatz. »Ein Problem mit dem Gesetz?«, fragte er.

Anstelle einer Antwort zog der Tischler einen weißen Umschlag aus dem Hemd und steckte ihn in Morgados Jackentasche. »Das ist ein großer Gefallen, um den ich Sie da bitte, Chef. Eine komische Sache.«

»Man bittet mich meistens um komische Sachen, Güero«, erwiderte Morgado. »Darf ich dich so nennen, oder hast du noch einen besseren Namen?«

»Nennen Sie mich Güero. Das passt zu mir.«

Morgado fasste an seine Tasche. »Und dieser Umschlag? Was ist da drin?«

Der Tischler ging mit seiner Last weiter und ließ Morgado auf eine Antwort warten. »Lesen Sie es, Herr Rechtsanwalt, und dann reden wir, wenn Sie wollen.«

Die Stimme von El Güero kam schon von weit oben. Nachdem er seine Mappen genommen hatte, ging auch Morgado weiter seines Weges. Er war hin und her gerissen zwischen den Landarbeitern und dem weißen Umschlag. Die Neugier ist eine schlechte Ratgeberin, dachte er, aber sie hält das Leben in Schwung.

»Einen Cappuccino«, bestellte Morgado, während er den Umschlag öffnete und den Inhalt auf einen der Tische des El Péndulo entleerte.

Sowohl die vergilbten, knisternden Papiere als auch die sepiafarbenen Fotos, die aus dem Umschlag fielen, sahen alt aus.

Mindestens vierzig Jahre, dachte Morgado, als er die Kleider und die Mienen der Porträtierten ansah. Fünfzigerjahre, mit Sicherheit.

Er nahm aus dem ganzen Haufen eine Fotografie heraus, sah sie sich genauer an, drehte sich um und fragte Mario, den Angestellten der Buchabteilung des Cafés, ob ihm die Gesichter nicht bekannt vorkamen.

»Warum fragst du?«, wollte der Buchhändler wissen.

»Weiß nicht«, antwortete Morgado. »Es scheinen keine gewöhnlichen Gesichter zu sein. Einen Moment lang habe ich geglaubt, eines von ihnen auf einer von diesen Postkarten berühmter Schriftsteller gesehen zu haben, die an der Kasse verkauft werden.«

Der Buchhändler nahm das Foto mit zur Ladentheke und verglich es mit den Postkarten. Er war schnell wieder zurück.

»Du hast ein gutes Gedächtnis, Miguel Ángel. Hier ist es.« Er zeigte ihm das Foto eines dünnen Mannes mit abgezehrtem Gesicht, der einen Anzug trug und in seinen Händen einen Revolver mit langem Lauf.

»Und wer ist die Berühmtheit?«, fragte Morgado.

»William S. Burroughs. Ein amerikanischer Schriftsteller. Man verbindet ihn mit der *beat generation*. Er hat überall auf der Welt gelebt. Er ist bekannt für seine Romane über die Welt der Drogen und wegen diverser Formen sexueller Perversion. Er ist ein Symbol für die Gegenwartsliteratur und -kunst der Gringos. Viele junge Schriftsteller folgen ihm. Und auch viele Rockmusiker.«

»Und für was steht das ›S‹?«

Mario runzelte die Stirn und ging hinüber zu den Regalen mit den Werken ausländischer Romanciers. »Für Seward. Wir haben ein paar Bücher von ihm. *Naked Lunch, Nova Express* und *Cities of the Red Night*.«

Morgado sah sich das Foto an, das El Güero ihm gegeben

hatte: Drei Männer und eine Frau standen Arm in Arm vor einer typischen mexikanischen Kneipe: Burroughs, ein junger muskulöser Mann, ein untersetzter Gringo, dem der Anzug zu weit war, und eine blutjunge Mexikanerin, die den jungen Mann umarmte.

»Wo hast du das Foto her?«, fragte ihn der Buchhändler.

»Es gehört zu einem Haufen Zeitungsausschnitte und Papiere, die man mir gerade übergeben hat.«

»Ich dachte, du bist Anwalt und nicht Literaturwissenschaftler. Bist du am Colegio de México oder an der UNAM?«

»Ich betrete gerade unbekanntes Gelände.«

Mario sah sich die anderen Fotos an und war überrascht, was er da sah. »Schau dir die Hübschen an«, sagte er in feierlichem Ton und reichte Morgado ein paar Fotos. »Das sind Allen Ginsberg, der berühmteste Dichter der *beat generation,* und Jack Kerouac, der *On the Road* geschrieben hat, eine Art Chronik von Vagabunden, die über die Highways der Vereinigten Staaten düsen. Aber dieses Foto sagt mir nichts, ich weiß nicht, wer das ist. Auch wenn sie beide wie Latinos aussehen.«

Morgado sah sich das besagte Foto an. Die zwei Männer sahen unheimlich aus, als wären sie einer Szene aus *Der Pate* entsprungen. Einer war so dürr wie Burroughs, der andere wirkte selbstzufrieden und hatte einen aggressiven Blick. Beide trugen maßgeschneiderte Nadelstreifenanzüge.

»Der sieht aus wie ein streitwütiger Anwalt«, sagte der Buchhändler und nahm Morgado damit den Satz aus dem Mund.

»Und der andere? Sieht nicht wie ein Anwalt aus. Er erinnert mich an die Gangster in den Filmen von Juan Orol.«

Morgado sah sich noch weitere Fotos an. Ein Kunde kam in das Buchcafé, und Mario bediente ihn. Wenige Minuten später kam er wieder mit einem Buch in der Hand. »Hier. Da kannst du dich ein wenig bilden. Es ist eine Biografie von Burroughs.

Sie ist alt, aber sie kann dir nützen. Es gibt ein paar Kapitel über seine Reisen durch die Welt und über seinen Aufenthalt in Mexiko.«

»Wann war das?«, fragte Morgado.

»Ende der Vierziger-, Anfang der Fünfzigerjahre.«

Morgado nahm das Buch und blätterte es durch. In der Mitte des Buches waren ein paar Fotos. Auf einem war Burroughs zusammen mit dem Kleinen in dem zu weiten Anzug zu sehen. »Dave Tercerero«, sagte Morgado. »Die Gespenster bekommen allmählich Namen.«

Er drehte die Seite um und sah noch ein Foto: Burroughs auf einem typischen mexikanischen Polizeirevier. Zwei Beamte schauten ihn neugierig an, während er etwas erklärte. Morgado wandte sich wieder dem Buchhändler zu. »In was war er verwickelt? Drogenhandel? Unzucht mit Minderjährigen?«

Der Buchhändler schüttelte den Kopf. »Er hat nur seine Frau mit einem Kopfschuss getötet. À la Wilhelm Tell.«

»Und wie lautete das Urteil?«

»Ich glaube, fahrlässige Tötung oder so ähnlich.«

»Und wie lange war er im Gefängnis?«

»Ich weiß nicht. Deswegen habe ich dir das Buch gegeben. Aber ich glaube, nicht lange. Vielleicht ein paar Wochen oder Monate. Erinnere dich, damals war Miguel Alemán Präsident, und die Bestechung war ein allmächtiger Gott.«

»War das so?«, fragte Morgado.

Diesmal bekam er keine Antwort.

2

Morgado kehrte am Nachmittag in sein Büro zurück. Er hatte den Fall der Landarbeiter gegen einen durch verschiedene Strohmänner gedeckten Großgrundbesitzer geknackt, der Aufseher ohne Vorstrafen einsetzte, um die Landarbeiterführer zu töten, die ihm Probleme bereiteten. Aber das reichte nicht. Die rechtliche Argumentation war eine Sache, die Mühlen der Justiz waren eine andere. Es wird Ärger geben, dachte er, während er die Aktenstapel des Falles auf seinen Schreibtisch legte. Dann bemerkte er die Stille. Die Tischler waren eine Stunde vor der vereinbarten Zeit gegangen. Der Raum gehörte wieder ihm. Er setzte sich in seinen Sessel und betrachtete die Bäume des nahe gelegenen Mexiko-Parks und das Gewusel der in der Ferne spielenden Kinder.

»Darf ich?«, fragte eine Stimme hinter ihm.

Morgado lächelte, als er die Stimme erkannte. »Ja«, erwiderte er.

Es war der Tischler in Not, der mit den alten Fotos und Zeitungsausschnitten. Er setzte sich auf einen Stuhl. »Haben Sie gelesen, was ich Ihnen gegeben hatte?«

Morgado holte den weißen Umschlag aus einer Mappe. »Ich habe die Fotos gesehen. Ich hatte keine Zeit, die Dokumente und die Ausschnitte gründlich durchzugehen. Aber ich habe eine Ahnung, worum es gehen könnte.«

»Dann nehmen Sie den Fall also an?«

Morgado betrachtete den Tischler und wusste nicht, wie er diesen unermüdlichen Arbeiter aus armen Verhältnissen mit den verrückten, durch die Welt ziehenden Dichtern in Verbindung bringen sollte.

»Ich weiß nicht, von welchem Fall Sie sprechen«, sagte er. »Dem Mord an Burroughs' Frau? Dem Drogenschmuggel von Panama nach Mexiko? Der Korruption bei der Polizei in einem Strafprozess, der nie abgeschlossen wurde?«

Der Tischler stand auf und fing an, im Büro des Rechtsanwalts umherzugehen. Nervös. Verzweifelt. »Nein! Nein! Nein!«, murmelte er.

»Dann erklären Sie es mir«, sagte Morgado beruhigend.

»Haben Sie die Zeitungsausschnitte gesehen?«

»Flüchtig. Warum?«

»Da steht alles drin.«

»Vielleicht. Aber ich bin kein Hellseher.«

Der Tischler ging zum Schreibtisch und holte einen Zeitungsausschnitt und ein Foto aus dem Umschlag. »Hier steht es.«

Morgado nahm den Ausschnitt und las die Schlagzeile: »Heroinfracht in Tijuana konfisziert. Ein Amerikaner tot, ein weiterer flüchtig.« Dann schaute er sich das Foto an: der muskulöse Mann und die junge Mexikanerin von dem anderen Foto, dem von der Kneipe, in einem Boot in Xochimilco.

»Wer sind die beiden?«, fragte Morgado.

Der Tischler ließ sich auf einen Stuhl fallen, als wäre alle Energie aus seinem Körper gewichen, völlig erschöpft. »Meine Eltern«, sagte er und fing leise an zu schluchzen.

3

Das Bodegón war ein langes schmales Lokal. Morgado hielt es für den besten Aufenthaltsort bei einem Erdbeben. »Wenn das Gebäude über dir einstürzt, hast du schon deinen Sarkophag«, pflegte er zu seinen Freunden zu sagen, wenn er sie an diesem schlecht belüfteten Ort ohne Fluchtwege auf ein Glas einlud. Aber diesmal machte er keine scherzhafte Bemerkung zu seiner Begleitung, Alfonso Keller Padilla, besser bekannt als El Güero.

»Was möchtest du?«

»Einen Tequila.«

»Hornitos oder Conmemorativo?«

»Hornitos.«

»Dann zwei bitte.«

Während sie die erste Runde Tequila in ihre Kehlen laufen ließen, versuchte Morgado die Puzzleteile des Falles zu sortieren, der sich fast fünfzig Jahre zuvor zugetragen hatte. Die Grundfragen sortierten sich allmählich in seinem Geist, während der Tequila seine Zweifel auflöste oder zumindest wegschob.

»Okay«, rief er aus, als der Kneipenwirt zum zweiten Mal sein Tequilaglas füllte. »Erzähl mir die Geschichte noch einmal, dann werde ich dir ein paar Fragen stellen und ein wenig Licht in diese rätselhafte Geschichte bringen.«

»Ich habe sie Ihnen doch schon erzählt«, sagte El Güero.

»Ich meine vernünftig. Du hast mehr geweint als alles andere, und da versteht man wenig. Jetzt mal der Reihe nach. Fang mit deinem Vater und deiner Mutter an. Wie haben sie sich kennengelernt?«

»Er war aus Kalifornien. Ich glaube aus Berkeley. Er war wegen des Koreakrieges aus der Army desertiert und kam deswegen und wegen der Kommunistenjagd nach Mexiko. Das erzählte meine Mutter. Er sei Pazifist gewesen und habe marxistische Sachen gelesen.«

Morgado hob die Hand, um ihn zu stoppen. »Du wirkst nicht wie ein einfacher Tischler.«

»Ich bin Kunsttischler, das ist etwas anderes.«

»Schön. Was hast du für eine Ausbildung?«

»Ich bin gelernter Möbelrestaurateur. Dann habe ich an der Kunsthochschule studiert, um Restaurationsgehilfe für Kunstwerke zu werden. Ich habe am Nationalen Institut für Anthropologie und Geschichte gearbeitet, aber vor zwei Monaten haben sie Personal abgebaut, und ein Cousin von mir, Manuel Márquez, hat mir angeboten, mit ihm im Akkord zu arbeiten. Ich verdiene mehr Kohle als vorher, und ich habe mehr Zeit, um über die Geschichten nachzudenken, die meine Mutter mir erzählt hat. Vor allem über das Verschwinden meines Vaters … über seine Abwesenheit.«

»Und dann hast du nach Informationen gesucht.«

»All die Fotos stammen aus einem Karton, den mir meine Mutter anvertraut hat, als sie vor drei Jahren gestorben ist.«

»Und die Zeitungsausschnitte?«

»Ein paar stammen auch daraus, aber andere habe ich entdeckt, als ich angefangen habe, auf eigene Faust die Vergangenheit zu erforschen. Ich habe alles zusammengetragen, was ich über diese Zeit finden konnte.«

»1951 und 52«, präzisierte Morgado.

»Ja, genau. Ich bin ins Staatsarchiv gegangen. Der frühere schwarze Palast von Lecumberri, das Gefängnis.«

»Du bist ein guter Detektiv.«

»Ich will etwas anderes sein«, stellte El Güero klar. »Ich will ein guter Sohn sein.«

»Dein Vater kam mit einer Gruppe drogenabhängiger Schriftsteller nach Mexiko.«

Der Kunsttischler schüttelte heftig den Kopf. »Nein. Meine Mutter sagt, er habe keine Drogen genommen und nicht auf Künstler gemacht. Er habe Geschichtsunterricht am Mexico City College gegeben. Und er war normal, verstehen Sie? Er war nicht schwul oder so was. Er sei seinen Pflichten immer nachgekommen.«

»Wie hat er die anderen Amerikaner kennen gelernt? Am College?«

»Ja. An den Wochenenden haben die Ami-Lehrer wohl immer bei einem von ihnen Partys organisiert. Jeder brachte selbst mit, was er konsumieren wollte. Manche Essen, andere Schnaps und wieder andere Marihuana. Ein paar wenige Opium und Heroin. Aber alles ging ganz ruhig vonstatten.«

»Und deine Mutter? Wie haben deine Eltern sich kennen gelernt?«

»Sie war Sekretärin am College. Und dort sind sie sich über den Weg gelaufen.«

»Deine Mutter hieß Carmen Padilla, und dein Vater?«

»Timothy Randolph Keller.«

Morgado hatte eine trockene Kehle und bestellte noch eine Runde Tequila. Der Kneipenwirt schenkte sofort nach.

»Wie ist Timothy in die Geschichte in Tijuana geraten?«

»Durch Burroughs. Dieser verdammte Wichser war an allem Schuld. Meine Eltern hatten im Mai 1951 geheiratet. Dann kamen die Sommerferien und dann, im September, der Ärger. Burroughs tötete seine Frau Joan. Ein Unfall. Aber wer weiß? Es gab viele Versionen, viele Gerüchte.«

»Und wie lautet die Version deiner Mutter?«, hakte Morgado nach.

»Sie war auf dem Fest nicht dabei. Du weißt schon. Diese besserwisserischen Gringos schüchterten sie ein. Außerdem war ihr Englisch nicht besonders. Sie mochte diese Treffen nicht. Sie fühlte sich gehemmt.«

»Aber dein Vater ging schon hin, oder?«

»Ja. Timothy erzählte meiner Mutter, Burroughs sei unerträglich, wenn er den Pistolenhelden gibt. Es gefiel ihm, seine Pistolen vorzuführen. Er glaubte, in Mexiko könne er tun, was er wolle. Und diesmal wollte er Robin Hood spielen.«

»Wilhelm Tell«, korrigierte ihn Morgado.

»Was auch immer. Aber der Schuss ging daneben. Anstatt das Glas auf Joans Kopf zu treffen, traf er sie mitten zwischen die Augen. Sie lebte schon nicht mehr, als das Rote Kreuz eintraf.«

»Und was hat Timothy gemacht?«

»Er rief einen Krankenwagen, als er sah, dass Joan mit dem Tod rang. William stand unter Schock. Er war völlig in Panik. Er sagte immer nur: ›Joan, Joan, sag doch was, Joan.‹ Aber seine Frau lag bereits in den letzten Zügen. Meine Mutter erfuhr eine Stunde später davon und musste zur Polizeiwache gehen, um meinen Vater abzuholen. Alle mussten an diesem Abend und an den folgenden Tagen zum Geschehen aussagen. Burroughs steckten sie in den Bau, und dort blieb er einige Tage, bis sein Anwalt ihn rausholte.«

Morgado holte die Burroughs-Biografie aus der Mappe und suchte eine umgeknickte Seite. »Sieh mal. In dem Buch wird die ganze Sache abgehandelt. Und nirgendwo ist der Name deines Vaters erwähnt.«

El Güero machte eine verächtliche Geste. »Weil er kein Künstler war, taucht er auch nicht auf. Ich habe mehrere Bücher wie das konsultiert, überall dasselbe. Mein Vater ist ein Gespenst.«

Morgado merkte, dass der Kunsttischler melancholisch wurde, und klopfte ihm kameradschaftlich auf die Schulter.

»Manchmal glaube ich, meine Mutter hat die ganze Geschichte erfunden, um mich, als ich klein war, in den Schlaf zu lullen«, flüsterte El Güero, »dass mein Vater ein anderer war … Ich weiß nicht … das alles geschah vor so langer Zeit … in einem anderen Mexiko.«

Morgado las den Abschnitt vor, von dem er wollte, dass sein Mandant ihn verinnerlichte: »Seit der ersten Nacht im Gefängnis wusste Burroughs, dass die Chancen freizukommen gut standen. Bernabé Jurado, sein Anwalt, machte ihm klar, dass Joan tot war, dass er sich um sich selbst kümmern müsse, vor allem darum, möglichst schnell aus dem Gefängnis herauszukommen. Es war für ihn von Vorteil, dass die Mexikaner den Tod als einen alltäglichen Akt ansehen, der sie nicht sonderlich beeindruckt. Deshalb haben die Polizisten, die ihn verhafteten, ihm als Erste Rückendeckung gegeben: ›Machen Sie sich keine Gedanken, Gringo‹, sagten sie zu ihm, ›das kann jedem passieren. Das ist die einzige Form, wie die Frauen kapieren: Schüsse.‹ Das war das Glück unseres Schriftstellers: eine Frau in einem Land ermordet zu haben, in dem das Leben nichts wert ist, und wenn es sich um das Leben einer Frau handelt, umso weniger.«

»Verdammte Gringos«, stammelte El Güero. »Sie sehen uns immer als wilde Rohlinge wie Frito, der Bandit. Und was ist mit ihnen? Die reinsten Heiligen? Nein, keineswegs. Serienmörder, Scheißschwachköpfe.«

Morgado sah das genauso, aber er wollte beim Thema bleiben. »Wie ist dein Vater in die Sache mit dem Heroin geraten?«

Der Kunsttischler packte mit beiden Händen das leere Glas, und Morgado dachte, er könnte es ohne weiteres zerquetschen, wenn er wollte. »Jurado hat Burroughs aus dem Gefängnis geholt. Aber die Nachricht von dem Tötungsdelikt sorgte dafür, dass der größte Teil der amerikanischen Gemeinde sich von ihm abwandte. Er hatte keine Freunde mehr. Nun, fast keine.«

»Timothy hat ihn nicht verlassen, nicht wahr?«

»Mein Vater hatte ein gutes Herz. Ein Idealist. Die Briefe, die er meiner Mutter während der Verlobungszeit geschrieben hat, sind voller Liebe und Großherzigkeit. Und weil er wie ein kleiner Junge an den Kommunismus glaubte, trennte er sich von all seiner Habe, um den Schmerz der anderen zu lindern. Er machte eine Bauchlandung, als Burroughs ihn um einen Gefallen bat, den er nicht abschlagen konnte.«

»Noch einen Tequila?« Morgado stellte die Frage mehr aus Höflichkeit und nicht, weil er wirklich eine Antwort von El Güero haben wollte, und hob die Hand wie ein Schiffbrüchiger in einem Meer aus Schnaps.

»Ja, noch einen. Nur so löst sich meine Zunge.«

»Und was war das für ein Gefallen?«

»Burroughs' Anwalt, Jurado, war verschlagen. Aber das trifft wohl auf alle Anwälte zu.« Der Kunsttischler hielt inne, als hätte er etwas Falsches gesagt.

»Schon gut«, sagte Morgado. »Trinken wir darauf.«

El Güero lachte, schon entspannter. Der Kneipenwirt stellte ihnen ein paar Fleisch- und Fischtapas hin und füllte die Gläser.

»In weniger als zwei Wochen hatte Jurado es geschafft, Burroughs aus dem Gefängnis herauszuholen. Aber der musste mehr als zweitausend Dollar abdrücken. Er hatte keinen Cent mehr und musste außerdem noch andere Ausgaben der Kanzlei Bernabés zahlen. Er sollte weitere dreitausend Dollar berappen, damit sie ihn nicht wieder einsperrten. Und weil Timothy einer der wenigen war, die ihn nicht im Stich gelassen hatten, wandte er sich an ihn. Erst bat er ihn, ihm Geld zu leihen, bis welches von seiner Familie aus den Vereinigten Staaten eingetroffen war. Dann versicherte er ihm, er werde eine große Summe für einen Roman bekommen, der bald veröffentlicht werde. Alles Lügen. Seine Familie kam nur wegen Joans Kindern, und der Roman wurde zwar veröffentlicht, aber erst viel später.«

»Hat deine Mutter all das mitbekommen?«

»Ja. Sie war verängstigt. Dieser harsche, getriebene Mann, der immer wirkte, als würde er innerlich zittern, gefiel ihr nicht. Meine Mutter glaubte, alle Gringos, Timothy ausgenommen, seien verrückt. Und William Burroughs war der lebende Beweis, dass ihr Misstrauen gegenüber den Amerikanern berechtigt war.«

»Wie hat er deinen Vater überzeugt?«, fragte Morgado.

»Nun, am Ende bat Burroughs ihn, nach Tijuana zu fahren. Er sagte, dort werde ein Freund meinem Vater das Geld übergeben, das er benötigte. Es war eine unbequeme Reise, aber Burroughs sagte, er werde für alles aufkommen.«

Morgado entschuldigte sich und ging auf die Toilette. Als er zurückkam, hatte Alfonso Keller Padilla sich den Luxus geleistet, eine weitere Runde Tequila zu bestellen.

»Wo waren wir stehen geblieben?«, fragte Morgado, der spürte, wie seine Zunge allmählich schwer wurde.

»Bei dem Gefallen für Burroughs. Der Mistkerl hat meinen Vater überredet und ihn nach Tijuana geschickt.«

»Und warum hat Burroughs Timothy nicht begleitet?«

»Das ging nicht. Er war auf Kaution frei und musste sich jeden Tag im Gefängnis melden. Wenn er einen Tag nicht aufgetaucht wäre, hätten sie ihn wieder eingesperrt.«

»Also hat er deinen Vater zur Grenze geschickt. Um Geld zu holen, sagst du.«

»Zum Teil. Das ist ja, was mich so wütend macht. Die Hinterhältigkeit von diesem Mörder. Denn er gab ihm ein Päckchen für Alan Brod, seinen Freund aus Tijuana, mit. Er sagte meinem Vater, es handle sich um persönliche Gegenstände. Oder so ähnlich.«

»Aber du glaubst, es war etwas anderes, nicht wahr?«

El Güero nickte, das Gesicht vor Zorn verzerrt.

Morgado mahnte ihn zur Ruhe: »Beruhige dich, du hast nichts davon, wenn du dich so in deine Wut hineinsteigerst.«

»Entschuldigen Sie, aber ich kann nicht anders. Ich verstehe nicht, wie mein Vater so blind sein konnte und keinerlei Verdacht schöpfte.«

»Also passierte er alle Kontrollen und kam an die Grenze«, spann Morgado die Geschichte weiter.

»Aber in Tijuana wurden sie geschnappt. So steht es in dem Zeitungsausschnitt. Sie töteten den anderen Gringo, und mein Vater konnte anscheinend fliehen. Aber wir haben nie mehr etwas von ihm gehört. Er kam nie zurück.«

»Wann war das?«

»Im Dezember 1951. Sieben Monate später wurde ich geboren.«

»Und jetzt willst du, dass ich deinen Vater finde«, schloss Morgado.

»Ich will nur wissen«, sagte El Güero mit bewegter Stimme, »was mit ihm passiert ist, wo er begraben ist.«

»Glaubst du nicht, dass er noch lebt?«

»Nein. Das glaube ich nicht. Wenn er noch lebte, hätte er Mittel und Wege gefunden, sich mit uns in Verbindung zu setzen. Meine Mutter hat ihr ganzes Leben im selben Haus verbracht. Ich bin mir ganz sicher, jeden Morgen, wenn sie das Gartentor öffnete, dachte sie, mein Vater würde vor ihr stehen. Früher oder später würde er nach Hause, zu uns, zurückkehren.«

Er sah Morgado eindringlich an. »Übernehmen Sie meinen Fall, Herr Rechtsanwalt?«

Der erhob feierlich das Glas und sagte: »Es ist eine historische Ermittlung, Güero. Und eine literarische. Eine Herausforderung.«

»Was heißt das?«

»Dass ich annehme. Aus reiner Neugier.«

»Wie viel Vorschuss verlangen Sie?«

Morgado nahm einen Schluck und lächelte. »Ein schönes Bücherregal, perfekt gebaut und lackiert.«

»Sonst nichts?«

Morgado zögerte nur ganz kurz. »Und ein Fläschchen Tequila. Fürs Erste.«

4

Aidé Grijalva war aufgebracht, aber seit Morgado sie kannte, war das der Normalzustand. Adrenalin war ihre tägliche Droge, ihr Sauerstoff.

»Was für Aufgaben du mir aufbürdest!«, platzte sie heraus.

»Die, auf die du dich verstehst«, erinnerte Morgado sie. »Du bist die beste Historikerin, die ich kenne. Du kennst die Geschichte von Baja California in- und auswendig.«

»Die beste oder die gutmütigste?«, erwiderte die Jüngerin von Klio. »Bei dir weiß man nie, wie es gemeint ist.«

»Verzeih mir«, sagte Morgado, in der Defensive. »Ich werde dich nie mehr um etwas bitten, wozu du nicht bereit bist.«

Morgado wusste, dass das Gewitter sich legte, als Aidés tadelnder Ton nachließ. »Heute will ich mal nicht so sein, Miguelito. Hier sind die Fotokopien. Eine meiner Hilfskräfte im Staatsarchiv hat einen ganzen Tag mit diesem Kram zugebracht.«

Morgado nahm den dicken doppelten Umschlag mit einer Mischung aus Verwirrung und Skrupeln entgegen. »Um welche Zeitungen handelt es sich?«

»*Excélsior* und *El Universal* von September 1951 bis Dezember desselben Jahres. Und *El Nuevo Mundo* von Dezember 1951 und Januar 1952. Nur der Teil Polizeiberichte. Die beiden ersten sind aus Mexiko-Stadt, wie du wahrscheinlich weißt. Die letzte erscheint in Baja California, in Tijuana.«

Morgado legte den Umschlag auf ein Tischchen.

»Willst du ihn nicht aufmachen?«, fragte seine Gastgeberin.

»Später. Was mich interessiert, ist: Wie war Tijuana damals, wie lief der Hase?«

»Wie meinst du das? Politisch? Wirtschaftlich? Gesellschaftlich?«

»Alles.«

Aidé streckte die Hand aus und griff nach einem dicken schwarzen Buch auf ihrem Schreibtisch. »Hier findest du die Antworten, die du suchst«, sagte sie schulmeisterlich.

Morgado wiegte das dicke Buch misstrauisch in der Hand. »Seit ich mich auf diesen Fall eingelassen habe, will mich jeder zum Lesen anhalten.«

»Es wurde auch Zeit«, erwiderte die Historikerin. »Wenn es etwas Ungebildeteres gibt als Rechtsanwälte, dann bestenfalls Ingenieure. Und das will was heißen. Aber das Buch wird dir gefallen. Es heißt *El otro México*.«

»Und das ist kein unverdaulicher Schinken?«

»Ganz und gar nicht. Es ist ein Reisebericht. Er stammt von Fernando Jordán, einem Reporter der Zeitschrift *Impacto*. Erschienen 1951. Es wird dir helfen, dich in der Zeit zurechtzufinden.«

»Und wer war Jordán?«

Aidé wandte Hilfe suchend den Blick zum Himmel. »Einer, der auf die Halbinsel von Baja California reiste und so fasziniert von Land und Leuten war, dass er dort blieb.«

»Lebt er noch?«

Aidé seufzte. »Nein. Er hat sich umgebracht. Oder man brachte ihn um, weil er ein Verhältnis mit einer verheirateten Frau hatte. Wer weiß, was davon wahr ist. Aber laut denen, die ihn kannten ...«

Morgado schob das Buch in seine Aktentasche. »Sprich nicht weiter«, flehte er. »Wenn ich noch so ein Verbrechen unter Literaten ertragen muss, dann lege ich die Ermittlungen nieder. Ich schwöre es dir.«

»Du bist einfach nicht belastbar«, versicherte ihm Aidé. »Unsere Halbinsel ist voll mit ungeklärten Verbrechen. Von Literaten und Nicht-Literaten.«

»Es muss am Tequila-Kater liegen«, sagte Morgado, »aber mein Magen verträgt keine weitere Geschichte mehr.«

»Dann leg dich hin. So nützt du mir nichts. Ich wollte dir meine Doktorarbeit vorlesen, über Bewässerung und internationale Politik in der Ebene von Mexicali in der Ära Carranza unter besonderer Berücksichtigung der Frage von Grenzen und Gewässern im Kontext des Ersten Weltkrie...«

Morgado flüchtete stolpernd über den Flur. Die Geschichte spukte weiter in seinem Kopf, rasselnd wie eine Klapperschlange vor dem Zuschlagen, und ließ die Kopfschmerzen immer schlimmer werden.

5

Es war schon Mitternacht, und Morgado war immer noch in den Stapel Fotokopien vertieft. Sie hatten ihn bei seinen Ermittlungen nicht sehr viel weitergebracht. Die Sache mit Burroughs stand nur ein paar Tage im Schlaglicht der Presse. Morgado vermutete, dass Bernabé Jurado genügend Geld verteilt hatte, damit die Journalisten den Fall nicht hochspielten. Und dass er dasselbe mit den Richtern und Gefängniswärtern gemacht hatte. Das Beste: Jurado hatte Burroughs gegenüber seinen Teil des Deals erfüllt. Er hatte ihn mit Lichtgeschwindigkeit aus dem Gefängnis geholt und sich in bar für seine Dienste entlohnen lassen, so dass der Schriftsteller mittellos dastand. Burroughs musste sich in tiefster Depression befunden haben. Frau weg. Geld weg. Freunde weg. In einem fremden Land. Da war es klar, dass er sich an den Erstbesten klammerte, der ihm über den Weg lief. Wie Timothy. Aber wenn er kein Geld hatte, wie war er dann an das Heroin gekommen? Wer hatte ihm das Geld dafür gegeben?

Morgado sah sich noch einmal die Fotos an und konzentrierte sich auf das mit Allen Ginsberg. Auf der Rückseite stand ›Fotos Alameda‹ und das Datum: 1954. Dann nahm er das von Kerouac. Es war aus dem Jahr 1952. Sie nützten ihm nichts. Schließlich blieb er bei dem Foto mit dem Gangsterduo hängen. Die hätten Burroughs durchaus die Drogen beschaffen können. Ohne dass sie dafür extra jemanden hätten anheuern müssen.

Morgado nahm sein Handy und wählte die Nummer des Kunsttischlers. Die Fragen drängten sich in seinem Kopf wie summende Wespen in ihrem Nest. »Habe ich dich auch nicht geweckt, Güero?«

»Nein, Herr Rechtsanwalt. Sie haben mich nur bei den ehelichen Pflichten im Dienste des Vaterlandes unterbrochen.«

»Dann rufe ich später noch einmal an.«

»Nein! Das war ein Scherz! Womit kann ich Ihnen dienen?«

Morgado hob das Gangsterfoto hoch und betrachtete es. »Wer sind die beiden Latinos auf einem der Fotos, die du mir gegeben hast? Ich kann sie nicht identifizieren.«

»Ich auch nicht. Meine Mutter sagte, es seien keine Mexikaner. Es seien Panamesen.«

»Und was machten sie?«

»Keine Ahnung. Es waren Kumpels von Burroughs und Bekannte meines Vaters. Sie waren in Chapultepec und haben Timothy an dem Tag verabschiedet, als er nach Tijuana aufbrach. Ich glaube, einer bat ihn, eine Puppe für seine Tochter mitzunehmen, die an der Grenze lebte. Meine Mutter hatte sie nie zuvor gesehen. Als mein Vater weg war, tauchten sie bei uns zu Hause auf und fragten nach Timothy. Sie warteten wohl auch auf ihn. Burroughs, glaube ich, hat sie zu dem Zeitpunkt schon nicht mehr begleitet. Er muss sich das benötigte Geld wohl anderweitig besorgt haben. Meine Mutter hatte nicht viel Kontakt zu ihm. Aber als Kerouac und Ginsberg kamen, ging sie, obwohl sie sie nicht kannte, zu ihnen, um sie nach ihrem verschwundenen Mann zu fragen.«

»Und was haben sie gesagt?«

Am anderen Ende der Leitung herrschte eine ganze Weile Schweigen.

»Der eine sagte, er habe ihn irgendwo in Kalifornien lebend gesehen. Der andere behauptete, ihn nicht zu kennen.«

Morgado schrieb in sein Notizbuch: »Lebend oder tot? Ist er vor der mexikanischen Justiz oder vor seiner mexikanischen Frau geflohen?«

»Wer hat gesagt, er habe ihn lebend gesehen?«

»Ich glaube, Ginsberg. Ich weiß es nicht. Meine Mutter sollte hier sitzen und mit Ihnen sprechen. Sie hatte ein besseres Gedächtnis für diese Dinge als ich. Außerdem war sie dabei, sie hat alles gesehen. Ginsberg hat ihr Hoffnungen gemacht.

Ich weiß nicht, ob falsche, aber sie haben ihr geholfen weiterzuleben.«

»Noch etwas, Güero. Was ist mit dem Kleinen, mit Dave Tercerero?«

»Der ist auch verschwunden, ungefähr zur selben Zeit, als mein Vater die Reise nach Tijuana gemacht hat. Er war immer bei William. Er war sein Schoßhündchen. ›Den kleinen Chihuahua‹ hat meine Mutter ihn genannt.«

Morgado schrieb: »Gleichzeitiges Verschwinden. Zufall oder geplant?«

»Wann hat deine Mutter Burroughs zum letzten Mal gesehen?«

»Ein Jahr später. Sie hatte ihren Job als Sekretärin am College gekündigt. Ich war noch ein Säugling. Sie lief Burroughs zufällig über den Weg. Er wollte auf sie zugehen und etwas zu ihr sagen, aber meine Mutter hat sich abgewandt. Sie hat in ihm immer den Verursacher ihres Unglücks gesehen, den, der ihr meinen Vater entrissen hatte.«

Morgado fügte den Notizen noch hinzu: »Harry Dávalos kontaktieren. Überprüfung von Timothy Keller vor und nach 1952. Dokumente. Verwendung von Pässen. Polizeiberichte. Feste oder zeitweilige Wohnsitze. So schnell wie möglich anrufen.«

»Sag mal, Güero, hältst du es für möglich, dass dein Vater möglicherweise ... du weißt schon ... sich unter Druck gesetzt gefühlt hat ... dass ihm die familiäre Bürde zu viel war ... und dass er die Reise genutzt hat, um sich aus dem Staub zu machen?«

Die Antwort kam sofort. »Nein, das glaube ich nicht. Die Fotos. Schauen Sie sich die Fotos an! Sie sind ein glückliches Paar. Meine Mutter sagte immer ...«

Morgado musste ihn unterbrechen. »Deine Mutter wollte das Offenkundige vielleicht nicht wahrhaben. Vielleicht hat sie sich immer geweigert, der Wahrheit ins Auge zu sehen. Vielleicht wird dir nicht gefallen, was ich herausfinde, Güero. Womöglich war dein Vater nicht der Held, wie deine Mutter behauptete. Könntest du das ertragen? Oder soll besser alles so bleiben, wie es ist?«

»Nein! Auf keinen Fall!«

Morgado atmete erleichtert auf.

»Wann werde ich etwas Konkretes erfahren?«, wollte der Tischler wissen.

»Bald. Erst muss ich Freunde um Hilfe bitten, und dann werde ich nach Tijuana reisen, um die Vergangenheit zurückzuholen. Die deines Vaters und deine.«

»Alles, was Sie herausfinden, ist gut«, rief El Güero aus. »Was auch immer.«

»Du kannst zufrieden sein, wenn ich einen Teil der Wahrheit ans Licht bringe.«

Als er das Handy hinlegte, hatte er weniger Skrupel. Wenigstens waren die Regeln zwischen ihm und seinem Mandanten klar definiert. Jetzt musste man die Köder auswerfen und geduldig warten. Irgendwann würden die Fische anbeißen.

6

»Hast du das Fax bekommen?«, fragte Morgado.

»Es liegt vor mir. Ohne Übertragungsfehler.«

Harry Dávalos' Stimme klang wie die eines Boxers, der es sich nicht leisten kann, die Deckung herunterzunehmen. Morgado verstand das. Aber ihm war klar, dass er bei diesem Unterfangen die Zeit, die menschlichen Ressourcen und das Material des FBI benötigte. Und die Hilfe Harrys.

»Ich werde dir einen offiziellen Brief schreiben, damit du keine Probleme bekommst.«

»Probleme bekomme ich auf jeden Fall, wenn du beteiligt bist«, unkte Dávalos.

»Wenn du irgendeine Information hast, schick sie an diese Nummer. Aber ich sage dir gleich, ich komme noch in dieser Woche nach Tijuana. Vielleicht können wir ja zusammen essen und über die schlechten alten Zeiten reden, mein Freund.«

»Welches Hotel?«, fragte Harry sofort.

»Im Lucerna. Zona del Río.«

»Ich melde mich«, lautete der Abschiedsgruß des FBI-Agenten.

»Was für eine Ehre, solche Freunde zu haben oder ein solcher Freund zu sein«, sagte Morgado in die tote Leitung.

Nachdem er aufgelegt hatte, nahm er sich die Fotos vor und ging sie zum hundertsten Mal durch. Er wählte drei aus: das von Timothy, Burroughs, Tercerero und der Mutter von Güero; das von den panamesischen Gangstern und das von Ginsberg. Mit ihnen ging er auf den Flur hinaus und klingelte an der Tür seines Nachbarn, eines Profifotografen.

»Womit kann ich dienen?«

»Rogelio, ich brauche Vergrößerungen. Erstklassige Abzüge. Es sind alte Fotos.«

Rogelio Cueva sah sich das Bilderterzett an. »Wie hübsch!«, rief er begeistert aus. »Geschniegelte Schriftsteller und Könige der Unterwelt.«

Morgado war überrascht vom Scharfblick des Fotografen. »Hast du sie schon mal gesehen?«

Rogelio nickte wie ein Kind mit einem neuen Spielzeug. »Die beiden sind Gringos, oder? Beats oder so etwas. Sie haben sich alle natürlichen oder künstlichen Drogen reingezogen, die sie bekommen konnten. Es waren die ersten Hippies, als das noch keine Mode und María Sabina noch kein Star des New Age war.«

»Und die Gangster?«, fragte Morgado erwartungsvoll.

»Was für Gesichter! Als hätten sie zu viele Filme von Edward G. Robinson gesehen. Es fehlt nur die Narbe im Gesicht. Oder das Glasauge.«

»Aber …«, stotterte Morgado, »hast du eine Idee, um wen es sich handeln könnte?«

»Nein. Du?«

7

Seit das Flugzeug in Mexiko-Stadt gestartet war, hatte Morgado alle Dokumente zu dem Fall noch einmal durchgesehen.

Burroughs' Biografien zeichneten nicht dasselbe Bild, das El Güero von dem amerikanischen Schriftsteller hatte. Die Biografen hielten ihn für die Vaterfigur der künstlerischen Avantgarde des Landes: für einen Schriftsteller, der alle Regeln brach und dabei keinen Schiffbruch erlitt. Successful war das meistgebrauchte Adjektiv bei der Beschreibung des Werks. Ein achtzigjähriger Jim Morrison, der noch schrie: *I want the world and I want it now.*

Aber der alte Mann war kein *love-and-peace*-Idealist. Die Romane, die Morgado angelesen hatte, offenbarten seine Faszination für Gewalt, Sex als Machtspiel und Feuerwaffen. Er war, wie viele Amerikaner, ein mächtiger Prediger, ein Hypnotiseur, der ständig neue Opfer brauchte. Opfer wie Joan, seine Frau. Wie Timothy.

Morgado drückte auf die Knöpfe, um zu sehen, was an Filmen geboten war; weil keiner ihm zusagte, legte er die Kopfhörer wieder an ihren Platz und schaltete den Bildschirm aus. Er wollte einen Blick in das Buch werfen, das ihm seine Freundin Aidé Grijalva geliehen hatte, *El otro México*. Er ging das Inhaltsverzeichnis durch und begann mit dem Tijuana gewidmeten Kapitel.

Er war überrascht von der Fähigkeit des Autors Fernando Jordán, das Leben an der Grenze einzufangen. »Von Tijuana sieht man nur eine Straße, die nächtliche Straße, wo auf ein Cabaret eine Bar folgt, auf die Bar ein Geschäft mit gefälschten Antiquitäten, auf dieses ein weiteres Cabaret, auf dieses eine Bar, auf dieses ein Hotel und dann ein weiteres Cabaret und eine weitere Bar … Wenn man rauskommt, will man nichts mehr sehen, und wenn man nicht rauskommt, kann man nichts anderes sehen … das Leben ist teuer, und das Geld zirkuliert unvorstellbar schnell.«

Die Stewardess fragte ihn, ob er sich wohlfühle, ob sie ihm etwas aus der Bar anbieten könne. Morgado war dankbar für die Aufmerksamkeit, aber als er an den Kater von vor ein paar Tagen dachte, bestellte er lediglich eine Flasche Mineralwasser. Wie schnell ich alt werde. Nicht mehr lange, und ich tausche den Tequila gegen Pfefferminztee ein – ein makabrer Gedanke.

»Stewardess!«, rief er.

Die junge Frau kam wieder zu seinem Platz. »Haben Sie Ihre Meinung geändert?«, fragte sie mit der Flugerfahrung vieler Jahre.

Morgado nickte, sichtlich aufgemuntert. »Einen Wodka Tonic«, bestellte er.

Als er ihn bekommen hatte, las er weiter in Jordáns Buch. Dort stand, Tijuana sei 1951 eine kleine Stadt mit sechzigtausend Einwohnern gewesen, die Bevölkerung habe sich in weniger als einem Jahrzehnt vervierfacht. Für Timothy Keller, so ahnte Morgado, war diese Reise nicht die erste in diese schillernde, gewalttätige Stadt gewesen, die so aufregend ist wie keine zweite. Wenn er ein waschechter Kalifornier war, war Tijuana bestimmt sein Spielplatz, sein Lieblingserlebnispark gewesen. Das Gegenteil von Morgados eigener Sichtweise.

Für ihn war Tijuana eine Brücke, eine Autoschlange, der

unvermeidliche Weg Richtung Parque Balboa und Sea World in San Diego. Ein Teil seiner Kindheit. Die Oster- oder Sommerferien. Die bekannten Familienausflüge im klapprigen Plymouth. Ein anderes Klima. Die Meeresbrise. Der Strand. Das Panorama der Isla Coronado. »Sie gehört zu Mexiko«, sagte sein Vater immer, »aber die Gringos haben sie uns abgenommen. Das alte Spiel. Eines Tages wird sie wieder uns gehören. Eines Tages wird die mexikanische Flagge auf ihrem Gipfel wehen, ganz oben.«

Aber das war San Diego. Tijuana war in seiner Erinnerung ein Flecken mit Gipfeln und sich schlängelnden Straßen. Menschen beim Einkaufen. Viele Secondhandläden. Riesige Neonreklamen und schlammige Straßen. Leute, die japanisches Spielzeug, das nicht eine Woche hielt, auf den Lieferwagen des Vaters gepackt hatten und ihre Schnäppchen anpriesen. Das war der tiefste Eindruck, den die Stadt hinterlassen hatte, zu der er jetzt unterwegs war: Alles in ihr war Betrug, man konnte niemandem vertrauen, wenn man vermeiden wollte, bestohlen zu werden. Hier wurde man übers Ohr gehauen.

»Sehr verehrte Passagiere, auf der rechten Seite können Sie jetzt den Hafen von Mazatlán sehen«, verkündete der Flugkapitän. »Die geschätzte Flugzeit nach Tijuana beträgt etwas weniger als zwei Stunden.«

Morgado nahm einen Schluck Wodka und widmete sich wieder *El otro México*. Ich fliege mit neunhundert Stundenkilometern in die Vergangenheit, dachte er. Geschätzte Flugdauer: ein paar Jahrzehnte. Und dann las er: »Tijuana ist eine *play-box*, ein Schaufenster, ein *hot spot*. Der Ort, an dem deine verdorbensten Wünsche am besten erfüllt werden.« Das war Jordán. Präzise und überzeugend.

8

»Ist das hier nicht eher eine Arbeit für Archäologen als für einen Detektiv, Herr Rechtsanwalt?«, fragte der junge Mann am Computer. »Hinter alten Verbrechen herzujagen, ist eine Aufgabe für alte Männer, die in jedem Knochen einen Wert entdecken.«

Morgado dachte nach zwei Tagen fruchtloser Suche im Stadtarchiv von Tijuana, Abteilung Verbrechen, dasselbe. Es war nichts verzeichnet über den Kampf gegen den Drogenhandel an der Grenze in den Fünfzigerjahren.

»Nur nicht aufgeben«, sagte Morgado und machte ihm Mut wie der Kapitän einer abstiegsgefährdeten Mannschaft. »Sollte etwas herauskommen, geben Sie mir im Hotel Bescheid.«

Der junge Mann machte nur eine leichte zustimmende Geste mit der Hand und studierte weiter die Daten auf dem Bildschirm: Strafzettel, Unfallberichte, Kautionsformulare, Sterbeurkunden. Nicht ein einziger Hinweis auf die Razzia vom 8. Dezember 1951 und die nachfolgende Schießerei, bei der ein amerikanischer Drogenhändler namens Alan Brod ums Leben kam und nach der sein Komplize Timothy Keller spurlos verschwand.

Morgado nahm ein Taxi in der Nähe des Rathauses und bat den Fahrer, ihn zu den Büros von *Tijuana Metro* zu bringen, der Zeitschrift, die sich mit dem Leben und den Wundern in der Metropole befasst, die der von Jordán beschriebenen so glich und doch wieder so verschieden war. Chaos zieht Chaos an, dachte Morgado.

Im Aufzug, der ihn in den vierten Stock brachte, musste Morgado wieder an die Worte von Aidé Grijalva denken: »Ich empfehle dir Leobardo, den Chefredakteur von *Tijuana Metro*. Wenn jemand etwas über diese Stadt weiß, dann er. Und außerdem ist er Spezialist für Kriminalliteratur. Er kann dir jedes Verbrechen, das dort geschehen ist, von vorne bis hinten erläutern.« Als Morgado jetzt die Glastür des Büros öffnete, hatte er die Hoffnung, dass er vielleicht ein paar ganz allgemeine Antworten bekommen würde. Oder zumindest eine kleine Orientierung, wie er in einer Stadt weiterermitteln konnte, die zwar in Baja California lag, in der er sich aber trotzdem als Fremder fühlte, als Eindringling, den alle misstrauisch beäugten.

»Ist da jemand?«, fragte er laut.

»Gehen Sie bis ganz hinten durch!«, rief ihm eine Frau zu.

Der Anwalt für historische Fälle ging durch einen leeren Raum, in dem mehr als ein Dutzend Computer an der Wand aufgereiht auf dem Boden standen. Das nächste Zimmer war voller alter Zeitungen, die fast bis zur Decke reichten. Im letzten Zimmer, dessen großes Fenster einen fantastischen Ausblick auf die Stadt bot, redigierten ein junger Mann und eine junge Frau gerade einen Text am Bildschirm. Der ganz in Schwarz gekleidete Mann tippte weiter. Die junge Frau, lebhaft und mit großen Augen, kam direkt auf Morgado zu.

»Ich bin Ava Ordorika«, stellte sie sich vor. »Und Sie müssen Miguel Ángel Morgado, der mexikanische Ombudsmann, sein.«

»Hin und wieder war ich das«, erwiderte Morgado. »Manchmal bin ich auch nur als Belastungszeuge aufgetreten.«

»Aidé Grijalva hat so von Ihnen geschwärmt. Und das kommt äußerst selten bei ihr vor. Sie hat uns erzählt, wonach Sie suchen, und Leobardo hat die passenden Informationen schon beschafft.«

»Die eher spärlichen«, fügte Leobardo hinzu, drückte Morgados Hand und führte ihn zu einem Sofa voller Videokassetten, die er auf den Boden schieben musste, damit der Rechtsanwalt Platz fand.

»Haben Sie so viel zu tun mit der Redaktion von *Tijuana Metro?*«, fragte Morgado, als er die herrschende Unordnung sah.

»Ein neues Büro«, erklärte Ava. »Wir sind gerade umgezogen und sind erst einen Monat hier.«

Leobardo holte ein Bündel Zeitungen aus einer Schreibtischschublade und gab es Morgado.

»Einen Kaffee?«, schlug Ava vor.

»Gern. Schwarz und ohne Zucker.«

Ava ging den versprochenen Kaffee holen, und Leobardo fuhr mit seinem Stuhl zu dem Sofa, auf dem Morgado die Ausschnitte durchsah. Mehrheitlich waren es dieselben, die Aidé Grijalva im Nationalarchiv gefunden hatte.

»Sehen Sie«, sagte Leobardo mit finsterem Gesichtsausdruck. »In Tijuana sind die Überfälle, die Vendettas, die Abrechnungen, die Verbrechen aus Leidenschaft oder die Bandenkriminalität immer an der Tagesordnung gewesen. Es ist keine Sache von gestern. Seit dieser Flecken gegründet wurde, den wir so lieben, war es so. Aber wie Sie wissen, gibt es Verbrechen und Verbrechen. Die, die ans Licht der Öffentlichkeit kommen, und die, bei denen das nicht der Fall ist, von denen aber jeder weiß und über die man heimlich spricht. Können Sie mir folgen?«

»Ja. Warum, glauben Sie, bin ich hier? Ich brauche jemanden wie Sie, der mir in diesem Labyrinth aus Halbwahrheiten und verwirrenden Gerüchten eine Orientierung geben kann.«

»Also gut«, fuhr Leobardo fort, »die Schießerei, in der Sie ermitteln, ereignete sich am 8. Dezember 1951. Die Zeitungen haben so wenig wie möglich berichtet, denn das Ganze geschah bei Tageslicht mitten auf der Avenida Revolución. Es war nicht zu verheimlichen, aber man konnte tonnenweise Erde darauf schütten, damit es keine negativen Auswirkungen auf den Tourismus hatte. Nur das zählt hier. Und genau das tat man. Die Zeitungen von Tijuana blieben zwei Tage am Ball, dann schwiegen sie. Sie wissen, was berichtet wurde, oder?«

»Die Namen der Beteiligten«, antwortete Morgado wie aus der Pistole geschossen. »Alan Brod, der Tote, der Widerstand leistete, und Timothy Keller, der Flüchtige, der die mexikanische Justiz austrickste und spurlos verschwand. Man hatte sie beide mit dem Zeug geschnappt. Heroin. Beste Ware. Die Polizei Tijuanas erklärte, Timothy sei damit geflohen. Und Brod sei in den Vereinigten Staaten einschlägig vorbestraft. Beide Drogenhändler. Erste Liga. Das ist die offizielle Geschichte.«

»Aber in den Zeitungen von San Diego steht noch mehr: Es seien drei Leute darin verwickelt gewesen. Alan Brod, ein bekannter Mafioso aus Los Angeles, Dave Tercerero, ein Pusher, der auf mexikanischem Territorium arbeitete, und Timothy Keller, ein unbeschriebenes Blatt im Drogenhandel. Die amerikanische Presse hielt ihn für einen Touristen oder einen Heroinsüchtigen, der sich nur seine Tagesdosis beschaffen wollte und zufällig in den Schusswechsel geriet. Die Presse von San Diego hat Keller praktisch entlastet.«

Leobardo zeigte Morgado den Zeitungsausschnitt, aus dem er die Information hatte, und der las ihn von Anfang bis Ende durch.

»Ich sehe schon. Die Gringos sind eng zusammengerückt, ihr einziges Interesse bestand darin, ihre Bürger zu schützen. Die Ehre stand auf dem Spiel.«

»Schauen Sie sich den an«, forderte Leobardo ihn auf. »Dort werden Sie eine Information finden, die sonst nirgendwo erwähnt ist: Am Ort der Schießerei hat die Polizei eine Puppe gefunden. All das geschah in einer wenig bekannten Kneipe: El Tecolote. Man muss hinzufügen, dass sie von Gringos eigentlich nicht oft besucht wurde. Es gingen dort eher verzweifelte Arbeiter und Tagelöhner hin, die auf ihren Zutritt ins Paradies auf der anderen Seite warteten.«

»Existiert sie noch?«

»Nein. Ich habe sie schon nicht mehr kennengelernt, und

ich lebe von klein auf in Tijuana. Sagt Ihnen das mit der Puppe etwas?«

»Timothy hatte sie bei sich. Zwei Panamesen mit Verbrechergesichtern, die er aus der Hauptstadt kannte, hatten ihn gebeten, sie für die Tochter von einem von ihnen mitzunehmen, die hier in Tijuana lebte. Eine unglaubliche Geschichte, nicht wahr?«

»Hat er sie mitgenommen?«

»Ja. In seinem Koffer, vermute ich.«

Leobardo nickte, er schmunzelte. »Wie Fernando Jordán«, sagte er.

»Der von *El otro México?*«, fragte Morgado.

»Ja. Juan Rulfo sagte einmal, wo immer er hinreiste, Jordán habe immer seine Puppe dabeigehabt.«

»War er schwul?«

»Nein. Fetischist. Er behauptete, sie bringe ihm Glück. Eine Art Amulett. Abergläubisch, wie er war.«

Morgado ging die amerikanischen Zeitungsausschnitte durch. »Gibt es irgendeine Theorie zu diesem Fall?«, wagte er sich mutig vor.

Leobardo übergab ihm eine vergilbte Zeitschrift. »Das ist ein Exemplar von *Detective Internacional,* der kriminalistischen Zeitschrift, die damals Joaquín Aguilar Robles herausbrachte, ein erstklassiger Ermittler und Schriftsteller. Diese Ausgabe ist vom Februar 1952. Auf Seite fünfzehn gibt es eine anonyme Notiz zu dem Fall.«

Morgado las: »Die Heroinhändler stehen mit dem Rücken an der Wand. Seit im Dezember letzten Jahres im El Tecolote zwei Kilo des Rauschgifts beschlagnahmt wurden, drängen sich die Drogenabhängigen um die Dealer ihres Vertrauens. Vergebens. Die Droge ist vom Markt verschwunden, und den Verkäufern und Konsumenten bleibt nichts anderes übrig, als sich zu krümmen und zu leiden. Amerikanischen Quellen zufolge ist es zum ersten Mal seit Jahren gelungen, den Heroinfluss aus Panama zu stoppen. Der Fall der mit Heroin gefüllten Puppe ist ein internationaler Erfolg für die mexikanische Polizei. Und das ist erst der Anfang.«

»Eine seltsame Geschichte, finden Sie nicht?«, bemerkte Leobardo.

»Äußerst seltsam. Aber jetzt wird mir vieles klar. Die Story bestätigt, dass Timothy als unfreiwilliger Kurier benutzt wurde, um das Heroin hierher zu schaffen. Aber die Fracht war in der Puppe und nicht in Burroughs Päckchen.«

»Ist der Name des berühmten Schriftstellers dadurch reingewaschen?«, fragte Ava, während sie Morgado den Kaffee reichte.

»Zum Teil. Obwohl mir mein Gefühl sagt, dass Burroughs etwas mit dem Geschäft der Panamesen zu tun hatte. Zumindest muss er als Konsument und Dealer in der amerikanischen Gemeinde in Mexiko-Stadt gewusst haben, wie das Geschäft lief.«

Morgado kostete von dem Kaffee und lächelte. Ava konnte ihn auf den Punkt genau zubereiten. »Schmeckt wunderbar, danke.«

»*You are welcome*«, antwortete sie.

»Wir wissen nicht, was mit Dave Tercerero und mit Timothy, dem Vater Ihres Mandanten, passiert ist.«

»Sie sind in eine Falle geraten. Wie es in der Notiz steht. Alan Brod wurde mit Sicherheit von der Polizei beider Länder überwacht. Und die Puppe erweckte bestimmt Verdacht. Es war zu offensichtlich. Ich verstehe nur nicht, wie Timothy entkommen konnte. Ein Deserteur ist jemand, der immer darauf achtet, wie viele Fluchtwege der Ort hat, an dem er sich aufhält. Aber selbst so …«

Leobardo holte das Telefon und wählte. Während er darauf wartete, dass jemand abhob, sagte er zu Morgado: »Nun, genau das hat er mit seiner mexikanischen Familie getan. Sobald er erfuhr, dass er Vater wurde, hat er den nächstbesten Notausgang gesucht.«

»In diesem Fall würde ich eher sagen, den am weitesten entfernten«, sagte Morgado. »Die Hauptstadt und Tijuana liegen ein gutes Stück auseinander.«

»Hallo, hallo«, sagte Leobardo ins Telefon. »Wissen Sie, ob Professor Vizcaíno schon da ist? Ja. Ah. Nein! Stören Sie ihn nicht. Danke.« Damit legte er auf. »Das ist Ihr nächster Schritt: ein Gespräch mit Professor Rubén Vizcaíno Valencia, Mister Tijuana. Das wandelnde Handbuch über alles, was Sie schon immer über unsere Stadt wissen wollten und nie zu fragen wagten. Er ist gerade in die Cafeteria des Centro Cultural Tijuana gekommen.«

»Ich habe schon von ihm gehört. Aidé sagte mir, der Schriftsteller Federico Campbell und dieser Professor könnten mir die komplette Geschichte von Baja California, von der Entstehung des Universums bis heute, erzählen.«

»Das und mehr. Er kann ununterbrochen reden. Als junger Mann war er Führer der PRI. Ein geborener Redner.« Leobardo machte den Computer aus und gab Ava einen Kuss. »Wappnen Sie sich mit Geduld!«, warnte er Morgado, während sie im Aufzug herunterfuhren. »Sie werden sie brauchen.«

»Ich werde es mir merken«, lautete die vorsichtige Antwort.

Sie gingen beide in das nächtliche Tijuana hinaus, mit eisigem Wind und bedrohlichen Wolken.

9

»Was für eine Freude, dich zu sehen, Leobardo! Was hast du getrieben? Wo hast du gesteckt? Hast du die Ausstellung der Maler von der Grenze gesehen? Sie ist toll. Diese Jungs sind verrückt, verrückt, sage ich dir. Teufelskerle im Fieberwahn der Fantasie. Der reinste Wirbelwind von Bildern! Du musst unbedingt hingehen, dir ihre Bilder und die komischen Multimediasachen ansehen, Installationen und so. Und was sie da präsentieren! Ohne Schamgefühl. Ohne jemanden um Erlaubnis zu fragen. Sie sind ...«

»Maestro, ich wollte Ihnen ...«, versuchte Leobardo ihn zu unterbrechen.

»Propheten in der Wüste. Wie ich sie beneide, Leobardo. Sie sind, wie soll ich es sagen, der lebendige Beweis dafür, lebendiger geht es kaum, dass José Vasconcelos sich geirrt hat. Der Norden ist nicht so, wie er behauptet. Wir sind nicht im Geringsten die Kultur der Grillsteaks und der Tortillas. Wir sind sensibel, wir denken. Wir sind ein neues Mexiko, die Zukunft der mexikanischen Nation, der modernisierende Spiegel des Vaterlandes. Tijuana ist das vortrefflichste Symbol für das Mexiko des kommenden Jahrhunderts. Die anderen Mexikaner müssen nur ihre Vorurteilsbrillen absetzen und uns sehen, wie wir wirklich sind: ein Schmelztiegel von Rassen und Völkern, eine Metropole, die mit riesigen Schritten auf eine reine, diamantene Zukunft zuschreitet, wie der große Seher Ramón López Velarde sagte, den ...«

»Maestro Vizcaíno!«, unterbrach ihn Leobardo laut und schüttelte ihn dabei an der Schulter, um den Redefluss zu stoppen. »Ich möchte Ihnen den Rechtsanwalt Miguel Ángel Morgado vorstellen. Er kommt aus Mexiko-Stadt, um das Tijuana der Fünfzigerjahre zu erforschen.«

Professor Vizcaíno drückte daraufhin seinen Besuchern fest die Hand und lud sie ein, an seinem Tisch Platz zu nehmen. »Entschuldigen Sie. Manchmal geht der Gaul mit mir durch. Was möchten Sie wissen, Señor Morgado? Ich bin in den Fünfzigerjahren nach Baja California gekommen. Erst war ich in Mexicali, und dann hatte ich genügend gesunden

Menschenverstand, nach Tijuana überzusiedeln. Ich habe es nie bereut. Das versichere ich Ihnen.«

»Nun, ich komme aus Mexicali.«

Professor Vizcaíno blickte betroffen drein. »Das tut mir leid. Mein aufrichtigstes Beileid«, sagte er, betont traurig.

»Jetzt lebe ich in Mexiko-Stadt«, erklärte Morgado. »Aber ich sehe nicht viele Unterschiede zwischen Mexicali und hier. Nur dass man in Tijuana das zirkulierende Geld sieht: an den Gebäuden, den touristischen Angeboten, den Dienstleistungen in den verschiedenen Gewerben.«

»Womit wir wieder beim Thema wären, der schwarzen Legende von Tijuana«, klagte Professor Vizcaíno. »Reiner Mythos. Auch wenn ich gestehen muss, dass ich zum Teil zu diesem düsteren Bild beigetragen habe. In einem Gedicht, das ich damals schrieb, sagte ich, Tijuana sei ›Betonkind / Kleinhandel mit Marihuana / betäubende Injektion … / Höhle der Fledermäuse … / durchgehendes Pferd / Hund, vergeblich / einen elektrischen Hasen / in der Nacht Mexikos / verfolgend‹. Und dann bat ich, dass unter allen …«

»Dazu wollte ich Sie befragen«, fiel ihm Morgado ins Wort. »Erinnern Sie sich an eine Kneipe in der Avenida Revolución namens El Tecolote?«

Professor Vizcaíno schaute gen Himmel und bemühte Erinnerung und Fantasie. Von einem Thema zum anderen zu springen, war seine Spezialität, solange es mit Tijuana zu tun hatte. »Ich kann mich an jede einzelne Kneipe erinnern, inklusive derjenigen, die Sie gerade genannt haben. Was wollen Sie wissen?«

»Was für Leute verkehrten da im Dezember 1951? Wer arbeitete dort? Wer könnte mir das Ambiente von damals und die Gäste beschreiben?«

»Nun«, antwortete Mister Tijuana, »zu dieser Zeit habe ich zwar noch nicht in Baja California gelebt, aber als Handlungsreisender war ich des Öfteren in diesen Gefilden unterwegs. Ich mochte es, mit den Mädchen zu tanzen, mir an der längsten Theke der Welt einen hinter die Binde zu gießen und über die Revo zu ziehen. El Tecolote zählte nicht zu meinen Lieblingskneipen. Es war ein drittklassiges Lokal mit billigen Getränken und einem Pianisten, der richtig guten Jazz spielte. Ich meine, für die damalige Zeit. Die Kneipe war immer voller Landarbeiter und Gringos. Viele Drogenabhängige. Dünn, ausgezehrt, mit blasser Haut und hervorstehenden Augen. Und viele Tagelöhner oder solche, die es werden wollten. Ich ging wegen der Musik hin. Und weil ich mir hin und wieder eine Amerikanerin an Land ziehen wollte.«

»Waren Sie bei der Schießerei am 8. Dezember 1951 dabei?«

Professor Vizcaíno schüttelte den Kopf. »Da haben wir es. Schon wieder die schwarze Legende. Nein. Gott sei Dank war ich nicht dabei. Aber ich habe davon erfahren, weil ich zwei Tage später in Tijuana angekommen bin, am Tag der Jungfrau von Guadalupe, den entsprechend zu feiern man hier nie verstanden hat. Und in Mexicali noch weniger, wenn Sie mich fragen.«

»Im Moment, Professor, interessiere ich mich für Tijuana. Wer hat Ihnen von den Ereignissen erzählt?«

»Wer? Nun, daran kann ich mich nicht erinnern. Wahrscheinlich habe ich in der Zeitung davon gelesen.«

»Am 12. Dezember haben die Zeitungen bereits nichts mehr über die Schießerei geschrieben. Es muss Ihnen einer aus Ihrem Kundenkreis erzählt haben.«

»Nein. Über solche Sachen wurde mit meinen Käufern nicht gesprochen. Das waren Leute, die in ihrer eigenen Welt lebten: Bücher, Zeitschriften, Lexika. Es müssen andere Freunde gewesen sein.«

»Die von der Revo?«, hakte Morgado nach.

»Ja. Ich werde mich schon noch erinnern. Seien Sie unbesorgt. Ich weiß sehr wohl noch, dass der Gringo, der häufig ins Tecolote ging und dem ich ein Lexikon Englisch-Spanisch verkauft hatte, der Tote war.«

»Haben Sie eine Idee, was mit den anderen Gringos passiert ist, die anwesend waren, als die Polizei kam?«, fragte Leobardo.

»Ideen habe ich viele, aber in diesem speziellen Fall nicht. Aber jetzt weiß ich, wer mir die Geschichte erzählt hat: der Pianist Cesarín Osuna. Er hat alles gesehen.«

»Lebt er noch?«, wollte Morgado sofort wissen.

»Unkraut vergeht nicht. Und gutes Kraut auch nicht. Schauen Sie mich an. Sie finden ihn mit seiner Mundharmonika an der Ecke Avenida Revolución und Cuarta. Er ist zuckerkrank. Er hat beide Beine verloren. Sie werden ihn leicht erkennen. Er fährt in einem gelben Rollstuhl herum. Sie können ihn nicht verfehlen. Auch wenn er ein alter Wüterich ist – immer wenn ich ihn treffe, gebe ich ihm ein Almosen. Wegen der alten Zeiten. Wegen Charlie Parker und dem unsterblichen guten Jazz. Wenn Sie ihn suchen, gehen Sie nach sieben Uhr abends dorthin. Vorher taucht er nicht auf. Und fassen Sie ihn mit Glacéhandschuhen an.«

»Hat er ein gutes Gedächtnis?«, fragte Leobardo misstrauisch.

»Für die Vergangenheit, ja. Für die Gegenwart, nein. Aber Sie beide interessiert doch die Vergangenheit. Für Cesarín sind die Fünfzigerjahre das goldene Zeitalter. Er lebt in dieser Zeit. Immer noch. Wie viele alte Männer aus Tijuana, die immer noch von den Hollywoodstars träumen. Von der Nacht, in der sie einen dieser Stars ins Bett gekriegt haben. Der Mythos. So einer ist Cesarín.«

»Und an wen denkt er da?«, fragte Leobardo, der sich für alles interessierte, was mit Hollywood-Babylon-Tijuana zu tun hatte. »An Rita Hayworth?«

»Um ehrlich zu sein«, erwiderte der Professor. »An Montgomery Cliff.«

»Jedem das seine«, sagte Morgado und dachte, dass Tijuana wirklich eine Kiste voller Überraschungen war.

»Und warum interessieren Sie sich so für El Tecolote?«, wollte Mister Tijuana wissen. »Da ist doch schon viel Wasser den Bach hinuntergeflossen, finden Sie nicht?«

»Und es wird noch weiteres fließen«, schloss Morgado, bevor er die Geschichte von Timothy Keller, dem flüchtigen Gringo, dem Phantomvater, erzählte.

10

Auf der Avenida Revolución herrschte reger Verkehr. Zwischen den Straßenhändlern und Kunsthandwerkverkäufern bewegten sich die amerikanischen Touristen nicht im Pulk, sondern in versprengten Grüppchen grölend und tanzend von einer Diskothek in die andere, von einer Bar in die nächste. Es hatte den Anschein, als wollten Alte wie Junge alle Hemmungen und Schüchternheiten ablegen. Sie sprangen herum wie Tänzer in einer heiligen Prozession, wie hypnotisierte Teilnehmer einer nächtlichen Zeremonie namens Vergnügen.

Leobardo verabschiedete sich vor dem Denny's in der Avenida Revolución von Morgado. »Ich habe noch ein Arbeitsessen«, erklärte er.

Morgado sah eine ungeduldig wartende Ava im Inneren des Restaurants, also sagte er nur: »Vielen Dank für alles. Sie waren ein exzellenter Stadtführer.«

»Wenn Sie noch etwas brauchen, rufen Sie mich morgen im Büro an. Ich bin dann dort.«

Morgado ging weiter seines Weges und musste feststellen, dass Professor Vizcaíno wusste, wovon er sprach. An der genannten Ecke saß ein Mann in einem Rollstuhl und spielte Mundharmonika.

»Mein Name ist Ángel Morgado«, stellte er sich ihm vor.

»Und meiner *give me the money.*«

Morgado blieb nichts anderes übrig, als einen Zwanzig-Dollar-Schein aus der Tasche zu ziehen und in das Kistchen zu werfen, das ihm der Musiker hinhielt. »Ich will mit dir sprechen.«

Der Musiker begutachtete den Schein von allen Seiten. »Bist du Polizist?«

»Nein. Ich komme von Professor Rubén Vizcaíno Valencia.«

»Dieser Mistkerl! Was willst du? Ich habe nichts für dich. Ich bin ein durch und durch ehrenwerter Mann. Lass mich arbeiten!«

Morgado legte seine Hand auf den Rollstuhl, um zu verhindern, dass der Musiker abhaute. »Ich will, dass du mir etwas erzählst, was vor langer Zeit geschehen ist. 1951, im Dezember 1951, im El Tecolote. Du hast dort Klavier gespielt. Du warst bei der Schießerei dabei und hast gesehen, wie sie einen Gringo getötet haben. Alan Brod war sein Name. Du …«

Der Musiker schaute ihn mit weit aufgerissenen Augen an, so als wäre die Vergangenheit, seine Vergangenheit, aus einem verfallenen, verlassenen Grab gestiegen, um ihn mit alten Erinnerungen zu konfrontieren. »Ja, ja«, sagte er. »Ich war da. Und? Ich war an vielen Orten. Ich habe viele Kämpfe gesehen. Viele Waffen und viele Tote. Und?«

»Erzähl mir von dieser Schießerei. Erinnerst du dich?«

»Vielleicht«, stammelte der Musiker, Morgados Blick ausweichend.

Dieser zog einen Fünfzig-Dollar-Schein aus der Tasche. »Der gehört dir, wenn du mir eine glaubwürdige Geschichte erzählst.«

»Was hast du davon?«, fragte der Musiker.

»It's my business, brother«, erwiderte Morgado. »Und deins ist es, fünfzig Mäuse zu verdienen, indem du den Mund aufmachst … und mir die Wahrheit sagst.«

Neben Morgado ertönte eine Stimme. »Irgendein Problem, Cesarín?« Sie gehörte einem korpulenten Jungen im gestreiften Hemd, der den Hotdogstand an der Ecke betrieb.

»Nein«, sagte der Musiker, »alles unter Kontrolle. Pass auf meinen Platz auf! Ich bin gleich wieder da.« Und zu Morgado sagte er laut: »Bring mich zum Parkhaus an der Cuarta, einen halben Block von hier. Dort reden wir.«

Morgado schob den Rollstuhl, auf dessen Rücken stand: *Cool, Man, Cool.* Das Parkhaus war geschlossen, aber über die Fußgängerrampe gelangte man in den Kassenraum.

»Hier ist es gut.«

Morgado hörte auf zu schieben.

»Rauchst du?«, fragte Cesarín kokett.

»Nein.«

»Das ist schlecht. Bei uns ist ein Musiker, der nicht raucht, alles, aber kein Musiker.«

»Kommen wir zum Punkt. Erinnerst du dich an die Sache im El Tecolote oder nicht?«

»Ich erinnere mich, Amigo. Warum so eilig?«

Morgado sah sich um. Der Ort gefiel ihm nicht. »Wenn ich etwas nicht habe, dann Zeit«, erwiderte er.

»Und ich noch weniger. Ich bin fünfundsiebzig Jahre in diesem Geschäft, und schau mich an! Jetzt bin ich die Hälfte von dem, was ich war. Mit hundert werde ich nur noch ein Viertel sein.« Cesarín lachte über seinen eigenen Scherz. Morgado schaute sich erneut um. Er konnte keinen anderen Fluchtweg als die Rampe entdecken. »Schon gut. Wie du meinst«, sagte der Musiker. »Aber das war nicht wichtig. Eine ganz gewöhnliche Schießerei. Ich spielte gerade etwas von Gershwin, da kamen die Gringos und setzten sich neben Alan. Der arme Junge. Er hatte mir neue Jazzplatten aus Kalifornien mitgebracht.«

»Was machte Alan?«

»Das solltest du eigentlich wissen. Alles und nichts. Schmuggel im kleinen Stil. Drogen, wenn er Glück hatte. Dieses Mal hatte er keines. Die beiden Gringos, die dazukamen, waren ganz anders. Einer sah total verlebt aus. Der andere nicht. Der wirkte wie ein Fremdkörper. Sehr formell. Sehr steif. Man sah ihm an, dass ihm das Lokal nicht gefiel. Und ich spielte weiter Gershwin. Der Verlebte, high, holte aus einer Schachtel, die er unter dem Arm trug, eine Puppe hervor und gab sie Alan. Ich hörte, wie er sagte: ›Die ist für die Tochter von Omar, dem Panamesen.‹ Und Alan freute sich. Seine Augen strahlten, der Arme. Der andere wollte ihm noch eine kleinere Schachtel geben, aber Alan hörte nicht auf, die Puppe zu tätscheln. Der Steife wurde ungeduldig, und damit er nicht weiter störte, gab Alan ihm die Schlüssel seines Autos, das hinter dem El Tecolote abgestellt war. Ich weiß es, weil er immer neben meinem parkte, einem weißen Cadillac, Baujahr 1948. Ja, ich hatte Cadillacs, *amigo*. Damit du dir ein Bild machen kannst.«

»Und dann?«, fragte Morgado ungeduldig.

»Soll ich dir die ganze Geschichte erzählen? Also, der Steife geht durch die Hintertür, ich glaube, um die Schachtel ins Auto zu legen, und währenddessen umarmten sich die beiden Gringos da vor aller Augen, mit der Puppe dazwischen. Umso schlimmer. Aber niemand, nicht einmal ich, der ich damals so aufgeweckt war, kapierte, was das war: ein vereinbartes Zeichen, damit die Polizei den naiven Alan schnappte. Der Dummkopf wollte mit allem fliehen. Sie umzingelten ihn. Und dann tat er das Dümmste, was er machen konnte: Er zog die Pistole, die er am Gürtel trug, und ließ sich von drei Polizisten niedermähen. Wenn du das Blutbad gesehen hättest! Sie brauchten zwei Tage, bis sie die Lache entfernt hatten. Und ich spielte weiter Gershwin, *Rhapsody in Blue*. Ein Trauerspiel.«

Morgado kramte Timothys Foto hervor und zeigte es dem ehemaligen Pianisten. »Ist das der steife Gringo, von dem du sprichst?«

Cesarín zwinkerte im Halbdunkel. »Ich kann ihn kaum erkennen. Aber ja. Das ist er.«

Da hielt Morgado ihm das Gruppenfoto mit Dave Tercero hin und zeigte mit dem Finger darauf. »Und ist das der fertige Gringo?«

»*The same.*«

»Und was ist mit dem Judas passiert? Was tat er, nachdem die Polizei Alan getötet hatte?«

»Er schickte sie hinaus, um den Steifen zu schnappen. Aber der war nicht dumm und machte sich mit Alans Auto aus dem Staub, als er die Schüsse hörte. Wir haben nie erfahren, was aus ihm geworden ist. Mit dem Verräter war das anders. Alans Leute haben ihm Wochen später den Garaus gemacht.«

»Und die Puppe?«

»Hochschwanger. Voll mit panamesischem Heroin. Sogar ich hatte was davon.«

»Hast du sie nach der Schießerei aufgehoben?«

Der Musiker lachte schallend auf. »Bist du blöd? Nach drei Tagen haben die Polizisten das Heroin in Tijuana unter die Leute gebracht. Es war der Hammer. Es haute richtig rein.«

»So wie das«, sagte dieselbe dröhnende Stimme, die Morgado zuvor schon gehört hatte.

Der Detektiv konnte dem ersten Schlag ausweichen, aber der zweite traf ihn an der Schulter. Der Knüppel des Hotdog-Verkäufers war lang genug, dass Morgado nicht an ihn herankam, es sei denn, er riskierte, verletzt zu werden.

»Los! Schaff ihn dir vom Hals!«, schrie der Musiker.

Morgado fasste an seinen Gürtel und trat in das Innere des

Parkhauses zurück. Der Junge stürzte sich auf ihn und versuchte, ihn in der Dunkelheit nicht aus den Augen zu verlieren. Morgado ließ ihn vorbei und versetzte ihm mit dem Metallteil, das er aus seinem Gürtel geholt hatte, einen Schlag auf den rechten Arm. Der Junge ließ den Knüppel fallen. Morgado nutzte die Gelegenheit, gegen seine Beine zu treten und ihn zu Fall zu bringen. Ohne seinen Verfolger kehrte er zu Cesarín zurück.

»Verdammter Schwachkopf!«, rief der Musiker. »Er taugt nicht einmal für eine Abreibung.«

Morgado ging an ihm vorbei und verließ das Parkhaus. Auf der Straße hörte er Cesaríns Stimme: »Und meine fünfzig Dollar? Scheißhauptstadtprolet, ich habe meinen Teil erfüllt.«

Morgado hielt am Hotdogstand an. Ein kleines Mädchen bediente ihn ein wenig linkisch. »Wo ist denn der Besitzer?«

»Ist kurz weg. Kommt gleich zurück.«

»Und der Mann im Rollstuhl?«

»Ist auch kurz weg. Er muss gleich wieder da sein.«

Er holte den Fünfzig-Dollar-Schein wieder hervor und reichte ihn dem Mädchen. »Einen Hotdog, bitte.«

»Ich habe kein Kleingeld.«

Morgado kümmerte das nicht. Er nahm seinen Hotdog und packte genau die Menge an Ketchup, Senf, Tomaten und Zwiebeln drauf, die er schon als kleiner Junge gern gemocht hatte.

»Behalt das Wechselgeld«, sagte er und marschierte fröhlich von dannen, wie ein Tourist unter den blinkenden Lichtern der Avenida Revolución.

11

»Wie geht es dir, Gringo?«

»Besser als dir, Morgado«, erwiderte Harry Dávalos, FBI-Agent, Ex-Agent der DEA, Freund und Feind.

In der Cafeteria des Hotel Lucerna zeigte die Uhr zehn nach neun abends an.

»Und wie läuft es in Mexiko-Stadt?«

»Gut. Wir sind kurz davor, den ersten Platz für öffentliche Demonstrationen im Guinnessbuch der Rekorde zu erobern. Und in Los Angeles?«

Harry Dávalos machte eine Geste mit der Hand, die besagen sollte, wie immer. »Weder gut noch schlecht«, antwortete er.

»Und die Erdbeben?«

»Die weißen Herrenmenschen sagen, noch drei Beben dieser Größenordnung, und das Problem der Illegalen in Kalifornien hat sich erledigt. Viele Mexikaner sind geflohen.«

»Auch viele Weiße.«

»Komm, Morgado. Heute komme ich mit der weißen Fahne. In friedlicher Mission.«

»Das haben sie auch zu Geronimo gesagt, und du siehst, wie es ihm ergangen ist.«

»Und ihr Mexikaner sagt das zu den Indios von Chiapas«, konterte Harry, »und du siehst, wie es ihnen ergeht. Ihr lernt auch nichts dazu. Und du am allerwenigsten, nicht wahr?«

Morgado musste anerkennen, dass dem so war. Für jede Lektion, die er gelernt hatte, fiel er in drei anderen durch. Also wechselte er schnell das Thema. »Magst du Tijuana, Harry?«

»Mehr als dein Mexicali, ja. Aber ich würde hier nicht arbeiten wollen. Schlipfriges Terrain.«

»Schlüpfriges.«

»Meine ich ja. Du kannst niemandem vertrauen. Und die Lage gerät hier leicht außer Kontrolle. Tijuana ist Wasser zwischen den Händen. Du versuchst es zu fassen, und es läuft dir davon.«

»Man hat mir versichert, die Stadt sei auf dem aufsteigenden Ast, ein Industrie- und Wirtschaftszentrum, die Stadt der Zukunft.«

»Ja. Aber man hat dir nicht gesagt, welche Industrien hier am meisten blühen. Nur ein paar: Industriespionage und Giftmüll, Religionen und Kulte, von der Kirche des gekreuzigten Außerirdischen bis hin zum kosmischen Vampir. Dazu Organhandel, Waffenschmuggel und Mietkiller und natürlich die ehrwürdigsten von allen: Fluchthilfe, Drogenhandel und Prostitution im ganz großen Stil. Das alles macht Tijuana zu einem gewichtigen Faktor auf dem weltweiten Kapitalmarkt. Das musst du sehen. Tijuana ist das Las Vegas der Dritten Welt. Das erste Experiment dieser Art, zusammen mit Schanghai und Marseille. Hier wird dir nie langweilig.«

»Und unsere Geschichte, Harry?«

»Unsere? Es ist wohl eher deine.«

Harry holte ein Papier hervor und übergab es Morgado. Der faltete es auf und las die Informationen: »Alan Brod Jenkins, geboren in Tucson, Arizona, 19. Januar 1916. Gestorben bei einem Schusswechsel in Tijuana, am 8. Dezember 1951. Kleindealer. Bagatelldiebstähle. Verbindung mit radikalen Gruppen im Gebiet San Francisco. Gehörte nicht der Kommunistischen Partei an. War Teil des panamesischen Heroinringes. Von 1949 bis 1951.«

»Das ist aber spärlich.«

»Man kann dir nur das geben, was du sehen darfst. Und nur weil ich ein gutes Wort für dich eingelegt habe.«

»Bestell noch ein Bier, Harry. Für den großzügigen Gefallen, den du mir getan hast.«

Morgado las weiter: »Dave Tercerero. Händler und Verteiler in den Vereinigten Staaten, Mexiko und Mittelamerika. Gehörte zum panamesischen Heroinnetz. Informant der mexikanischen Polizei und des FBI. Er starb am 20. Dezember 1951 in Tijuana. Ermordet in seinem Hotel. Der Täter wurde nie ermittelt. Schleuste sich in den Vierzigerjahren in radikale Gruppen ein.«

Und schließlich tauchte das Gespenst auf: »Timothy Keller, geboren in San Francisco 1924. Aus der Army desertiert. Des Raubes überführt. Steht in Verbindung mit dem Tod von Alan Brod und Dave Tercerero. Wurde 1951 zu zwanzig Jahren Gefängnis wegen Drogenhandels verurteilt. Das Urteil wurde in eine zehnjährige Haftstrafe umgewandelt, nachdem er zuvor mit dem FBI zusammengearbeitet hatte. Derzeitiger Wohnsitz: 547 Magnolia Street, La Jolla, Kalifornien. Heutiger Name: Thomas Kaul. Alle vorhergehenden Daten sind vertraulich.«

Harry zog Morgado den Zettel aus den Händen und zerriss ihn in tausend Einzelteile. »Ich hoffe, du hast ein gutes Gedächtnis«, sagte er.

»Du kannst ganz beruhigt sein.«

»Bist du mit dem FBI-Express-Heimlieferservice zufrieden?«

»Das bin ich. Mein Phantom ist ein Informant der Regierung, ein Spion. Ganz schön viele Masken, nicht wahr?«

»Die üblichen, Kollege.«

Harry setzte sein freundlichstes Lächeln auf. Morgado tat dasselbe. Zwei einsame Steppenwölfe vor ihrem Bier. Zwei Freunde, die vergeblich versuchten, aufrichtig zueinander zu sein.

12

Es war ein ruhiges Gebiet, mit riesigen Häusern hinter hohen Mauern. Nur wenige Fußgänger waren auf den sauberen, gepflegten Bürgersteigen unterwegs. Dafür sah man umso mehr Fahrräder und langfellige Hunde. Kein Einkaufszentrum in der Nähe, und auch keine Fast-Food-Restaurants. Morgado fühlte sich hilflos, als er keinen Jack in the Box und keinen McDonald's ausmachen konnte. Er hätte sich ja auch mit einem Wendy's zufrieden gegeben. Anscheinend hatte hier die

Privatsphäre die Schlacht gegen den Kommerz gewonnen. Aber das sah nur so aus. Überall waren winzig kleine, auf exotische Speisen spezialisierte Restaurants: thailändisch, indisch, jemenitisch, jüdisch oder persisch.

Leobardo fuhr sein Auto, das ebenso mit Zeitungen, CDs, Videokassetten und Zeitschriften vollgestopft war wie sein Büro, zur Nummer 547 der Magnolia Street. Das Haus war beeindruckend. Ein Holztor und eine zwei Meter hohe, schneeweiße, kahle Mauer. Morgado stieg aus und klingelte an der Festung. Leobardo gesellte sich zu ihm, und da standen sie nun wie zwei Obdachlose in Erwartung eines Aktes der Barmherzigkeit.

Das Wunder schien konkret Gestalt anzunehmen, als ein blonder junger Mann mit langen Haaren und einem Surfbrett unter dem Arm durch das Tor kam. Als er die beiden sah, ging er in Verteidigungsstellung und hielt das Surfbrett wie einen Schutzschild hoch. »*What do you want?*«, fragte er gespielt wütend.

Leobardo überraschte den Surfer ebenso wie Morgado, als er in feinstem Oxford-Englisch antwortete: »*We are members of the Tijuana Metro magazine. We'd like to talk to Mister Thomas Kaul. He is waiting for us. Could we pass, please?*«

Der Surfer schaute ein wenig unentschlossen, trat dann aber zur Seite. »*The old man is in the swimming pool. In the south corner of the house*«, instruierte er sie im Hinausgehen.

Morgado und Leobardo betraten den äußerst gepflegten Garten und folgten den Anweisungen. Aber noch bevor sie zum Pool kamen, hatten sie plötzlich freie Sicht auf die Bucht von San Diego. Sie blieben einen Moment stehen und betrachteten das silbrige Meer mit den hohen, gefährlichen Wellen, dem Magellan trotzig den Namen Pazifik gegeben hatte.

Als sie sich vom Zauber des Ozeans losreißen konnten, gingen sie über einen Betonweg zum Pool hinunter: ein bläuliches Oval, an dem ein alter Mann in einem schwarzen Bademantel und Sandalen saß.

»*Are you Mister Thomas Kaul?*«, fragte Leobardo.

Der Mann hob die Hand zum Gruß, als wären sie uralte Freunde.

»*Do you speak Spanish, Mister Kaul?*«, fragte Morgado und ging auf ihn zu.

»Ja«, erwiderte der alte Mann, und als sie fast vor ihm standen, zielte er mit einer Pistole auf sie. »Keine Bewegung. *Don't move, amigos.*«

Drei ebenfalls bewaffnete Männer kamen aus dem Haus und filzten sie sorgfältig von Kopf bis Fuß.

»Echte Profis«, stellte Morgado fest.

»*Nothing, Mister Kaul*«, sagte der Kräftigste von den Bodyguards. »*They are clean.*«

Der alte Mann nahm die Pistole herunter und setzte sich wieder hin. »Wer hat Sie ins Haus gelassen?«, fragte er.

»Ein Surfer«, sagte Leobardo.

»Mein Sohn!«, explodierte der alte Mann, als hätte er sich das schon gedacht. »Mein dummer Sohn!«

Morgado holte seine Brieftasche heraus und zeigte ihm die mitgebrachten Fotos. »Erkennen Sie diese Leute, Mister Keller?«

Der alte Mann schaute auf und blinzelte verwirrt. Aber seine Selbstbeherrschung sorgte dafür, dass er nicht die Deckung herunternahm. Es zitterten ihm nicht einmal die Hände, als er die Fotos eines nach dem anderen ansah. »Der da bin ich«, flüsterte er, »vor langer, vor allzu langer Zeit.«

»Deshalb sind wir hier«, erklärte Morgado. »Um von anderen Zeiten zu sprechen.«

Der alte Mann nickte. Aber in seinem Blick lag immer noch Argwohn. »Wie sind Sie auf mich gekommen? Wie haben Sie mich gefunden?«

»Die Regierung Ihres Landes hat mir geholfen. Das FBI.«

Diesmal war Mister Kaul wirklich erstaunt. Er musterte den Rechtsanwalt voller Respekt. Morgado war jetzt kein Eindringling mehr, sondern Teil einer verschworenen Bruderschaft. »Sie sind ein sehr wichtiger Mann in Ihrem Land, oder?«

»Nicht gerade sehr wichtig. Aber sehr neugierig.«

Der alte Mann forderte sie mit einer Geste auf, sich zu ihm ans Becken zu setzen. »Trinken. Was wollen Sie trinken?«, fragte er.

»Wodka«, sagte Leobardo.

»Zwei Wodkas«, fügte Morgado hinzu.

»Womit kann ich dienen? Wie kann ich helfen?«, fragte der alte Mann.

»Ich bin Rechtsanwalt«, hob Morgado an.

»Offensichtlich.«

»Ein Sohn von Ihnen, ein Sohn aus Ihrer Ehe mit Carmen Padilla, hat mich angeheuert, um Ihren Aufenthaltsort herauszufinden. Alles, was ich wusste, war, dass Sie im Auftrag des Schriftstellers William Burroughs nach Tijuana gekommen waren und dass …«

»Schön langsam, Amigo«, stoppte ihn der Alte, als der Diener mit den Getränken kam.

»Und dass Sie nach einem Schusswechsel im El Tecolote in Tijuana im Dezember 1951 verschwunden sind«, fuhr Morgado fort. »Und dass Sie sich nie mehr bei Ihrer Familie in Mexiko gemeldet haben.«

»Er, dieser Sohn, hat lange gebraucht, mich zu finden.«

»Sie haben Ihre Spuren sehr gut verwischt, Mister Keller.«

Der alte Mann schüttelte heftig den Kopf. »Mister Keller war einmal. Nennen Sie mich Mister Kaul. Ich bin Thomas Kaul. So heiße ich jetzt.«

Morgado schwieg einen Moment. Erst als er bemerkte, dass der alte Mann sich beruhigt hatte, sprach er weiter: »Ihre mexikanische Frau und Ihr Sohn hatten nicht das Geld, um großartig Ermittlungen anzustellen.«

»Und jetzt haben sie es? Sie sind jedenfalls hier, nicht wahr?«

»Nein. Meine Arbeit wird sie nicht viel kosten.«

»Wie? Keine Kohle?«

»Neugier. Der Wunsch, die Wahrheit herauszufinden. Das ist mein Lohn. Ich bin gekommen, um Ihnen eine einzige Frage zu stellen: Warum?«

»Warum ich von jetzt auf nachher abgetaucht bin? Ist das Ihre Frage?«

»Ja. Was ist geschehen, dass Sie eine so radikale Entscheidung getroffen und Ihre Familie zurückgelassen haben?«

Der alte Mann tauchte einen Fuß in das Wasser des Schwimmbeckens und schüttelte ihn in der Luft aus. Er will Zeit gewinnen, dachte Morgado. »Ich wusste nicht … ich wusste nicht, dass ein Kind unterwegs war. Sie hat mir nichts gesagt. Für mich war sie eine Freundin, eine Geliebte auf Zeit. Sie verstehen das, oder? *Beautiful,* das Fräulein. Ich habe nie vorgehabt, in Mexiko zu bleiben. Nur ein paar Monate, so lange, wie ich brauchte, um das Geschäft anzuleiern.«

»Was für ein Geschäft?«, fragte Leobardo argwöhnisch.

»Ich war Alan Brods Partner. Ich gab vor, Lehrer am Mexiko-Stadt College zu sein, aber in Wahrheit war ich Drogenverteiler. Ich war damals jung, und alles erschien mir leicht, so leicht, dass ich die Gefahr nicht erkannte.«

»Dave Tercerero?«

»*Yes. Son of a bitch.* Ich habe ihn über meine panamesischen Freunde kennen gelernt.« Die Stimme des Alten war deutlich von Zorn und Bitterkeit geprägt.

»Und Burroughs?«, fragte jetzt Leobardo.

»Er schuldete uns viel Geld, und er war prominent, nachdem er seine Frau getötet hatte. Er hätte nach Tijuana gehen sollen. Er wollte eine Ranch an der Grenze kaufen und wie ein Mexikaner leben.« Der alte Mann hatte jetzt abgehoben und lebte wieder ganz im Jahr 1951. »Burroughs konnte nicht aus der Hauptstadt weg. Und ich musste die Reise machen. Mein Pech. Dave wartete an der Grenze auf mich. Ich sollte der Partner sein. Was er nicht wusste, war, dass Alan und ich schon vorher Partner waren. Und Alan hat die Falle gerochen. Deswegen hat er mir seine Autoschlüssel gegeben. Wissen Sie das? Wie ich aus dem El Tecolote fliehen konnte? Wie sie ihn getötet haben?«

»Ja. Das weiß ich«, sagte Morgado.

»*Good.* Er starb. Ich lebte. Aber im Gefängnis. Eine Woche nachdem ich die Grenze überschritten hatte, haben sie mich geschnappt. Sie haben mich zu zwanzig Jahren verurteilt. Ein Urteil, das zum Himmel stank. Aber ich legte Berufung ein. Sie verkürzten die Strafe auf vierzehn Jahre. Nach zehn Jahren war ich draußen. Ich kam mit hundert Dollar ins Gefängnis und mit drei Millionen wieder hinaus. Das Gefängnis ist die beste Geldanlage von allen. Ich bin der Beweis. Noch Fragen, Mister Lawyer?«

Morgado ließ die Eiswürfel in seinem Glas klirren. »Wer ist auf den Gedanken mit der Puppe gekommen?«, fragte er.

»Dave. Wer sonst? Er hatte was übrig für solche Sachen. Und ich, jung und dumm, wie ich war, sah nicht, dass sie bei dem Hinterhalt das Zeichen war. Damals habe ich viele Dinge nicht gesehen. Jetzt ist das anders.«

»Und Burroughs' Päckchen für Alan? Was war darin?«

Der alte Mann starrte auf das friedliche Wasser seines Schwimmbeckens. Das Blau schien ihn zu beruhigen. »Burroughs' Päckchen«, murmelte er vor sich hin. »Da habe ich gar nicht mehr dran gedacht. Alan hat es gar nicht zu Gesicht bekommen. Es war ihm wichtiger, dass ich gerettet wurde. Danach hat Dave nicht lang genug gelebt, um zu … wie heißt es?«

»Prahlen«, bemerkte Leobardo.

»Ja. Prahlen.«

Dann wandte er sich an einen seiner Leibwächter: »Bring mir die blaue Schachtel aus der Bibliothek. Neben der Apollostatue. Schnell!«

»Die Zeitungen berichteten, es sei ein harter Schlag für den Drogenhandel gewesen und es habe monatelang kein Heroin in Tijuana gegeben«, fuhr Morgado fort. »Aber ein Mann, der an jenem Abend im El Tecolote war, behauptet, die mexikanische Polizei habe es verkauft, direkt, ohne Strohmänner.«

»Sie haben es über Tercerero verkauft«, erinnerte sich der Alte sofort, »darin war er Experte. Aber während er seinem Business nachging, haben ihm Freunde von mir meine Botschaft überbracht.«

»Eine sehr finale Botschaft«, bemerkte Morgado.

»Ich habe ihn nur für seine Dienste bezahlt. Ein Geschenk.«

Der Leibwächter kam mit einer kleinen Schachtel und übergab sie Mister Kaul.

»Hier ist sie«, sagte er und reichte sie Morgado.

»Kann ich sie aufmachen?«

»Yes. Hin und wieder habe ich einen Blick hineingeworfen.«

Morgado hob den Deckel und legte ihn auf den Boden, dann untersuchte er den Inhalt. Ein ganzer Stoß vergilbter, mit Maschine geschriebener Seiten. Auf der ersten stand der Titel eines Werks: *Junkie.* Und darunter der Name des Autors: William S. Burroughs. Und ein Spitzname: *The Outlaw.*

»Ich habe die Geschichte oft gelesen«, sagte der Alte mit einem Hauch von Wehmut. »Immer wenn die Geschäfte schlecht liefen oder ich Probleme hatte, habe ich das gelesen, und dann fühlte ich mich besser. Jetzt läuft alles gut.«

»Warum?«, fragte Morgado.

»Weil ich genau das hätte werden können: ein Junkie. In diesem Geschäft, wenn so viel Ware durch deine Hände geht, ist die Versuchung groß. Die Gefahr, genauso zu werden wie deine Kunden, steigt mit jedem Verkauf, den du tätigst. Es ist ein enormer Druck. Eine Last. Und zu lesen, wie es ist, in dieser Hölle zu leben, hilft dagegen.«

»Aber Höllen verkaufen, das können Sie, Mister Kaul«, attackierte Morgado ihn.

»Nicht mehr. Jetzt sind all meine Geschäfte legal. Gute Investitionen. Nichts mit Drogen. *Nothing.* Das ist vorbei.«

Morgado glaubte nicht ein Wort von dem, was der alte Mann erzählte. Dieser Puritaner, der billiges Vergnügen verkaufte, das man am Ende nicht selten mit dem Leben bezahlte.

»Aus dem Business bin ich draußen«, fügte der Alte hinzu. »Ich schenke Ihnen diese Schachtel samt Inhalt.«

Morgado wollte das Angebot zurückweisen, aber Leobardo kam ihm zuvor. »Danke. Sehr freundlich von Ihnen.«

»Wars das?«, fragte Mister Kaul und zeigte offen, wie ihn die Anwesenheit der beiden Besucher langweilte.

»Waren Sie mal Kommunist?«, fragte Morgado, als er sich erinnerte, was ihm El Güero von seinem Vater erzählt hatte.

Der alte Mann lächelte verschlagen. »Fragen Sie doch das FBI, zu dem Sie so gute Beziehungen unterhalten. Noch was?«

»Ja«, sagte der Rechtsanwalt. »Wollen Sie Ihrer Familie in Mexiko etwas ausrichten?«

Der alte Mann stand auf und winkte den Kellner zu sich. Der kam mit einem Klapptischchen mit Papieren und Scheckheften auf ihn zu. Der alte Mann schlug eines davon auf und nahm einen goldenen Füllfederhalter. »Sind hunderttausend Dollar in Ordnung?«, fragte er.

Als der Scheck unterzeichnet war und er wieder aufsah, sah er, wie die beiden Mexikaner über den Betonweg auf das Tor zugingen.

»*What's wrong, Mister Lawyer?*«, rief er.

Morgado machte sich nicht einmal die Mühe, stehen zu bleiben und ihm eine Antwort zu geben.

»Scheiß Mexikaner!«, klagte der Alte. »Ich mag die Kerle nicht.«

Und als er an die von Morgado überbrachten Informationen dachte, platzte es aus ihm heraus: »Ich habe keine mexikanische Familie! Lügen, alles Lügen!«

Nachdem er sich beruhigt hatte, fand Mister Thomas Kaul, ehemals Timothy Keller, die Fotos aus seiner Jugend, die Morgado neben seinem Wodkaglas liegen gelassen hatte. Sofort zerriss er sie mit schmerzlicher, unbezwingbarer Wut. »Ich bin das nicht«, krächzte er. »Ich bin nicht Timothy! Nein!«

»Was willst du mit der Schachtel?«, fragte Morgado.

»Es ist ein Original von Burroughs«, erwiderte Leobardo, überrascht von der Frage des Rechtsanwalts. »Es ist sehr wertvoll. Wie eine Inkunabel.«

»Was ist so toll an der Geschichte eines Drogensüchtigen?«

Leobardo setzte das Gesicht eines Professors vom Ibero-Institut auf, der sich die albernen Reden eines geistig zurückgebliebenen, aber aus reicher Familie stammenden Jünglings anhören muss. »*Junkie* ist, damit dus weißt, der erste Roman, den Burroughs 1952 veröffentlicht hat. Es war ein voller Erfolg. Zum ersten Mal wird in der Literatur der Versuch gemacht, das Leben eines Drogensüchtigen ohne erhobenen Zeigefinger oder Schuldzuweisungen zu schildern. Es ist wie die Geschichte eines journalistischen Beobachters, der in die Hölle geht und notiert, was er dort sieht und erlebt.«

»Eine Art ›So bin ich eben, und?‹«

»Darin war Burroughs ein Pionier, aber so einfach ist es nicht. Er war einer der Ersten, die das Leben als Horrortrip betrachteten und nicht wegschauten, und er hat auch nicht klein beigegeben, als er unter der Knute seiner eigenen Dämonen leben musste.«

»Sehr poetisch, was du da sagst«, erwiderte Morgado. »Du hattest ja auch kein Wasserglas auf dem Kopf und einen Schuss mitten in den Schädel bekommen wie Joan, seine Frau.«

»Nein, aber …«

Morgado ließ sich nicht unterbrechen: »Wie schön deine Worte klingen: Horrortrip, Gewalt, Dämonen. Aber die Worte bleiben nicht immer auf dem Papier, verschlossen in einer Schachtel. Ich habe gesehen, wie diese Ideen in Männern und Frauen leibhaftig wurden. Die einen töteten, und die anderen wurden getötet. Ich selbst habe die Stimme dieser Dämonen vernommen, mein Freund, und du weißt nicht, wie aufregend es ist, zu tun, was sie verlangen. Die Lust, der Schmerz, der Ekel, den man empfindet, alles auf einmal.«

Leobardo hielt am Taxistand vor dem Hotel Lucerna. »Das Perverse ist auch ein Teil der menschlichen Natur«, sagte er. »Aber das ist nicht das Entscheidende. Burroughs war ein echter Bahnbrecher, ein Mann ohne Verstellung und Heuchelei. Kein verlogener Geschäftsmann wie Mister Kaul, sondern ein Christoph Kolumbus, der die verbotenen Territorien des menschlichen Geistes entdeckte. Er hat sich dorthin aufgemacht und ist zurückgekehrt, um davon zu erzählen. Das ist das Positive an ihm.«

»Kein Zweifel«, sagte Morgado. »Und ich zweifle auch nicht am literarischen Wert von Burroughs. Außerdem hat er in diesem Fall niemandem etwas Böses getan. Er wollte nur eine Kopie seines fertigen Romans an einen Freund schicken. Und dieser Freund hatte nie Gelegenheit hineinzuschauen. Denk daran.«

»Aber ich werde diese Gelegenheit haben. Es ist eine Ehre, ihn im Original lesen zu können.«

Morgado stieg aus dem Auto und drückte dem Chefredakteur von *Tijuana Metro* die Hand. »Grüß mir Professor Vizcaíno und die gute Ava. Sag ihnen, mit Leuten wie euch gibt es Rettung für Tijuana.«

»Auch ohne uns gibt es Rettung für Tijuana. Sei nicht so pessimistisch, wir Tijuaner können schon auf uns selbst aufpassen. Und was machst du jetzt? Was ist mit deinem Mandanten?«

Morgado wollte keine passende Antwort einfallen. »Ich weiß nicht«, sagte er. »Ich werde ihm wohl die Wahrheit sagen müssen. Das ist das wenigste, was ich für ihn tun kann. Ich werde ihm auch die Adresse seines Vaters geben, falls er ihm schreiben oder das Geld haben will. Weißt du, das Schlimmste von allem ist, dass dieser alte Gringo nicht einmal nach dem Namen seines Sohnes gefragt hat oder danach, wie er ist, was er so macht. Nichts. Nicht ein Funken Interesse für seine *Mexican family*.«

»Glaubst du wirklich, dass der Sohn dieses verdammte Almosen annehmen wird?«, fragte Leobardo.

Morgado dachte an Alfonso Keller Padilla, einen erstklassigen Kunsttischler, und ihm wurde klar, dass El Güero auch ohne den Schutz der Legende vom Vater leben konnte. Er wird im Freien stehen. Er ganz allein, mit seiner verletzten Würde. Aber er ist kein kleines Kind mehr und kann vom Boden aufstehen und sein Leben selbst in die Hand nehmen. Ohne den Schatten seines Vaters.

»Die Wahrheit lässt sich nicht aushandeln«, erwiderte er. »Er wird wissen, wie er damit umzugehen hat.«

Morgado sah auf die Uhr an der Empfangstheke. Den Abendflug könnte er noch erwischen. Wenn er gleich packte, könnte er noch am selben Abend in Mexiko-Stadt landen.

Das Mädchen an der Rezeption übergab ihm eine Nachricht, als er um seinen Zimmerschlüssel bat. Sie kam von dem Jungen aus dem Stadtarchiv: »Kein Dokument gefunden.

Nach Informationen des ältesten Angestellten des Archivs wurden alle Dokumente vor mehr als zehn Jahren verbrannt. Auf Anordnung von oben. Tut mir leid.«

Die Schiffe verbrennen wie Cortés, dachte Morgado, die Vergangenheit einäschern, um sie nach unserem Gusto neu zu erschaffen, damit das Verbrechen in Vergessenheit gerät und die Geschäfte weiterlaufen. Erde auf unsere Toten zu schütten, zu begraben, was uns unangenehm ist, darin sind wir Spitze.

13

»Wohin solls denn gehen?«, fragte der Taxifahrer des Hotels beflissen.

»Zum Flughafen«, antwortete Morgado.

Sie waren kaum ein paar Blocks gefahren, als sie Sirenengeheul vernahmen.

»Wozu all die Streifenwagen?«, wollte der Rechtsanwalt wissen.

»Irgendein Streit unter den Cholos. Das kommt ständig vor. In den Slums hier gibt es viele Prügeleien. Oder der Kandidat ist auf Tour. Was weiß ich.«

Morgado betrachtete die von Blechhütten und kaputten Autos bedeckten Hügel, die ungleichen Reihen von Reifen, die als Treppen dienten, die Wände mit den politischen Parolen und den frommen Wünschen von Wohlstand und Demokratie.

Das wahre, vielfältige Gesicht von Tijuana, »der Schrecklichen«, wie Aidé sie nannte, war dort für alle zu erkennen. Ohne Make-up und ohne Kontaktlinsen. Ohne gepanzerte Wagen und ohne Jacuzzis.

»Das nimmt kein Ende«, sagte der Taxifahrer, seinen eigenen Sorgen nachhängend. »Neulich bin ich in eine verdammte Schießerei unter Drogenhändlern in Mesa de Otay geraten. Und ich bin in diesem Monat schon fünfmal überfallen worden.«

Noch mehr Streifenwagen und offizielle Autos mit blinkenden Lichtern verschafften sich hupend Platz. Drei Pick-ups mit bewaffneten Männern an Bord fuhren auf die andere Spur und wären beinahe mit einem Reisebus zusammengestoßen. Ein Krankenwagen zwang das Taxi zu halten, damit er vorbeifahren konnte.

»Der arme Kerl, den es dieses Mal erwischt hat«, seufzte der Taxifahrer. »Wir zählen doch überhaupt nicht. Sie schlagen dich, und niemand reicht dir die Hand. Sie töten dich, und es interessiert niemanden.«

Das Geheul der Polizeiautos wurde immer lauter. Morgado blickte noch einmal zu den Hügeln und konsultierte dann die Uhr: Es war 17.15 Uhr. Ein Frühlingstag in Tijuana.

»Wo sind wir?«, fragte Morgado, der sich in diesen Hügeln verloren fühlte und nicht zu spät zum Flughafen kommen wollte.

»Wo sollen wir sein?«, antwortete der Taxifahrer, gleichermaßen erbittert. »Am Arsch der Welt, im Hintern von Amerika. Da sind wir, mein Freund, und da werden wir bleiben.«

Die Grenze zum Paradies

Victor Villaseñor

Sie gingen in die Stadt, nahmen ein großes Frühstück zu sich und stiegen dann in den Bus nach Mexicali. Nach Norden. Mehrere Hundert und ein paar Kilometer. Sie fuhren den ganzen Tag, und das heiße und schwüle Wetter wurde noch heißer. Dann, bald, nicht mehr so schwül. Nur noch heiß wie die Hölle. Sie durchquerten solch öde Wüsten aus Sand und Felsen, dass Roberto meinte, nicht auf dieser Erde zu sein. Noch nie hatte er etwas Derartiges gesehen. Seine Berge zu Hause waren schwer beladen mit Kiefern und Eichen, und das tiefer gelegene Land war reich an tropischen Wäldern und Bananenstauden. Er blieb still und dachte an zu Hause. Seit Wochen war alles so schnell gegangen, dass er nie an zu Hause dachte, aber jetzt, wo alle seine Freunde aus der Heimat schliefen, während dieser Hundebus dahinraste, dachte er an zu Hause und erinnerte sich an seine Mutter, die ihnen auf der anderen Seite des mondbeschienenen Flusses gefolgt war und hinausgeschrien hatte, er werde nie zurückkehren. Er werde getötet werden. Und er dachte, mein Gott, wie viele habe ich schon sterben sehen? Drei? Vier? Nein, fünf, sechs, oh, so viele. Und von wie vielen anderen habe ich gehört, die ich nicht gesehen habe? Von Dutzenden. Vielleicht Hunderten. Und in seinem Kopf sah er seine Mutter, die den Fluss entlangkam.

Dunkel und gedrungen und alt. Sie war erst Anfang dreißig, sah aber aus wie fünfzig. Sie hatte elf Kinder geboren, vier waren bei der Geburt gestorben. Der Bus donnerte weiter, und seine Mutter kam immer noch den mondbeschienenen Fluss entlang, bis sie fiel.

Auch er fiel zu Boden. Erschöpft. Er hatte große Angst. Er schluckte und blieb still. Sie – eine Kamarilla von ungefähr zwanzig Männern – waren an der Grenze. Es war Mitternacht, und sie befanden sich am amerikanischen Kanal etwa zehn Kilometer westlich von Mexicali. Ein Auto der amerikanischen Grenzpatrouille war gerade vorbeigefahren, und sie lagen bäuchlings an der Uferböschung. Sie warteten. Herzen hämmerten gegen die Erde, und dann, auf Aguilars Kommando, sprangen sie auf und trabten am Kanal entlang. Es waren ungefähr zwanzig Männer, und die meisten kannte Roberto nicht.

Ein paar Kilometer weiter nach Kalifornien hinein kamen sie an eine Straße. Highway 98. Sie verließen den Kanal und gingen über flache sandige Felder, kletterten über Stacheldrahtzäune. Sie sahen Lichter kommen. Ein Mann geriet in Panik und brüllte, als er sich das Bein am Stacheldraht aufriss. Ein anderer schlug auf ihn ein.

Alles war still.

Sie warteten. Herzen an der Erde. Die Lichter zogen vorbei. Die Männer erhoben sich und fingen an zu laufen. Der Mann mit dem aufgerissenen Bein hinkte hinterher. Niemand wartete auf ihn. Sie überquerten die Landstraße und kamen an einen neuen Zaun. Nur ein Draht. Auf dem Feld stand Vieh. Ein Mann berührte den Draht. Und schrie. Der Draht war elektrisch. Plötzlich gingen drüben Lichter an, und ein Lautsprecher befahl ihnen dröhnend erst auf Englisch, dann auf Spanisch, stehen zu bleiben. Die Männer liefen auseinander, rannten in alle Himmelsrichtungen. Juan packte Roberto, und sie liefen zurück in Richtung Mexiko. Ein paar andere folgten. Die Wache jagte die, die nach Norden hetzten. Juan Aguilar schlug einen Haken und lief ostwärts, rannte, so schnell er konnte, und Roberto an seiner Seite. Später drehten sie, eine Kamarilla von etwa fünfzehn Mann, wieder nach Norden ab und rannten, bis sie keuchend zu Boden fielen.

Juan hustete und hustete. Dann stand er auf und sagte: »Junge, jetzt macht sich die Kraft deiner Jugend bezahlt. Hilf mir, und dann nichts wie los!«

Roberto, müde und verschwitzt, sprang auf, packte Juan am Gürtel und fing an zu laufen.

»Schneller!«, sagte Juan Aguilar. »Zieh schneller, und hör erst auf, wenn mir die Beine einknicken oder wenn ich umfalle.«

Roberto packte zu und zog, und sie liefen weiter. Kilometer um Kilometer. Jetzt waren nur noch zehn andere bei ihnen, und alle japsten wie Hunde. Plötzlich rang Roberto nach Luft, röchelte und sank spuckend und keuchend auf die Erde.

»Was ist los?«, fragte Juan, selbst nach Luft ringend.

»Ich habe was geschluckt! Geschluckt!« Er zeigte auf den großen Insektenschwarm, den sie aufgescheucht hatten. »Ich hab einen Mund voll davon geschluckt.«

»Oh.« Juan zog eine Plastik-Milchflasche hervor. Sie war mit Wasser gefüllt. »Trink! Spül und spuck das verdammte amerikanische Dreckzeug aus. Schnell! Sie sind wahrscheinlich mit Gift besprüht.« Roberto trank und hustete. »Hier – noch einen Schluck und … alles in Ordnung. In Ordnung! Nichts mehr. Weiter!«

Sie rannten wieder los, und so liefen und gingen sie fast die ganze Nacht. Durch Ungeziefer und Insektenschwärme hindurch, über elektrische Zäune und mitten durch Gemüsefelder. Dann weiter oben durch ein Gebiet voll Felsen und Gestrüpp und, was am schlimmsten war, kleine Hügel aus tiefem unfruchtbarem Sand. Sie gingen weiter. Auf der Flucht ins Land des Überflusses. Sie kamen an einen Highway. Was für eine Straße! Roberto blieb stehen, vergaß, dass er sich versteckt halten musste, blieb einfach aufrecht stehen und staunte. Was für ein fantastischer Anblick! Und alles von Menschenhand geschaffen. Juan packte ihn, sie überquerten die Straße und gingen weiter und weiter, und dann sagte Juan: »So. Siehst du die Lichter dort drüben? Diesen Lichterberg? Das ist die Fabrik, in der sie Gips machen. Wir gehen also hier entlang ...« Er zeigte nach Nordwesten. »Ich kenne eine Stelle, wo wir Wasser holen können.« Er wandte sich an Roberto. »Wie viel Wasser haben wir noch?«

»Nicht viel.«

»Also los. Wir müssen noch weit gehen, bevor es Tag wird.«

Jetzt waren sie nur noch zu zehnt. Die anderen waren zurückgefallen. Und so gingen sie, die Starken, auf ein kleines Licht in der Ferne zu, das, wie Aguilar wusste, eine Farm war, bei der es Wasser gab – nur noch wenige Kilometer vor ihnen. Sie wanderten stundenlang. Durch das fruchtbare Imperial Valley am Südostende Kaliforniens. Und das Licht in der Ferne schien nicht näher zu rücken.

Schließlich sagte ein Mann, ein Fremder: »Hör mal ... ich glaube nicht, dass du weißt, wo wir hingehen. Das Licht kann fünfzig Kilometer weit sein.«

»Dann folge uns eben nicht. Geh doch, wohin du willst«, sagte Aguilar und schritt weiter dem Licht in der Ferne entgegen.

Bei Tagesanbruch waren sie dem fernen Licht nicht näher. Sie standen in einem Gemüsefeld, als ein Flugzeug heranflog. Es flog niedrig und dröhnend, deshalb warfen sie sich zu Boden, die Brust an die gute Erde zwischen den grünen Reihen gepresst, und da lagen sie im Dunst der Morgendämmerung. Herzen pochten, und Nasenflügel bebten, als das Flugzeug im

Bogen nach unten schwenkte und eine blaugrüne Chemikalienwolke auf sie herabsprühte.

Juan Aguilar fing an zu husten. Schnell bedeckte er Mund und Nase mit seinem Hemdsärmel und stieß Roberto an, es ihm gleichzutun, und das Flugzeug stieg mit gewaltigem Motorengebrüll wieder hoch, zog eine Schleife und flog noch zweimal über sie hinweg, und jedes Mal, wenn es aufstieg und der Pilot sie nicht sehen konnte, rafften sie sich hoch und rannten. Sprangen über Gemüsereihen und warfen sich auf die gute Erde, wenn sich das Flugzeug mit seinem tödlichen Chemikaliennebel senkte, und versuchten, sich auszuruhen. Sie atmeten. Tief ein und aus. Dann hetzten sie weiter und flohen tiefer ins Land des Überflusses hinein, während das Flugzeug den Morgen in Sprühnebel hüllte.

Bei Sonnenaufgang hatten sie die Gemüsefelder hinter sich und vor sich die trockene Wüste. Sie kamen an einer Bewässerungspumpe vorbei. Auf Pfählen, an die drei Meter hoch, saß ein großer Behälter, und am Boden lagen riesige leere Säcke auf einem Haufen. Wasser, oder das, was Wasser zu sein schien, tropfte an einer Seite des Tanks herunter. Der Fremde, der sich bei Aguilar beklagt hatte, hielt die Fingerspitzen unter die Tropfen und roch daran und blickte auf den Haufen leerer Säcke, las die Etiketten und sagte: »Nein, nicht trinken. Es ist schlecht.«

»Du kannst Englisch lesen?«, fragte Aguilar.

»Ein bisschen«, sagte der Fremde. Er hieß Luis.

»Oh«, sagte Aguilar und nickte. »Na schön, dann spül ich mir nur den Mund aus.«

»Tus nicht«, sagte Luis. Er war groß und dünn, und sein Gesicht war mit Pockennarben übersät. Er hatte einen riesigen Schnurrbart und große, offene Augen.

»Was sagst du?«, schrie Aguilar. »Niemand sagt mir, was ich zu tun habe!« Er begann, die tropfende Flüssigkeit in der Hand zu sammeln.

»Das würde ich bleiben lassen«, sagte Luis. »Es kann Gift sein.«

»Oder auch nicht. Zum Teufel! Ich hab Durst! Ich spüle mir nur den Mund aus. Es kann mir nicht schaden, wenn ich es nicht trinke.«

Roberto stellte sich neben Aguilar, der das tropfende Wasser auffing, es schlürfte, sich ins Gesicht klatschte und sich damit erfrischte. Der Fremde packte Roberto am Arm.

»Nein – tus nicht. Glaub mir.«

Roberto tat nichts, und er und Luis sahen zu, wie die anderen sich erfrischten, und dann gingen sie alle weiter. Sie verließen das bebaute Land und kamen in die unfruchtbare Wüste aus Sand und vereinzeltem Gestrüpp. Bald begann die Hitze, im gleißend grellen Nichts zu singen und zu tanzen.

Der flache Sand reflektierte flimmernd weiße Hitzewogen. Die Insekten sangen mit unheimlich außerirdischem Sirren. Die Sonne stieg höher und höher, und bald begannen die sirrenden Insekten und tanzenden Hitzewogen, Augen und Ohren zu betäuben, bis alles nicht mehr da war. Aber dort drüben. Weiter vorn. Und hier, um sie herum, war nichts. *Nada. Nada. Nada. Nada.* Und Roberto begann instinktiv, auswendig gelernte Gebete aufzusagen, während er einen Fuß vor den andern setzte. Stumpf. Mutterseelenallein. Von allen Menschen, allem Leben verlassen, spürte er, wie sein menschliches Bewusstsein in das riesige unendliche Nichts aller meerlosen Wüsten, die vor der Zeitrechnung entstanden waren, verdunstete. Im Gehen murmelte er seine Gebete. Der Vormittag war erst halb vorüber, und die Männer begannen zu taumeln. Sie gingen zu einem Steinhaufen, traten nach ein paar Klapperschlangen und legten sich wie Hunde nieder. Sie japsten, ihre Glieder schmerzten, und sie versuchten, Feuchtigkeit tief aus ihrem Rachen zu schöpfen. Die Männer, die vom Tank getrunken hatten, waren weiß um die Lippen. Und einige begannen, *nada*-Wörter zu brabbeln. Die anderen ruhten sich aus. Sprachen kein Wort. Roberto, stark und jung, gelang es, sofort einzuschlafen und Körper und Seele zu kräftigen, und er träumte. Er tötete und raubte und raffte Geld zusammen, aber sein Vater war betrunken und erbettelte sich von einem Mann in einem eleganten Hemd etwas zu trinken.

Roberto erwachte. Seine Zunge fühlte sich trocken und rau an wie Sandpapier. Er blickte sich um. Er sah Pedro. Und er war froh, dass Pedro noch dabei war, und seine Stimmung hob sich im guten Gefühl der Rache. Er stand auf. Aguilar sah es und lächelte.

»Einer von uns ist noch bei Kräften. Komm, gehen wir noch ein Stück.« Aguilar versuchte, den Starken zu mimen, aber er sah krank aus. »Suchen wir einen Platz, wo mehr Schatten ist.«

»Nein«, sagte ein Mann. »Ich bleibe hier. Mein Kopf. Mein Bauch. O Gott.«

»Ich hab euch gesagt, ihr sollt nicht trinken«, sagte Luis und erhob sich.

»Uns von früher zu erzählen, bringt uns nicht weiter. Warum gehst du nicht zu den Feldern zurück und holst Hilfe? Um der Gottesliebe willen – sind wir denn nicht alle Brüder?«

Alle Männer, die getrunken hatten, sahen gelb aus, aber nur zwei jammerten laut und redeten wirr.

»Von mir ist keine Hilfe zu erwarten«, sagte Juan Aguilar. »Ich hab davon getrunken, aber ich heule nicht. Bleibt liegen und verreckt, wenn ihr so feige seid.«

»Mein Freund?«, sagte einer der Kranken. »Wir gehören doch alle der Raza an. Bitte verlass uns nicht!«

»Alle meine Freunde sind tot«, sagte Aguilar und richtete sich mühsam auf, aber er stöhnte vor Schmerzen.

Luis schüttelte den Kopf. »Nein, ich glaube nicht, dass es einer von uns schafft, und schon gar nicht die, die getrunken haben.«

»Quatsch!«, schrie Aguilar. Es ging ihm schlecht, aber er hatte immer noch Mumm. Man sah es an seinen Augen. »Ich und mein Junge gehen weiter.« Er stand auf. »Roberto, hilf mir!«

Roberto gehorchte.

Luis blickte in die Runde. »Wir müssen es wenigstens versuchen.«

Einige Männer brüllten, sie sollten sie nicht im Stich lassen. Andere rappelten sich hoch. Aguilar stützte sich auf Roberto, und sie setzten sich in Bewegung. Männer schrien vor Angst, zurückgelassen zu werden.

Luis blieb stehen und sagte: »Macht euch doch nicht zum Narren! Bleibt hier im Schatten, und ich verspreche euch, wenn ich es schaffe, schicke ich Hilfe.«

Luis wandte sich um, schritt hinter Roberto, Aguilar und Pedro her, und nach und nach vermischten sich die Schreie der Zurückgelassenen mit der großen betäubenden Stille der unheimlich sirrenden Insekten, und dann waren sie nicht mehr zu hören. Nicht da. Aber dort drüben. Voraus. Überall. Und während der nächsten Kilometer fielen zwei andere, aber noch immer gingen sie, die Starken, weiter. Hinein in das tanzende, singende, unheimlich grelle Nichts der *nada-nada*-Wüste.

In der Nähe der Salton Sea am Highway 78 gibt es ein Restaurant in Ocotillo Wells mit einem historischen Grenzstein, und auf dem Grenzstein steht, dass dort sechs Skelette gefunden wurden. Mexikaner. Zweifellos hatten sie versucht, über die Wüstengrenze zu kommen, um im Land des Überflusses Arbeit zu finden. Außerdem wurden Ende der Sechzigerjahre innerhalb von zwei Monaten von der Grenzpatrouille und der örtlichen Polizei siebzehn Tote in Südkalifornien gefunden. Und ein alter Grenzbeamter sagte: »Das ist gar nichts. Wer weiß, wie viele nie gefunden werden.«

Am Mittag waren sie in den Wüstenbergen südlich von Palm Springs, und alles war glitzernd weiß, und ein schrecklicher Wind erhob sich, aber sie gingen weiter. Taumelnd gegen den Wind. In den Niederungen, tiefer als der Meeresspiegel, sprengte der Wind ihnen Sand ins Gesicht und blendete sie, und auf den Anhöhen warf er sie wie gewichtloses Spielzeug herum und rammte ihnen die Sonne tief in die Knochen.

Sie gingen auf ein paar Felsen und verkrüppelte Bäume zu. Dort würden sie tagsüber ausruhen und nachts weitergehen. Es waren jetzt nur noch sechs Männer, am Morgen, als sie die Grenze überschritten hatten, waren es über zwanzig gewesen.

Als sie sich dem Schatten näherten, sprang plötzlich ein Motor an, und ein Auto raste auf sie zu, zermalmte mit seinem Allradantrieb den Sand und ließ ihn in alle Richtungen spritzen. Aguilar brüllte: *»¡La migra!«* Er stürzte davon, und alle rannten, bis auf den Fremden, Luis. Er stand still. »Amigos«, rief Luis. »Spart euch eure Kraft! Sie haben uns!«

Aber die Männer rannten, stürzten, versuchten zu fliehen, und Roberto war der schnellste. Er sauste davon wie ein Kaninchen. Der Streifenwagen verfolgte ihn, fuhr an allen andern vorbei und wirbelte Sand und Steine in ihre Gesichter, während sie hinter Roberto herriefen.

Nach zweihundert Metern, nach einer schrecklichen Verfolgungsjagd über Sand und Steine und Kakteen, ging Roberto schließlich zu Boden. Sie sprangen aus dem Auto, standen über ihm. Zwei Polizisten. In Uniform. Mit dunkler Brille.

»Junge«, sagte ein Grenzwächter auf Spanisch, »warum läufst du so? Wie? *El sol* ... es ist zu heiß.«

Roberto schwieg. Er hatte Sand im Gesicht und im Mund, und er blutete, spuckte und hustete fürchterlich.

Der andere Mann brüllte: »Okay! Alle miteinander! Kommt her! Ihr braucht nicht weiterzulaufen! Wir haben euch!«

Die Gertrudis

Guillermo Samperio

Als ich an diesem Abend in mein kleines Zimmer kam, brach ich in Tränen aus, und nachdem ich mich beruhigt hatte, war die Traurigkeit noch immer da. Ich hatte Lust, diesen Brief zu schreiben, an niemand, denn ich glaube nicht, dass sich jemand für meine Geschichte interessiert. Das sage ich nicht, weil ich alt bin und schwach und mir einige Zähne fehlen und ich schon immer ein bisschen hässlich gewesen bin, sondern weil alles, was ich tat, nie interessant war und meine Situation in der Gesellschaft sich nie in meinem ganzen Leben auch nur im Geringsten geändert hat. Sehr jung begann ich als fliegender Händler im Zentrum, an der Kreuzung Palma- und Tacubastraße, Schildkröteneier anzubieten, an manchen Abenden auch in fest vereinbarten Häusern. Zuletzt verkaufte ich in der Gegend um Claveria und Azcapotzalco Bügeleisen von schlechter Qualität.

Ich verkaufte Eier frei Haus, Lebensmittel von »Del Fuerte«, Bedienstetenkleidung. Und immer bot ich das eine und dann das andere an, ohne Erfolg, ohne je ein paar Ersparnisse anhäufen zu können. Bis zu meinem dreiundvierzigsten Lebensjahr war ich Junggeselle; das Geld reichte kaum für mich allein.

Ab und an Liebeleien im Hausflur oder in einem kleinen Hotel, aber nie etwas Festes. Als mich das Alleinsein immer härter ankam, begegnete ich der Gertrudis.

Gegenwärtig habe ich einen kleinen Zeitungsstand in Doctores, einer Siedlung, die unwahrscheinlich hässlich geworden ist, aber die Arbeit macht mir keinen Spaß mehr. Mich interessiert nicht, ob es Nacht oder Tag ist oder ob ich zu spät zu den Zeitungen komme.

In Nezahualcóyotl scheint es immer zu spät zu sein, mir ist das egal. Und am vergangenen Donnerstag stieß ein Lastwagen an der Ecke, wo mein Stand ist, mit einem anderen zusammen und machte mir alles kaputt. Vor einer Weile dachte ich, es fehlte nur noch, dass mich eine Taube von der Kathedrale herab vollkackt. Schon vor dem Unfall war der Verkauf zurückgegangen, nun aber, da die Eisenstangen ganz verbogen sind, entfernen sich die Leute, sie gehen daran vorbei, in Richtung Vértiz oder auch Cuauthémoc, zu den großen Kiosken, wo das Angebot an Zeitschriften, Büchern und Zeitungen reichhaltiger ist.

Ehrlich gesagt, es gab einen Moment in meinem Leben, in dem meine finanzielle Lage besser war. Da gab es einen Herrn, später erfuhr ich, dass er Lizenziat war, einen jungen Burschen, gesprächig und stets mit einem Witz auf der Zunge, halb kahl und dünn wie ich, der kaufte *La Prensa* bei mir und Zeitschriften mit nackten Frauen. Man sah, dass ich ihm gefiel oder dass ich ihm leidtat, wichtig war nur, dass er Don Chucho zu mir sagte, nicht Chucho, wie sie es in Doctores tun. Also gut, dieser Herr fragte mich, während er in einer *Caballero* blätterte, ob ich nicht Lust hätte, bei ihm in seinem Büro als Bote zu arbeiten. Ich willigte sofort ein. Wenige Tage danach trug ich meine Sachen nach Hause und teilte meiner Alten mit, dass ich in einem Büro arbeiten werde. Ihr behagte der Gedanke, denn ich würde gutes Geld verdienen, und wir könnten an manchen

Wochenenden nach Villa del Carbón oder nach Oaxtepe gehen. Außerdem machte sich die Gertrudis gern schön.

Ich hatte mich mit ihr schon im fortgeschrittenen Alter zusammengetan. Die Gertrudis war seit etwa fünf Jahren Witwe, lernte bald diesen, bald jenen kennen, aber ohne feste Bindung. Ihre beiden Söhne lebten in den USA; anfangs schickten sie ihr ein paar Dollars, dann aber verlor sich ihre Spur. Sie war überzeugt, dass man sie umgebracht hatte, ich meine jedoch, sie ziehen noch umher, leben ganz gut und kümmern sich nicht um ihre Mutter. Meine Alte und ich, wir taten uns also zusammen und unterstützten uns gegenseitig; sie stellte draußen ein Tischchen auf, um Fläschchen mit Zucker, kleine Fische, einzelne Schokoladentäfelchen, Kaugummi »Kanguro« und andere Köstlichkeiten anzubieten, die von den Kindern aus dem Viertel gekauft wurden. Als ich meinen ersten Zweiwochenlohn bekam und wir sahen, dass wir Geld übrig hatten, erweiterten wir das Geschäft, und sie verkaufte nun Larin-Schokolade, süßen Maisbrei und Kokosnusskonfekt, Fruchtgeleeoblaten und japanische Erdnüsse, sogar Zigarren, Früchte mit Pfeffer sowie Kämpfermasken. Damit verdiente sich die Gertrudis ein Sümmchen, und sie wirkte sehr zufrieden.

In dem Büro arbeitete ich nur selten als Bote. Ich war nicht entsprechend gekleidet, ich trug ein Paar Hosen und einen sauberen Kittel, immer dasselbe, und kaum war ich zu Hause, zog ich meinen alten Overall an. Also gut, im Büro stellte mich der Lizenziat, der mich empfohlen hatte und der drinnen wie draußen sehr gesprächig war, der Lizenziat De la Torre, dem Personal als Botengänger vor, er erklärte es etwa so: »Don Chucho wird Sie bedienen, wenn Sie Zigarren möchten, eine Erfrischung oder einen Kaffee, egal was, er wird es Ihnen bringen.« Auch musste ich auf den Schreibtischen Staub wischen, die Mülleimer leeren, Zeitungen bündeln und mit Etiketten versehen, die ich mit weißem Resistol aufzukleben hatte.

Das Problem bestand darin, monatlich etwa zweitausend Umschläge zu etikettieren, außerdem waren da noch die Botengänge, das Saubermachen und tausend andere Dinge. Zwar verdiente ich mehr Geld, aber ich begann mich sehr schlecht zu fühlen, denn zwischen der Arbeit in meinem eigenen Geschäft und der als Botengänger war ein Riesenunterschied, zumal ich stets unabhängig gewesen war.

Nach und nach wurde ich immer gereizter, und die Wut packte mich, wenn ich hörte: »Don Chucho, bringen Sie mir ein paar Raleigh, und mir ein paar Marlboro, geben Sie das Telegramm für mich auf, die Zeitschriften sind schon da.« Obwohl ich manchmal schlecht gelaunt dreinblickte oder so tat, als habe ich nicht gehört, ertrug ich es doch geduldig, weil die Gertrudis überglücklich war und zu mir sagte, kümmere dich nicht darum, tu nicht dergleichen. Dann sagte der Lizenziat De la Torre, dass ich, wenn es viel Arbeit gäbe, bis spät bleiben müsste. Das Problem war nur, dass es ständig viel Arbeit gab. Ich kam tief in der Nacht nach Hause, ohne dass ich der Gertrudis hatte Bescheid sagen können, und sie empfing mich mit bösem und vorwurfsvollem Gesicht. Einmal musste ich die ganze Nacht im Büro bleiben, weil verschiedene sehr wichtige Dokumente fertiggestellt werden sollten. Das passte meiner Alten nicht, und sie fiel über mich her, ohne dass ich mich rechtfertigen konnte. Sie war wütend und schimpfte mit mir: »Jesús, komm nicht so spät, Jesús, was glaubst du denn, Jesús, ich stehe da wie eine Blöde.« – »Und ich, Frau, das ist nicht meine Schuld, Frau, wir sind dazu verpflichtet, Frau, beschwer dich bei dem Lizenziaten De la Torre.« Ich fühlte mich wie zwischen Baum und Borke, und mein Zorn steigerte sich bis zur Verzweiflung.

Es kam eine Zeit, da machte mir die Gertrudis keine Vorwürfe mehr. Sie schwieg und wich mir aus. Nachts schnarchte sie bereits, als kümmere ich sie einen Dreck. Tatsächlich waren mir ihre Proteste und ihre Vorwürfe lieber als ihr feindseliges Schweigen, mit dem sie den Teller Suppe vor mich hinstellte. Sie bereitete mir nicht mehr meine schönen gebackenen Bohnen, und sie ließ das Geschirr im Abwaschbecken stehen. Von dem bei ihrem Handel verdienten Geld kaufte sie sich hübsche Kleider, während ich nie einen Anzug besaß, mit dem ich zum Boten aufgestiegen wäre. Aber mir war es lieb, wenn sie ihre guten Schals hatte.

Bald begann sie sich anzumalen wie ein Clown, manchmal war sie nicht zu Hause, wenn ich beizeiten heimkam. Wie damals, als ich sie kennenlernte, trank sie wieder. Eines Tages kam es im Hof zum Skandal, denn sie war völlig betrunken und verfluchte die Mütter aller Nachbarn. Eines Nachts war sie gar nicht mehr da.

Die Nachbarinnen erzählten mir nach und nach, dass die Gertrudis ein Verhältnis habe mit jenem Mann, der eine Kartoffelkarre fuhr, einem dickbäuchigen Alten mit Schnauzbart à la Pancho Villa. Wenn der mit seinem Qualm und dem Pfeifen einer Lokomotive vorüberkam, blieb er vor dem Stand mit den Süßigkeiten stehen, während der Abend anbrach, und schwatzte mit meiner Alten, ohne sich um seine Kartoffeln zu scheren. Danach kam er nicht mehr, meine Frau hingegen baute ihren Stand früher ab und ging zurechtgemacht und so davon, und sie kehrte sehr aufgekratzt und mit zerwühltem Haar zurück: Das alles erzählten sie mir mit einem Mal, und ich wollte nichts mehr hören.

Ich unternahm nicht einmal den Versuch, nach der Gertrudis zu forschen. Es war klar, obwohl alt, trieb sie es gern toll. Mag sie sehen, wie sie damit fertig wird. Nach diesem Zwischenfall war ich wütender denn je, ich gab meine Arbeit im Büro auf, ohne mich für irgendetwas zu bedanken. Ich zog aus dem Viertel weg in ein Zimmerchen in Nezahualcóyotl, und meinen Stand baute ich wieder in der Siedlung Doctores auf.

Vor einer Weile fuhr ich nachts in einem Lastkraftwagen, und als der Fahrer unterwegs hielt, hörte ich das Pfeifen einer Lokomotive, das die Karren der Kartoffelhändler von sich geben. Unversehens überkam mich eine Traurigkeit, wie ich sie nie gefühlt hatte, oder ich hatte sie bis zu diesem Augenblick aufgespart. Ich kam in mein Zimmer und brach in heftiges Weinen aus, dann schrieb ich diese Blätter voll, die niemand interessieren werden. Und da ich spüre, dass die Traurigkeit nicht von mir weicht, sondern im Gegenteil zunimmt, denke ich, dass ich sterben werde. Eine andere Erklärung habe ich nicht.

Der Weichensteller

Juan José Arreola

Der Fremde kam außer Atem an der menschenleeren Bahnstation an. Sein großer Koffer, den niemand tragen wollte, hatte ihn völlig erschöpft. Er wischte sich mit dem Taschentuch übers Gesicht, schirmte die Augen mit der Hand ab und sah den Gleisen nach, die sich am Horizont verloren. Etwas mutlos und nachdenklich blickte er auf seine Uhr: Eigentlich hätte der Zug genau jetzt abfahren müssen.

Jemand, der wie aus dem Nichts aufgetaucht war, klopfte ihm sanft auf die Schulter. Als der Fremde sich umdrehte, stand er vor einem alten Männchen, das eine gewisse Ähnlichkeit mit einem Eisenbahner nicht verleugnen konnte. Es trug eine rote, winzig kleine Laterne in der Hand, fast hätte man sie für eine Spielzeuglaterne halten können. Lächelnd blickte es den Reisenden an, der es ängstlich fragte: »Verzeihen Sie, ist der Zug etwa schon abgefahren?«

»Sie sind wohl noch nicht lange in diesem Land?«

»Ich muss schnellstens abfahren. Morgen früh muss ich in T. eintreffen.«

»Man merkt gleich, dass Sie überhaupt nicht Bescheid wissen. Sie sollten sich jetzt erst einmal in dem Gasthof für Reisende einquartieren«, und er zeigte auf ein seltsames, graues Gebäude, das eher wie ein Gefängnis aussah.

»Aber ich will doch gar nicht übernachten, sondern den nächsten Zug nehmen.«

»Sie tun gut daran, sich sofort einzumieten, falls noch Zimmer frei sind. Wenn möglich, mieten Sie es gleich für einen Monat; das ist billiger, und man wird Sie zuvorkommender behandeln.«

»Sind Sie verrückt? Ich muss morgen in T. sein.«

»Offen gestanden, sollte ich Sie Ihrem Schicksal überlassen. Trotzdem will ich Ihnen aber einige Auskünfte geben.«

»Ja, bitte.«

»Wie Sie wissen, ist dieses Land berühmt für seine Eisenbahnen. Man hat sie zwar bis heute noch nicht hinreichend organisieren können, aber was die Veröffentlichung der Fahrpläne und die Fahrkartenausgabe betrifft, ist schon Großes geleistet worden. Die Fahrpläne berücksichtigen jedes Fleckchen im Lande und verbinden alle miteinander. Man gibt Fahrkarten aus bis zu den kleinsten und entlegensten Dörfchen. Die Züge müssten jetzt nur nach Plan fahren und die Bahnhöfe auch tatsächlich erreichen. Die Bewohner des Landes sähen das wohl gern, aber vorerst haben sie sich mit den Unregelmäßigkeiten im Zugverkehr abgefunden, und ihr Patriotismus verbietet es ihnen ohnehin, ihren Unmut offen zu zeigen.«

»Fährt denn überhaupt ein Zug durch diese Stadt?«

»Es zu bejahen, hieße eine Ungenauigkeit begehen. Wie Sie sich selbst überzeugen können, sind immerhin Gleise vorhanden, auch wenn sie ein bisschen verkommen aussehen. In anderen Ortschaften sind sie bloß mit zwei Kreidestrichen auf dem Boden angedeutet. Unter den gegenwärtigen Umständen braucht ein Zug nicht unbedingt hier durchzufahren, aber nichts steht dagegen, dass es doch geschieht. In meinem Leben habe ich viele Züge hier durchfahren sehen und auch einige Reisende gekannt, die eingestiegen sind. Falls Sie lange genug warten, habe ich vielleicht sogar noch selbst die Ehre, Ihnen beim Einsteigen in einen herrlich bequemen Wagen behilflich zu sein.«

»Wird mich dieser Zug auch nach T. bringen?«

»Warum versteifen Sie sich unbedingt auf T.? Sie sollten zufrieden sein, wenn Sie überhaupt einsteigen dürfen. Wenn Sie einmal im Zug sind, wird Ihr Leben bestimmt irgendeine Richtung nehmen. Ist es dann eigentlich noch von Bedeutung, wenn diese Richtung nicht nach T. führt?«

»Ich habe aber eine gültige Fahrkarte nach T. Folglich muss ich auch an diesen Ort gebracht werden, oder irre ich?«

»Keiner wird leugnen, dass Sie im Recht sind. Im Hotel werden Sie Personen treffen, die in weiser Voraussicht eine große Menge von Fahrkarten gekauft haben. Normalerweise kaufen vorsichtige Personen Fahrkarten nach allen Ecken des Landes. Manche haben ein Vermögen für Fahrkarten ausgegeben …«

»Ich war der Meinung, dass eine Fahrkarte genügt, um nach T. zu fahren. Sehen Sie …«

»Die nächste Strecke der nationalen Eisenbahnen wird mit dem Geld einer einzigen Person gebaut, die gerade ihr Riesenvermögen in Hin- und Rückfahrkarten zu Orten an einer Bahnstrecke angelegt hat, deren Konstruktionspläne, die lange Tunnel und Brücken vorsehen, bisher nicht einmal von den Ingenieuren der ausführenden Firma abgezeichnet wurden.«

»Ist denn der Zug, der über T. fährt, überhaupt schon in Betrieb?«

»Nicht allein der. Im ganzen Land verkehren schon sehr viele Züge, und die Reisenden können sie sogar ziemlich häufig benutzen, wenn sie dabei berücksichtigen, dass diese Dienstleistung noch nicht zuverlässig und definitiv ist. Anders ausgedrückt, niemand erwartet, wenn er in irgendeinen Zug steigt, dass er auch dort ankommt, wohin er eigentlich fahren wollte.«

»Wie soll ich das verstehen?«

»In ihrem Eifer, den Bürgern des Landes zu Diensten zu sein, scheut die Eisenbahngesellschaft auch vor gewissen verzweifelten Maßnahmen nicht zurück. Sie lässt Züge zu völlig unzugänglichen Ortschaften fahren. Oft brauchen diese Expeditionszüge mehrere Jahre, um an ihr Ziel zu gelangen, wobei das Leben der Reisenden einschneidenden Veränderungen unterworfen wird. Bei solchen Reisen sind oft Todesfälle zu beklagen, aber die Eisenbahngesellschaft, die an alles denkt, hat den Zügen deshalb einen Katafalk- und einen Friedhofswagen angehängt. Die Schaffner erfüllt es mit Stolz, wenn sie die prächtig einbalsamierte Leiche eines Reisenden auf dem Bahnsteig jener Station absetzen können, für die er die Fahrkarte gelöst hatte. Gelegentlich fahren diese Expeditionszüge über Strecken mit nur einer Schiene. Die eine Seite der Wagen wird durch die Stöße der Räder auf die Schwellen ganz jämmerlich geschüttelt. Reisende erster Klasse – und das ist eine andere weise Maßnahme der Gesellschaft – sitzen auf der Seite der Schiene. Reisende zweiter Klasse müssen die Stöße resigniert über sich ergehen lassen. Aber es gibt auch Strecken, auf denen beide Schienen fehlen. So trifft es alle Reisenden gleich hart, bis der Zug endlich völlig auseinanderfällt.«

»Um Gottes willen!«

»Wissen Sie, die Ortschaft F. ist durch ein solches Unglück entstanden. Der Zug geriet in ein unzugängliches Gelände. Im Sand haben sich die Räder bis zu den Achsen festgefressen. Die Reisenden waren so lange beisammen, dass sich aus den unvermeidbaren, banalen Unterhaltungen enge Freundschaften entwickelt hatten. Einige dieser Freundschaften verwandelten sich in Liebschaften, und so kam es, dass das Dorf F. heute eine fortschrittliche Ortschaft ist, in der es von frechen Kindern wimmelt, die mit den verrotteten Resten der Bahn spielen.«

»Meine Güte, für solche Abenteuer bin ich völlig ungeeignet!«

»Sie müssen sich erst einmal beruhigen, vielleicht wird aus Ihnen doch noch ein Held. Glauben Sie ja nicht, es fehle an Gelegenheiten, bei denen die Reisenden ihren Mut und ihre Opferbereitschaft zeigen könnten. Kürzlich haben zweihundert unbekannte Reisende eines der größten Ruhmesblätter in die Annalen unserer Eisenbahn geschrieben. Bei einer Probefahrt stellte der Lokführer nämlich gerade noch rechtzeitig fest, dass den Baumeistern der Strecke ein schwerwiegendes Versehen unterlaufen war. Sie hatten die Brücke, die einen Abgrund überspannen sollte, einfach vergessen. Der Lokführer richtete nun, statt wieder zurückzufahren, eine Ansprache an die Reisenden und erhielt von ihnen die notwendige Unterstützung, um die Fahrt fortzusetzen. Unter seiner energischen Leitung wurde der Zug in seine Einzelteile zerlegt und auf den Schultern zur anderen Seite des Abgrunds getragen. Dazu kam noch die Überraschung, dass unten im Tal ein reißender Fluss floss. Das Ergebnis dieser Bravourleistung war so zufriedenstellend, dass die Gesellschaft jetzt endgültig auf den Bau der Brücke verzichtet hat und sich darauf beschränkt, den wagemutigen Reisenden, die diese zusätzliche Unannehmlichkeit auf sich nehmen, einen beachtlichen Preisnachlass zu gewähren.«

»Aber ich muss morgen unbedingt in T. sein!«

»Schon gut! Es gefällt mir, dass Sie von Ihrem Plan nicht abzubringen sind. Man sieht, dass Sie ein Mann mit Grundsätzen sind. Mieten Sie sich dennoch in dem Gasthof ein und steigen Sie in den erstbesten Zug, der hier durchfährt. Sie sollten es wenigstens probieren; denn tausend Personen werden Sie daran zu hindern suchen. Beim Eintreffen eines Zuges stürzen die über das allzu lange Warten verärgerten Reisenden wie ein ungezügelter Haufen aus dem Hotel, und lärmend erstürmen sie den Bahnhof. Oftmals kommt es zu Unfällen, weil sie die einfachsten Regeln der Höflichkeit und Vorsicht außer Acht lassen. Statt geordnet einzusteigen, drücken sie sich lieber gegenseitig tot; zumindest hindern sie sich definitiv am Einsteigen, und der Zug lässt sie empört auf dem Bahnsteig zurück. Die erschöpften und aufgebrachten Reisenden werfen einander ihren Mangel an guter Kinderstube vor und verbringen viel Zeit damit, sich gegenseitig zu beschimpfen und zu verprügeln.«

»Und die Polizei schreitet nicht ein?«

»Man hat versucht, jedem Bahnhof ein Polizeikontingent zuzuteilen, aber die unvorhersehbare Ankunft der Züge machte diese Dienstleistung unmöglich und dazu äußerst kostspielig. Außerdem stellte sich sehr bald heraus, dass diese Polizisten bestechlich waren, da sie nur die wohlsituierten Reisenden bei ihrem Auszug aus dem Hotel beschützten; als Gegenleistung erhielten sie dafür alles, was diese bei sich trugen. Es wurde daher beschlossen, Spezialschulen einzurichten, in denen die zukünftigen Reisenden Unterricht in gesittetem Benehmen und entsprechendes Training erhielten. Man zeigte ihnen, wie man am besten einen Zug besteigt, selbst wenn er schon fahren und sogar ziemlich schnell fahren sollte. Sie erhalten auch eine Art Rüstung, die verhindern soll, dass andere Passagiere ihnen die Rippen brechen.«

»Wenn man dann einmal im Zug sitzt, ist man dann wenigstens vor neuen Zwischenfällen sicher?«

»Relativ sicher. Ich würde Ihnen nur empfehlen, sich die Stationen genau anzusehen. Es kann passieren, dass Sie glauben, Sie seien in T. angekommen, und in Wirklichkeit ist es nur eine Täuschung. Um das Leben in den überfüllten Zügen einigermaßen zu regeln, musste die Gesellschaft zu gewissen Tricks greifen. Es gibt Bahnhöfe, die bloße Attrappen sind: Man hat sie mitten im Urwald aufgebaut, und sie tragen den Namen irgendeiner bedeutenden Stadt. Ein wenig Aufmerksamkeit genügt aber schon, um den Schwindel zu durchschauen. Sie sehen wie Bühnenbilder aus, und die Menschen, die da herumstehen, sind mit Sägemehl gefüllt. Diesen Puppen sieht man es nur allzu leicht an, dass sie Wind und Wetter ausgesetzt sind, aber manchmal sind sie auch ein perfektes Abbild der Wirklichkeit: Ihre Gesichter sind von einer unendlichen Müdigkeit gezeichnet.«

»Zum Glück ist es nicht weit von hier nach T.«

»Zurzeit verkehren keine durchgehenden Züge nach T. Dennoch lässt sich die Möglichkeit nicht ausschließen, dass Sie noch morgen T. erreichen, wie Sie es ja wünschen. Die Organisation der Eisenbahnen, wenn auch unzureichend, schließt die Möglichkeit einer Reise ohne Unterbrechungen dennoch nicht aus. Stellen Sie sich vor, da gibt es Personen, denen ist überhaupt nicht bewusst, was hier vor sich geht. Sie kaufen einfach eine Fahrkarte nach T. Dann kommt ein Zug, sie steigen ein, und am nächsten Morgen hören sie den Schaffner rufen: »Wir sind in T.‹ Ohne irgendwelche Vorsichtsmaßnahmen zu treffen, steigen die Reisenden aus und befinden sich in der Tat in T.«

»Kann ich ein derartiges Ereignis irgendwie beeinflussen?«

»Natürlich können Sie das. Niemand kann Ihnen aber sagen, ob Sie auch wirklich Erfolg haben. Auf alle Fälle sollten Sie es versuchen. Nehmen Sie den Zug mit der festen Überzeugung, dass Sie in T. ankommen werden.

Sprechen Sie mit keinem Mitreisenden. Die Reiseerlebnisse der anderen könnten Sie entmutigen; man könnte Sie sogar bei der Verwaltung anzeigen.«

»Was sagen Sie da?«

»Angesichts der momentanen Lage wimmelt es in den Zügen von Spitzeln. Diese meist freiwilligen Spitzel haben ihr Leben in den Dienst der konstruktiven Denkweise des Unternehmens gestellt. Manchmal redet man ja nur so, ohne zu wissen, was man redet. Aber sie begreifen sofort alle inhaltlichen Nuancen eines noch so belanglosen Satzes. Etwas einfach Dahingesagtes legen sie als kriminelle Meinung aus. Sollte Ihnen auch nur die geringste Unvorsichtigkeit unterlaufen, würde man Sie festnehmen; den Rest Ihres Lebens verbrächten Sie dann im Gefängniswagen, oder man würde Sie, irgendwo im Urwald, an einer Scheinstation absetzen. Reisen Sie guten Mutes, verzehren Sie so wenig wie möglich von Ihren Vorräten und setzen Sie die Füße nicht eher auf den Bahnsteig von T., ehe Sie nicht irgendein bekanntes Gesicht entdeckt haben.«

»Aber ich kenne doch niemanden in T.«

»In diesem Fall müssen Sie doppelte Umsicht walten lassen. Während der Reise, das kann ich Ihnen versichern, werden Sie vielen Versuchungen ausgesetzt sein. Blicken Sie durch das Fenster, sind Sie ständig verleitet, irgendeinem Trugbild auf den Leim zu gehen. Die Fenster sind mit raffinierten Vorrichtungen ausgestattet, die im Kopf der Reisenden die unterschiedlichsten Sinnestäuschungen hervorrufen. Man muss kein Dummkopf sein, um auf sie hereinzufallen. Gewisse Maschinen, die von der Lokomotive aus bedient werden, lassen durch ihre Geräusche und Bewegungen den Eindruck entstehen, als befände sich der Zug in Fahrt. Trotzdem rührt er sich wochenlang nicht vom Fleck, während vor den Augen der Reisenden die fesselndsten Landschaften vorbeiziehen.«

»Welches Ziel verfolgt man damit?«

»All das unternimmt die Gesellschaft in der gesunden Absicht, die Angst der Reisenden zu dämpfen und so weit wie möglich das Gefühl des Transportiertwerdens auszuschalten. Es besteht der Wunsch, dass sich die Reisenden eines Tages blindlings dem Zufall anvertrauen, ihr Schicksal in die Hände einer allmächtigen Gesellschaft legen, ohne überhaupt noch wissen zu wollen, woher sie kommen und wohin sie fahren.«

»Und Sie, sind Sie viel mit der Bahn gefahren?«

»Ich, mein Herr, bin nur Weichensteller. Um die Wahrheit zu sagen, ich bin schon pensioniert und komme nur ab und zu her, um mich an die guten alten Zeiten zu erinnern. Ich bin nie verreist und habe auch keine Lust dazu. Aber die Reisenden erzählen mir so manches. Ich weiß, dass die Bahn noch viele andere Ortschaften gegründet hat als das Dorf F., von dessen Entstehung ich Ihnen erzählt habe. Manchmal erhält das Zugpersonal geheimnisvolle Weisungen. Sie fordern die Reisenden meistens unter dem Vorwand, die Sehenswürdigkeiten eines bestimmten Ortes zu bewundern, zum Aussteigen auf. Man erzählt ihnen von Grotten, Wasserfällen und berühmten Ruinen. ›Sie haben fünfzehn Minuten, um sich diese oder jene Höhle anzusehen‹, sagt der Schaffner freundlich. Wenn die Reisenden in sicherer Entfernung sind, sucht der Zug mit Volldampf das Weite.«

»Und die Reisenden?«

»Eine Zeit lang irren sie bestürzt von einem Ort zum anderen. Schließlich tun sie sich zusammen und gründen eine Siedlung. Diese Überraschungsstopps verlegt man an geeignete Orte, das heißt weit entfernt von jeglicher Zivilisation und gut ausgestattet mit natürlichen Reichtümern. Dort setzt man ausgesuchte Gruppen ab, meist junge Leute, wobei es an Frauen nicht fehlt. Hätten Sie nicht Lust, Ihren Lebensabend mit einem jungen Mädchen in einer unbekannten, malerischen Ortschaft zu verbringen?«

Das alte Männchen lächelte schalkhaft und beobachtete den Reisenden spitzbübisch und voll Gutmütigkeit. Im gleichen Moment hörte man es in der Ferne pfeifen. Der Weichensteller machte einen Luftsprung und schwenkte seine Laterne albern und sinnlos durch die Luft.

»Ist das der Zug?«, fragte der Fremde.

Der Alte lief wie ein Irrer den Gleiskörper entlang. Aus einiger Entfernung drehte er sich um und schrie: »Sie haben Glück! Morgen werden Sie in Ihrer berühmten Ortschaft ankommen. Wie heißt sie noch?«

»X!«, rief der Reisende zurück.

In diesem Augenblick löste sich das alte Männchen im klaren Morgen auf. Aber man sah noch den roten Punkt der Lampe, wie er sich entfernte, unvorsichtig zwischen den Gleisen hüpfend und springend, dem Zug entgegen. Aus der Tiefe der Landschaft näherte sich die Lokomotive wie ein lärmendes Wunder.

Die verschmähte Gabe

Rosario Castellanos

Bevor ich anfange, muss ich mich vorstellen: Mein Name ist José Antonio Romero, ich bin Anthropologe. Ja, die Anthropologie ist in gewissem Sinn eine neue Studienrichtung an der Universität. Die ersten Professoren mussten irgendwie nach eigenem Ermessen handeln, und im allgemeinen Durcheinander gab es auch für einzelne unerwünschte Personen Möglichkeiten, hineinzuschlüpfen, aber sie wurden nach und nach wieder entfernt. Wir Neuen setzen uns nun entschlossen dafür ein, unsere Schule auf einen würdigen Stand zu bringen. Wir sind mit unserem Kampf sogar bis zum Senat der Republik vorgestoßen, als das Berufsgesetz erörtert wurde.

Aber ich schweife vom Thema ab; nicht das wollte ich Ihnen erzählen, sondern einen sehr merkwürdigen Zwischenfall, der sich in Ciudad Real abgespielt hat, wo ich zurzeit arbeite.

Wie Sie wissen, gibt es in Ciudad Real ein Hilfswerk für Indios. Es wurde von privater Seite gegründet und anfänglich auch ausschließlich mit Spenden unterhalten; mittlerweile ist es in die Hände der Regierung übergegangen.

Hier bin ich unter den Facharbeitern einer von vielen und beteilige mich an den verschiedensten Einsätzen. Ich bin, wie das geflügelte Wort sagt, »Mädchen für alles«. Ich habe Forschungsaufträge übernommen, vermittle bei Streitigkeiten zwischen Volksgruppen, ich habe sogar schon zerrüttete Ehen wieder geflickt. Natürlich kann ich nicht in meinem Büro sitzen bleiben und warten, bis mich jemand holt. Ich muss auf die Straße gehen und die Probleme erkennen. Angesichts dieses Umstandes brauche ich ein Fahrzeug. Heiliger Gott! Was hat es für Mühe gekostet, eines zu bekommen! Alle, Ärzte, Lehrer, Ingenieure, verlangten das auch. Nun, irgendwie einigten wir uns schließlich, und jetzt verfüge ich wenigstens ein paar Tage in der Woche über einen Jeep.

Mittlerweile verstehen wir uns schon recht gut, der Jeep und ich; ich kenne seine Tücken und weiß ungefähr, was ich ihm zumuten darf. Ich habe herausgefunden, dass er auf der Überlandstraße (nun, was wir in Chiapas eben mit Überlandstraße meinen) besser fährt als in der Stadt.

Denn hier ist der Verkehr ein wildes Durcheinander; es gibt keine Ampeln, oder sie sind falsch geschaltet, und niemand beachtet sie. Die Einheimischen gehen mitten auf der Straße, schwatzen und lachen sorglos, als ob es gar keine Gehsteige gäbe. Hupen? Wenn Sie die Zeit verlieren wollen, dürfen Sie es tun. Aber der Fußgänger wird sich nicht einmal umdrehen, um zu sehen, was los ist, und noch viel weniger den Weg freimachen.

Aber kürzlich hatte ich ein sehr merkwürdiges kleines Erlebnis, und das möchte ich Ihnen erzählen. Ich war auf dem Rückweg von unserem Stützpunkt Navenchauc und fuhr mit meinem Jeep durch die Hauptstraße von Guadalupe, wo Indios und »Weiße« ihren Handel abhalten; inmitten der Ansammlung von Menschen, die gemütlich um Preise feilschen oder unter der Last riesiger Warenbündel dahintorkeln, konnte ich höchstens mit zehn Stundenkilometern vorankommen. Zehn Stundenkilometer, habe ich gesagt, aber manchmal zeigte der Geschwindigkeitsmesser gar nichts an.

Dieses Schneckentempo verdarb mir die Laune, obwohl ich es eigentlich gar nicht eilig hatte, überhaupt nicht. Auf einmal rennt ein etwa zwölfjähriges Indiomädchen von irgendwo her und wirft sich längelang auf meinen Jeep hinauf. Ich konnte bremsen und stieß sie nur leicht mit der Stoßstange an. Trotzdem stieg ich wütend aus und beschimpfte sie unflätig. Ich will vor Ihnen nichts verbergen, obwohl ich mich schäme. Es ist nämlich nicht meine Gewohnheit, aber diesmal schimpfte ich so grob wie nur irgendein »Weißer« in Ciudad Real.

Das Mädchen hörte mir schluchzend zu und rieb sich heuchlerisch die Augen, aber da war nicht die Spur einer Träne. Ich bekam Mitleid mit ihr, und obwohl ich ein überzeugter Gegner der Bettelei bin und Einzelleistungen als unwirksam betrachte, obwohl ich Gefühlsduselei verabscheue, nahm ich inmitten der spöttischen Gaffer, die sich mittlerweile um uns geschart hatten, ein Geldstück aus der Tasche.

Das Mädchen wollte das Almosen nicht annehmen, packte mich am Ärmel und versuchte, mich irgendwohin zu zerren, was ich nicht verstand. Die Gaffer lachten natürlich und machten zweideutige Bemerkungen, aber ich beachtete sie nicht und ging dem Mädchen nach.

Verstehen Sie mich nicht falsch. Nicht einen Augenblick dachte ich, es handle sich um ein Abenteuer, denn in diesem Fall hätte es mich nicht gelockt. Ich bin zwar jung und ledig, und manchmal quält das Verlangen nach einem weiblichen Wesen in diesen Elendsdörfern. Aber ich arbeite in einer öffentlichen Institution, und es gibt etwas, was man Berufsethos nennt, und das achte ich hoch. Überdies, warum um den Brei herumreden? Mein Geschmack ist ein bisschen anspruchsvoller.

Also, wir kamen in eines der Gässchen, die in die Guadalupe-Straße einmünden, und hier lag eine Frau, auch eine Indianerin, anscheinend bewusstlos auf dem Boden und hielt ein Neugeborenes im Arm.

Das Mädchen deutete auf sie und sagte mir einen Haufen Dinge in ihrer Sprache. Leider verstand ich diese noch nicht, denn zum einen bin ich nicht Linguist, sondern Sozialanthropologe, zum andern bin ich erst seit Kurzem in Chiapas. Infolgedessen begriff ich überhaupt nicht, worum es ging.

Als ich mich zu der Frau niederbeugte, musste ich mich überwinden, mir nicht ein Taschentuch vor die Nase zu halten. Ein schwer zu beschreibender Geruch strömte mir entgegen: beißend, scharf, äußerst unangenehm. Er kam nicht nur vom Schmutz, obwohl die Frau sehr schmutzig war und der Schweiß in ihrem wollenen Umhang hockte. Er war irgendwie persönlicher, wie soll ich sagen? … irgendwie organischer.

Unwillkürlich (ich verstehe von Medizin kein bisschen mehr als andere Leute) nahm ich ihr den Puls. Ich erschrak, wie heftig und sprunghaft er war. Ich schloss daraus, dass es der Frau sehr schlecht ging.

Ich zögerte nicht mehr und ging den Jeep holen, um sie ins Missionshospital zu bringen.

Das Mädchen wich keinen Augenblick von unserer Seite. Sie kümmerte sich um das Neugeborene, das herzzerreißend weinte, und sie bemühte sich, die Kranke, wenn nicht bequem, so doch wenigstens sicher hinten im Jeep zu betten.

Meine Ankunft in der Mission sorgte für Aufruhr, wie Sie sich vorstellen können; alle eilten herbei, wollten wissen, was vor sich ging, aber ihre Neugier blieb ungestillt, denn ich konnte nicht mehr berichten, als was ich Ihnen geschildert habe.

Bei der Untersuchung im Hospital stellte dann der Arzt fest, dass die Frau Kindbettfieber hatte. Na bitte schön! Sie hatte ihr

Kind unter wer weiß was für misslichen hygienischen Bedingungen geboren, und jetzt musste sie dafür mit einer Infektion bezahlen, die sie an den Rand des Grabes brachte.

Ich nahm mir die Sache sehr zu Herzen. Ich hatte damals gerade ein paar Tage so was wie Ferien und beschloss, sie denen zu widmen, die sich in einer Notlage an mich gewandt hatten.

Als die Antibiotika in der Missionsapotheke aufgebraucht waren, fuhr ich nach Ciudad Real und kaufte sie dort selbst, um nicht unnötig Zeit mit Papierkram zu verlieren, und was ich dort nicht bekam, holte ich in Tuxtla. Woher ich das Geld hatte? Aus meiner eigenen Tasche. Ich sage Ihnen das nicht, um Lob dafür zu ernten, denn darauf bin ich nicht erpicht, sondern weil ich versprochen habe, Ihnen nichts zu verbergen. Wofür sollten Sie mich überhaupt loben? Ich verdiene gut, bin ledig, und in diesen Dörfern gibt es kaum Möglichkeiten, etwas auszugeben. Ich habe Ersparnisse. Ich wollte, dass diese Frau gesund wurde.

Das Penicillin zeigte Wirkung, das Mädchen spazierte immerzu mit dem Kleinen auf dem Arm in den Fluren der Klinik auf und ab. Das verflixte Kind plärrte ununterbrochen. Und nicht einmal aus Hunger. Es bekam Fremdnahrung, und die Gattinnen der Missionsangestellten (gute Frauen, wenn ihr empfindsamer Nerv getroffen wird) versorgten das arme Würmchen mit Windeln, Talgpuder und was es sonst noch brauchte.

Allmählich gewannen wir alle, die wir in der Missionsstation wohnten, die Familie lieb. Wir erfuhren alle möglichen Einzelheiten ihres Schicksals, und zwar dank der Hilfe einer Hausangestellten, die vom Tzeltal ins Spanische übersetzte, denn der Linguist bereiste in jenen Tagen das Missionsgebiet.

Es stellte sich heraus, dass die Kranke – sie hieß Manuela – in den ersten Monaten ihrer Schwangerschaft verwitwet war.

Der Besitzer des Bodens, den der Verstorbene gepachtet hatte, spielte seine Macht aus und legte ihr eine unverschämte Abrechnung vor. Danach war der Tagelöhner Verpflichtungen eingegangen, die er nicht eingelöst hatte: Darlehen in Bargeld und Waren, Vorschüsse, ein Wirrsal, das die Witwe nun auflösen sollte.

Manuela floh und suchte bei Verwandten Zuflucht. Aber die Schwangerschaft erschwerte ihr das Arbeiten auf dem Maisfeld. Außerdem waren in den letzten Jahren die Ernten schlecht gewesen, und in allen Hütten wurde der Mangel spürbar.

Was für ein Ausweg blieb der Ärmsten? Es fiel ihr nichts anderes ein, als nach Ciudad Real zu gehen und dort zu versuchen, als Dienstmädchen unterzukommen. Stellen Sie sich das einmal vor! Manuela als Dienstmädchen! Eine Frau, die nur Bohnenmus kochen konnte, die nicht fähig war, einen Auftrag zu erledigen, die kein Spanisch verstand. Und obendrein in Bälde ein Kind gebären würde.

Am Ende der Mühsal fand Manuela Unterschlupf in einem Fuhrbetrieb; dort regierte Doña Prájeda, die in der ganzen Gegend dafür bekannt war, dass alle bis zum Umfallen schuften mussten, die das Unglück hatten, in ihre Dienste zu geraten.

Nun, dahin verschlug es unsere unglückliche Manuela. Da ihre Schwangerschaft schon weit fortgeschritten war, kam sie mit ihrer Arbeit nur dank der Hilfe ihrer größeren Tochter Marta zu Rande, einem aufgeweckten Mädchen mit viel angeborenem Geschick.

Irgendwie brachten es die beiden fertig, ihre Meisterin zufriedenzustellen. Wie ich später erfuhr, hatte diese ein Auge auf Marta geworfen und beabsichtigte, sie dem Erstbesten zu verkaufen, der sie begehrte.

So entschieden es Doña Prájeda heute auch abstreitet, sie wusste genau, in welchem Zustand sie Manuela bei sich einstellte. Aber als die Stunde der Niederkunft kam, tat sie, als falle sie aus allen Wolken, schrie zetermordio, ihr Haus sei kein Obdachlosenheim, und traf Anstalten, ihre Bedienstete ins öffentliche Spital zu bringen.

Die arme Manuela weinte herzzerreißend. Versetzen Sie sich in ihre Lage: Sie stellte sich weiß Gott was unter einem Spital vor: eine Art Gefängnis, ein Zuchthaus, eine Strafanstalt. Schließlich erreichte sie mit ihrem hartnäckigen Betteln, dass ihre Arbeitgeberin sich erweichen ließ und ihr gestattete, ihr Kind in ihrem Haus zu gebären.

Doña Prájeda gehörte nicht zu denen, die eine Gunst ganz gewähren. Damit Manuela mit ihren Schreien niemanden belästige, verbannte sie sie in den Pferdestall. Inmitten von Mist und Fliegen und wer weiß was sonst noch für Dreck brachte sie ihr Kind zur Welt und steckte sich mit dem Fieber an, in dem ich sie vorfand.

Kaum machten sich die ersten Krankheitszeichen bemerkbar, gebärdete sich die Meisterin wie wild und setzte, ohne mit der Wimper zu zucken, die ganze Familie auf die Straße. Dort wären sie der Sonne und dem Nachthimmel ausgesetzt gewesen, wenn nicht eine mitleidige Seele sich ihrer erbarmt und Marta geraten hätte, es doch bei der Missionsstation zu versuchen, wenn das öffentliche Spital ihrer Mutter einen derartigen Schrecken einjage.

Marta wusste nicht, wo die Missionsstation war, aber als ein Jeep mit unserem Erkennungszeichen vorbeifuhr, wurde sie von jemandem hingestoßen, sodass ich anhalten musste.

Abgesehen vom Schreck und meinem Schimpfen ging das Unternehmen für sie gar nicht so schlecht aus, denn in der Missionsstation pflegten wir nicht nur die Mutter gesund, sondern wir kümmerten uns auch darum, was aus ihr und den Kindern werden sollte, wenn sie das Spital verließen.

Manuela war zu schwach zum Arbeiten, und Marta war eher im Alter, wo sie etwas lernen sollte. Warum sie also nicht ins Internat der Mission stecken? Dort lernen die Kinder einen Beruf, die Grundbegriffe von Lesen und Schreiben und die Umgangsformen und Bedürfnisse zivilisierter Menschen. Nach der Ausbildung können sie in ihre Dörfer zurückkehren, eine Tätigkeit ausüben, die angemessen entlohnt wird, und so zu einer neuen Würde kommen.

Wir machten Manuela diesen Vorschlag und glaubten, sie würde den Himmel offen sehen; aber die Indiofrau drückte als Antwort nur ihr Kind noch fester an ihre Brust. Sie wollte nichts dazu sagen.

Dieses Verhalten befremdete uns sehr, aber im Gespräch mit anderen Anthropologen kamen wir zum Schluss, dass Manuelas einzige Sorge der Lohn ihrer Tochter war, denn mit diesem Einkommen rechnete sie für ihren Lebensunterhalt.

Sie können sich leicht ausrechnen, dass es sich um keine weltbewegende Summe handelte, es war ein Pappenstiel! Dieser monatliche Betrag bedeutete weder für mich noch irgendwen sonst ein Opfer. Ich schlug der Frau ein solches Übereinkommen vor und erklärte der Übersetzerin die Sache sehr deutlich.

Sie sagte: »Wenn Sie die Tochter kaufen und zu Ihrer Geliebten machen wollen«, verlange sie eine große Flasche Branntwein und zwei Maß Mais, für weniger gebe sie das Mädchen nicht her.

Vielleicht wäre es einfacher und angemessener gewesen, auf diese Bedingungen einzugehen, die für Manuela normal und harmlos waren, denn sie waren in ihrem Volk alte Gewohnheit. Aber ich bestand darauf, ihr zu zeigen, dass die Mission und auch ich andere Ziele hatten als die »Weißen« sonst in Ciudad Real, dass wir sie nicht demütigen und ausbeuten, sondern ihrer Tochter eine Ausbildung und damit ein besseres Leben ermöglichen wollten. Umsonst. Manuela wiederholte nur immer wieder ihre Forderung nach Branntwein und Mais, aber in Anbetracht meiner Hartnäckigkeit fügte sie noch ein Maß Bohnen hinzu.

Ich fand es besser, sie in Ruhe zu lassen. Im Spital bekamen sie und ihre Kinder weiterhin die nötige Pflege, das Essen und DDT auf den Kopf, denn sie wurden von Läusen fast aufgefressen.

Aber ich gab mein Vorhaben noch nicht auf; ich hatte Gewissensbisse, ein so aufgewecktes Mädchen wie Marta einfach ihrem Schicksal zu überlassen und irgendwo im Elend verkommen zu sehen.

Jemand schlug vor, das Vertrauen der Mutter mithilfe der Religion zu gewinnen: Eine Patenschaft ist eine geistige Verwandtschaft, welche die Indios hoch achten. Der neugeborene Knabe war noch nicht getauft. Warum also nicht Manuela langsam davon überzeugen, mich als Paten des Kindes zu wählen?

Zuerst kaufte ich dem Säugling Spielsachen: eine Rassel, einen Bernstein gegen den bösen Blick. Ich bemühte mich, zugegen zu sein, wenn die Krankenschwester ihn badete, und lernte sogar, ihm die Windeln zu wechseln, ohne mich allzu ungeschickt anzustellen.

Manuela ließ mich gewähren, aber nicht ohne Besorgnis, und es gelang ihr nicht ganz, ihren Argwohn hinter einem Lächeln zu verbergen. Sie atmete erst wieder ruhig, wenn das Kind wieder in ihrem Schoß lag.

Trotzdem meinte ich, Boden zu gewinnen, und eines Tages hielt ich den Augenblick für gekommen, die Frage der Taufe anzuschneiden.

Nach den unumgänglichen Umschweifen sagte die Dolmetscherin, dass dieses Kind doch nicht länger wie ein kleines Tier dahinleben sollte, ohne Namen und ohne Sakrament. Ich sah, dass Manuela unseren Begründungen willfährig zustimmte und sie sogar mit bejahenden Gesten und eigenen Überlegungen bestärkte. Ich glaubte, die Sache sei beschlossen.

Aber als es darum ging, einen Paten zu bestimmen, ließ uns Manuela nicht mehr weiterreden; sie hatte von Anfang an schon darüber nachgedacht, und es lohnte sich nicht, noch etwas dazu zu sagen.

»Wer?«, fragte die Dolmetscherin.

Ich trat einige Schritte zur Seite, damit die Kranke ungehindert sprechen konnte.

»Doña Prájeda«, antwortete die Indiofrau in der ihr fremden Sprache.

Ich konnte nicht an mich halten, packte die Gitterstäbe des Bettes und rüttelte in einem Wutanfall daran.

»Doña Prájeda?«, fragte ich ungläubig zurück, »die dich in den Pferdestall verwiesen hat, damit dein Kind im Dreck geboren wird? Die dich auf die Straße gesetzt hat, als du ihren Schutz und ihre Sorge am dringendsten brauchtest? Die kein einziges Mal in der Missionsstelle aufgetaucht ist, um nachzufragen, ob du überlebt hast oder schon gestorben bist?«

»Doña Prájeda ist immer noch meine Meisterin«, antwortete Manuela ernst, »wir haben den Vertrag noch nicht aufgelöst. Ich bin immer noch ihre Untergebene.«

Um Sie mit der Geschichte nicht noch länger hinzuhalten: So ging es stundenlang, und es war nicht möglich, dass Manuela und ich zu einer Übereinkunft kamen. Ich verließ das Spital und wünschte mich zu allen Teufeln. Ich schwor, mich nie mehr in Dinge einzumischen, die mich nichts angingen.

Einige Tage später war Manuela wieder ganz genesen und verließ die Missionsstation mit ihren Kindern. Sie arbeitete natürlich wieder bei Doña Prájeda.

Ein paar Mal habe ich sie auf der Straße getroffen, aber jedes Mal hat sie den Blick abgewandt. Nicht weil sie Gewissensbisse hätte oder sich schämte, eher fürchtet sie, dass ihr Unheil erwächst.

Nein, bitte, halten Sie Manuela nicht für undankbar oder

kriecherisch oder dumm! Folgern Sie nicht einfach, um Ihrer Verantwortung auszuweichen, den Indios sei nicht zu helfen. Ihr Verhalten ist verständlich. Sie unterscheiden nicht zwischen einem »Weißen« und einem anderen. Für sie sind wir alle gleich. Wenn sich einer von uns grob und rücksichtslos nähert, kennen sie das schon und wissen, was sie zu tun haben. Aber wenn jemand freundlich ist, ihnen etwas schenkt, ohne eine Gegenleistung zu verlangen, dann verstehen sie das nicht. Das ist außerhalb der Ordnung, die in Ciudad Real gilt. Sie fürchten, die Falle sei noch gefährlicher, und verteidigten sich auf ihre Art: Sie fliehen.

Ich weiß das alles; ich weiß aber auch: Wenn wir hart arbeiten, wir von der Missionsstation und alle andern, wird es eines Tages anders werden.

Aber bis dann, Manuela, Marta ... Was wird aus ihnen? Ich möchte von Ihnen wissen, ob ich beruflich oder als Mensch einen Fehler gemacht habe. So etwas muss es sein. Irgendetwas habe ich ihnen nicht zu geben vermocht.

Der Großindustrielle

B. Traven

In einem kleinen indianischen Dorfe im Staate Oaxaca erschien eines schönen Tages ein Amerikaner, der Land und Leute zu studieren gedachte. Bei seinem Hin- und Herwandern gelangte er zur Hütte eines indianischen Kleinlandwirtes, der sich seinen bescheidenen Lebensunterhalt dadurch verbesserte, dass er in der freien Zeit, die ihm von seiner Tätigkeit auf seinem Maisfeld blieb, kleine Körbchen flocht.

Diese Körbchen wurden aus Bast geflochten, der in verschiedenen Farben, die der Indianer aus Pflanzen und Hölzern zog, gefärbt war. Der Mann verstand diese vielfarbigen Baststrähnen so künstlerisch zu verflechten, dass, wenn das Körbchen fertig war, es aussah, als wäre es mit Figuren, Ornamenten, Blumen und Tieren bedeckt. Dass diese Ornamente nicht etwa auf das Körbchen aufgemalt waren, sondern als Ganzes sehr geschickt hineingeflochten waren, konnte auch einer, der nichts davon verstand, sofort erkennen, wenn er das Körbchen innen betrachtete. Denn innen kamen alle die Ornamente an der gleichen Stelle wie außen zur Ansicht. Die Körbchen mochten verwendet werden als Näh- oder als Schmuckkörbchen.

Wenn der Indianer etwa zwanzig Stück dieser kleinen Kunstwerke geschaffen hatte, und er war in der Lage, sein Feld für einen Tag allein zu lassen, dann machte er sich frühmorgens um zwei Uhr auf den Weg zur Stadt, wo er die Körbchen auf dem Markte feilbot. Die Marktgebühr kostete ihn zehn Centavos.

Obgleich er an jedem einzelnen Körbchen mehrere Tage arbeitete, so verlangte er für ein Körbchen nie mehr als fünfzig Centavos. Wenn der Käufer jedoch erklärte, das sei viel zu teuer, und er begann zu handeln, dann ging der Indianer auf fünfunddreißig, auf dreißig und selbst auf fünfundzwanzig Centavos herunter, ohne je zu wissen, dass dies das Los vieler, wohl der meisten Künstler ist.

Es kam oft genug vor, dass der Indianer nicht alle seine Körbchen, die er auf den Markt gebracht hatte, verkaufen konnte; denn viele Mexikaner, die glauben betonen zu müssen, dass sie gebildet sind, kaufen bei Weitem lieber einen Gegenstand, der in einer Massenindustrie von zwanzigtausend Stück täglich hergestellt wird, aber den Stempel Paris oder Wien oder Dresdner Kunstwerkstatt trägt, als dass sie die Arbeit eines Indianers ihres eigenen Landes, der nicht zwei Stück ganz genau gleich anfertigt, in ihrem Einzigkeitswert zu schätzen verstünden.

So, wenn der Indianer seine Körbchen nicht alle verkaufen konnte, dann ging er mit dem Rest von Ladentür zu Ladentür hausieren, wo er, je nachdem, mit barscher, mit gleichgültiger, mit wegwerfender, mit gelangweilter Geste behandelt wurde, wie Hausierer, Buch- und Einrahmungsagenten behandelt zu werden pflegen.

Der Indianer nahm diese Behandlung hin, wie alle Künstler, die allein den wirklichen Wert ihrer Arbeit zu schätzen wissen, derartige Behandlung hinnehmen. Er war nicht traurig, nicht verärgert und nicht missgestimmt darüber.

Bei diesem Forthausieren des Restes wurden ihm oft nur zwanzig, ja sogar fünfzehn und zehn Centavos für das Körbchen geboten. Und wenn er es selbst für diese Nichtigkeit verkaufte, so sah er häufig genug, dass die Frau das Körbchen nahm, kaum richtig ansah, und dann, noch in seiner Gegenwart, das Körbchen auf den nächsten Tisch warf, als wollte sie damit sagen: »Das Geld ist ja völlig unnütz ausgegeben, aber ich will doch den armen Indianer etwas verdienen lassen, er hat ja einen so weiten Weg gehabt. Wo bist du denn her? – So, von Tlacotepec. Weißt du, kannst du mir nicht ein paar Truthühner bringen? Müssen aber schwer und sehr billig sein, sonst nehme ich sie nicht.«

Die Amerikaner sind ja nun mit solchen kleinen Wunderwerken nicht so verwöhnt wie die Mexikaner, die, von einigen Ausnahmen abgesehen, nicht wissen und nicht schätzen, was sie in ihrem Lande an Gütern haben. Und wenn nun auch der allgemeine Amerikaner den wirklichen Wert an unvergleichlicher Schönheit dieser Arbeiten nicht abzuschätzen versteht, so sieht er doch in den meisten Fällen sofort, dass hier eine Volkskunst vorliegt, die er würdigt und umso rascher erkennt und schätzt, als sie in seinem Lande fehlt.

Der Indianer hockte vor seiner Hütte auf dem Erdboden und flocht die Körbchen.

Sagte der Amerikaner: »Was kostet so ein Körbchen, Freund?«

»Fünfzig Centavos, Señor«, antwortete der Indianer.

»Gut, ich kaufe eines, ich weiß schon, wem ich damit eine Freude machen kann.« Er hatte erwartet, dass das Körbchen zwei Pesos kosten würde.

Als ihm das klar zu Bewusstsein kam, dachte er sofort an Geschäfte.

Er fragte: »Wenn ich Ihnen nun zehn dieser Körbchen abkaufe, was kostet dann das Stück?«

Der Indianer dachte eine Weile und sagte: »Dann kostet das Stück fünfundvierzig Centavos.«

»*All right, muy bien,* und wenn ich hundert kaufe, wie viel kostet dann das Stück?«

Der Indianer rechnete wieder eine Weile: »Dann kostet das Stück vierzig Centavos.«

Der Amerikaner kaufte vierzehn Körbchen. Das war alles, was der Indianer auf Vorrat hatte.

Als der Amerikaner nun glaubte, Mexiko gesehen zu haben und alles und jedes zu wissen, was über Mexiko und die Mexikaner wissenswert ist, reiste er zurück nach New York. Und als er wieder mitten drin war in seinen Geschäften, dachte er an die Körbchen.

Er ging zu einem Großschokoladenhändler und sagte zu ihm: »Ich kann Ihnen hier ein Körbchen anbieten, das sich als sehr originelle Geschenkpackung für feine Schokoladen verwenden lässt.«

Der Schokoladenhändler besah sich das Körbchen mit großer Sachkenntnis. Er rief seinen Teilhaber herbei und endlich auch noch seinen Manager. Sie besprachen sich, und dann sagte der Händler: »Ich werde Ihnen morgen den Preis sagen, den ich zu zahlen gewillt bin. Oder wie viel verlangen Sie?«

»Ich habe Ihnen bereits gesagt, dass ich mich nur nach Ihrem Angebot richten kann bei der Entscheidung, ob Sie die Körbchen erhalten. Ich verkaufe diese Körbchen nur an das Haus, das am meisten dafür bietet.«

Am nächsten Tag kam der Mexikokenner wieder zu jenem Händler.

Sagte der Händler: »Ich kann für das Körbchen, mit den feinsten Pralinés gefüllt, vier, vielleicht gar fünf Dollar bekommen. Es ist die originellste und schönste Packung, die wir dem Markte anbieten können. Ich zahle zwei und einen halben Dollar das Stück, Hafen New York, Zoll und Fracht zu meinen Lasten, Verpackung zu Ihren Lasten.«

Der Mexikoreisende rechnete nach. Der Indianer hatte ihm

bei einer Abnahme von hundert das Stück für vierzig Centavos angeboten, das waren zwanzig Cents. Er verkaufte das Stück für zwei und einen halben Dollar. Dadurch verdiente er am Stück zwei Dollar dreißig Cent oder ungefähr zwölfhundert Prozent.

»Ich denke, ich kann es für diesen Preis tun«, sagte er.

Worauf der Händler antwortete: »Aber unter einer wichtigen Bedingung. Sie müssen mir wenigstens zehntausend Stück dieser Körbchen liefern können. Weniger hat für mich gar keinen Wert, weil sich sonst die Reklame nicht bezahlt macht, die ich für diese Neuheit machen muss. Und ohne Reklame kann ich den Preis nicht herausholen.«

»Abgeschlossen«, sagte der Mexikokenner. Er hatte rund vierundzwanzigtausend Dollar verdient, von welchem Betrage nur die Reise abging und der Transport bis zur nächsten Bahnstation.

Er reiste sofort zurück nach Mexiko und suchte den Indianer auf. »Ich habe ein großes Geschäft für Sie«, sagte er. »Können Sie zehntausend dieser Körbchen anfertigen?«

»Ja, das kann ich gut. So viele, wie Sie haben wollen. Es dauert eine Zeit. Der Bast muss vorsichtig behandelt werden, das kostet Zeit. Aber ich kann so viele Körbchen machen, wie Sie wollen.«

Der Amerikaner hatte erwartet, dass der Indianer, als er von dem großen Geschäft hörte, halb toll werden würde, etwa wie ein amerikanischer Automobilhändler, der auf einen Schlag fünfzig Dodge Brothers verkauft. Aber der Indianer regte sich nicht auf. Er stand nicht einmal auf von seiner Arbeit. Er flocht ruhig weiter an seinem Körbchen, das er gerade in den Händen hatte.

Es waren vielleicht noch fünfhundert Dollar extra zu verdienen, womit die Reisekosten hätten gedeckt werden können, dachte der Amerikaner; denn bei einem so großen Auftrag konnte der Preis für das einzelne Körbchen sicher noch ein wenig herabgedrückt werden.

»Sie haben mir gesagt, dass Sie mir die Körbchen das Stück für vierzig Centavos verkaufen können, wenn ich hundert Stück bestelle«, sagte er nun.

»Ja, das habe ich gesagt«, bestätigte der Indianer. »Was ich gesagt habe, dabei bleibt es.«

»Gut dann«, redete der Amerikaner weiter, »aber Sie haben mir nicht gesagt, wie viel ein Körbchen kostet, wenn ich tausend Stück bestelle.«

»Sie haben mich nicht darum befragt, Señor.«

»Das ist richtig. Aber ich möchte Sie jetzt um den Preis für das Stück fragen, wenn ich tausend Stück bestelle und wenn ich zehntausend Stück bestelle.«

Der Indianer unterbrach jetzt seine Arbeit, um nachrechnen zu können. Nach einer Weile sagte er: »Das ist zu viel, das kann ich so schnell nicht ausrechnen. Das muss ich mir erst gut überlegen. Ich werde darüber schlafen und es Ihnen morgen sagen.«

Der Amerikaner kam am nächsten Morgen zum Indianer, um den neuen Preis zu hören.

»Haben Sie den Preis für tausend und für zehntausend Stück ausgerechnet?«

»Ja, das habe ich, Señor. Und ich habe mir viel Mühe und Sorge gemacht, das gut und genau auszurechnen, um nicht zu betrügen. Der Preis ist ganz genau ausgerechnet. Wenn ich tausend Stück machen soll, dann kostet das Stück zwei Pesos, und wenn ich zehntausend Stück machen soll, dann kostet das Stück vier Pesos.«

Der Amerikaner war sicher, nicht richtig verstanden zu haben. Vielleicht war sein schlechtes Spanisch daran schuld.

Um den Irrtum richtigzustellen, fragte er: »Zwei Pesos für das Stück bei tausend und vier Pesos das Stück bei zehntausend? Aber Sie haben mir doch gesagt, dass bei hundert das Stück vierzig Centavos kostet.«

»Das ist auch die Wahrheit. Ich verkaufe Ihnen hundert für vierzig Centavos das Stück.« Der Indianer blieb sehr ruhig, denn er hatte sich das alles ausgerechnet, und es lag kein Grund vor, zu streiten. »Señor, Sie müssen das doch selbst einsehen, dass ich mit tausend Stück viel mehr Arbeit habe als mit hundert, und mit zehntausend habe ich noch viel mehr Arbeit als mit tausend. Das ist gewiss jedem vernünftigen Menschen klar. Ich brauche für tausend viel mehr Bast, habe viel länger nach den Farben zu suchen und sie auszukochen. Der Bast liegt nicht gleich so fertig da. Der muss gut und sorgfältig getrocknet werden. Und wenn ich so viele tausend Körbchen machen soll, was wird denn dann aus meinem Maisfeld und aus meinem Vieh? Und dann müssen mir meine Söhne, meine Brüder und meine Neffen und Onkel helfen beim Flechten. Was wird denn da aus deren Maisfeldern und aus deren Vieh? Das wird dann alles sehr teuer. Ich habe gewiss gedacht, Ihnen sehr gefällig zu sein und so billig wie möglich. Aber das ist mein letztes Wort, Señor, *verdad, ultima palabra,* zwei Pesos das Stück bei tausend und vier Pesos das Stück bei zehntausend.«

Der Amerikaner redete und handelte mit dem Indianer den halben Tag, um ihm klarzumachen, dass hier Rechenfehler vorlägen. Er gebrauchte ein neues Notizbuch voll von Blättern, um an Ziffern zu beweisen, wie der Indianer für sich ein Vermögen verdienen könne, bei einem Preis von vierzig Centavos für das Stück, und wie man Unkosten und Materialkosten und Löhne verrechnet.

Der Indianer sah sich die Ziffern verständnisvoll an, und er bewunderte die Schnelligkeit, mit der der Amerikaner die Ziffern niederschreiben und aufsummieren, zerdividieren und durchmultiplizieren konnte. Aber im Grunde machte es wenig Eindruck auf ihn, weil er Ziffern und Buchstaben nicht zu lesen vermochte und aus der klugen, volkswirtschaftlich sehr bedeutenden Vorlesung des Amerikaners keinen andern Nutzen zog als den, dass er lernte, dass ein Amerikaner stundenlang reden kann, ohne etwas zu sagen.

Als der Amerikaner dann endlich sicher war, dass er den Indianer von seinen Rechenfehlern überzeugt hatte, klopfte er ihm auf die Schulter und fragte: »Also, mein guter Freund, wie steht nun der Preis?«

»Zwei Pesos das Stück für tausend, und vier Pesos das Stück für zehntausend.« Der Indianer hockte sich nieder und fügte hinzu: »Ich muss jetzt aber doch wieder an meine Arbeit gehen, entschuldigen Sie mich, Señor.«

Der Amerikaner reiste in Wut zurück nach New York, und alles, was er zu dem Schokoladenhändler sagen konnte, um seinen Vertrag lösen zu können, war: »Mit Mexikanern kann man kein Geschäft machen, für diese Leute ist keine Hoffnung.«

So wurde New York davor bewahrt, von Tausenden dieser köstlichen kleinen Kunstwerke überschwemmt zu werden. Und so wurde es möglich zu verhüten, dass diese wunderschönen Körbchen, in die ein indianischer Landmann den Gesang der Vögel, die um ihn waren, die Farbenpracht der Blumen und Blüten, die er täglich im Busch sah, und die ungesungenen Lieder, die in seiner Seele klangen, hineinzuweben gewusst hatte, zermanscht und zerstampft in den Kehrichttonnen in der Park Avenue gefunden wurden, weil sie keinen Wert mehr hatten, nachdem die Pralinés herausgeknabbert waren.

Morris

Hernán Lara Zavala

Morris nannten sie ihn, weil er dunkelhäutig und schwächlich klein war, weil er ein Maya-Indio war. Morris, im Gegensatz zu dem englischen Ingenieur, der als Spezialist für Ölbohrungen nach Zitlichén gekommen war. Der Engländer Morris war groß, stattlich und ein rotblonder Typ; er aß nur kalten Aufschnitt und hasste die Hitze. Darum dünkte ihm Zitlichén, wo man alles frisch und gut gewürzt speist, und wo eine auslaugende Hitze herrscht, ein Stückchen Hölle.

Morris dagegen war von Statur klein, war schwächlich, mager und dunkel. Er aß, was immer sich ihm bot: wilden Truthahn, Leguan, Gürteltier oder Bisamschwein. Er liebte die Sonne und die freie Flur. Für Morris war Zitlichén, sein Dorf, beinahe das Paradies.

Morris besorgte für einen Großgrundbesitzer aus dem Dorf die Pflege weit außerhalb Zitlichéns aufgestellter Bienenstöcke. Auch baute er auf einem herrenlosen Stückchen Land Mais an, um den er sich kümmerte, wenn er eben Zeit hatte. Er war knapp über dreißig; mit seinem Weib und den Kindern hauste er in einer recht heruntergekommenen Hütte aus Palmwedeln, an der Straße nach Dzibalchén.

Weiß gekleidet, stets in seinem ungebleichten Baumwollzeug, und auf dem Kopf den Strohhut, verließ er beim ersten Morgenstrahl die Hütte, in Begleitung Duques, seines klapperdürren weißen Hundes.

Bei sich trug er die Flinte, eine Umhängetasche mit der Verpflegung: Maismehl, Chiles, Schokoladenpulver und Salz, außerdem eine Kalebasse mit Wasser. Er nahm den Weg nach Dzibalchén, bog aber, bevor er ins Dorf gelangte, Richtung Yturbide ab und tauchte später in den dichten Busch.

Seinen Schlafplatz hatte Morris auf einer Lichtung, die er sich mit der Machete drin im Wald freigeschlagen hatte. Er kochte unter einem Wetterdach und nächtigte in einer aus Henequén-Fasern geflochtenen Hängematte, in einer Behelfshütte aus Lianen, deren Tür er mit Zeitungsausschnitten zierte, auf denen aber nicht Filmschönheiten oder Mannequins posierten, sondern Mädchen der Mittelklasse, von den Gesellschaftsseiten des *Diario de Yucatán*.

War nach getaner Arbeit der Schlafplatz erreicht, fast immer vor dem Dunkelwerden, trug er etwas Holz zusammen, holte Wasser von der Quelle, fachte das Feuer an, richtete seinen Rost – es war der Deckel eines Honigfässchens – her und buk sich die Maisfladen, während seine Schokolade in einem rauchgeschwärzten Napf kochte. Er legte sich zeitig schlafen, sobald es dunkel wurde. In seinen Träumen hörte er allerlei Nagetiere hin und her huschen unter der Hängematte, die ihm das bisschen Mehl stahlen und das Wachs aus den Wabenrähmchen, die er für seine Bienenstöcke bereithielt.

Noch vor dem Morgengrauen weckte ihn der Hunger. Er ging unter das Wetterdach, fachte sein Feuer wieder an, legte den Rost drüber. Zunächst formte er aus aufgeweichter Maismasse einen Kloß; und dieses Mal, ohne ihn mit der Hand flachzudrücken, drehte und wand er ihn, bis daraus ein dicker runder Fladen wurde, den er dann gemächlich verspeiste, während er seine Schokolade schlürfte.

Duque musste sich sein Fressen selbst suchen. Allenfalls dass sein Herr ihm, während er aß, hin und wieder ein Stückchen Fladen zuwarf. Duque war ein edles und mutiges Tier. Über dem einen Auge hatte er eine Narbe, von der Kralle einer Tigerkatze. Der Hieb aber hatte den Hund nicht eingeschüchtert; obwohl der Bestie augenscheinlich unterlegen, hatte er sie gestellt, hatte sie knurrend umrundet, bis zum treffsicheren Schuss seines Herrn. Wenn Morris ein Tier schoss, »hisste« er es an einen Querbalken seiner Hütte; und der Hund, so knochendürr er auch war, saß wachend vor der Beute seines Herrn, ohne sie im Mindesten zu berühren.

War das Mahl beendet, griff Morris zur Flinte, stopfte sich seine Räucherpfeife, hängte die Machete an den Gürtel und begab sich auf den Rundgang, zu den einzelnen Standorten der Bienenstöcke. Den ersten Fleck nahe einem stattlich schönen Baum mit prächtig ausladenden Ästen, von ihm auf den Namen »Ramón« getauft, erreichte er nach Sonnenaufgang. Der befand sich zwei Wegstunden weit fort. Von »Ramón« marschierte er nacheinander zum »Juche«, zum »Guayacán«, zur »Verbrannten Agave«, und die letzte Stelle hieß »Flugzeug«, von Morris so getauft, weil er hier eines Tages das Flugzeug von Sapote-Harz-Sammlern mitten im Flug hatte abstürzen sehen.

Unterwegs von Standort zu Standort lauschte Morris, der das Schweigen liebte, auf jedes kleine Geräusch; auf das leise Knacken der Zweige und das Rascheln der verstreut liegenden dürren Blätter, auf die geschwinde Flucht eines geduckt davonhuschenden Tieres, auf die sich über die Pfade schlängelnden Vipern, auf das befremdliche Krächzen der Vögel. Er trat möglichst leise auf, war der geborene Jäger: geduldig, wach, zielsicher. Oft hielt er, nach fünf oder sechs Tagen Abwesenheit, in Zitlichén Einzug mit reicher Beute an Rotwild und Wildschwein, für seine Familie.

Einmal wurden in dieser Gegend die Zeiselbären – Tiere

von Dachsgröße, mit schwarzem Fell und weißem Kopf – zur Landplage. Die Bienenzüchter, arg bedroht, boten für jedes zur Strecke gebrachte Tier fünf Pesos. Morris setzte sich da gefasst ruhig vor einen dieser Plätze, harrte der kleinen Bären, die sich den Stöcken äußerst vorsichtig näherten, schnüffelnd, auf den Stock mit der reichsten Beute aus. Ein Tatzenhieb entfernte den Deckel, sie flohen, kamen wieder, zerrten ein Stück Wabe hervor, wälzten sich auf dem Rasen, um den Stichen der Bienen zu entgehen. Morris hatte reglos still beobachtet, den Finger am Abzug. Und nun erst krachte die Flinte. Durch die Abschüsse konnte er im Monat dreihundert Pesos hinzuverdienen, seinen Lohn verdoppeln.

Jäger kamen einmal an seinem Lager vorbei, und da sie ihn so allein im Wald vorfanden, fragten sie: »Bei dieser Finsternis und diesem Schweigen, du so allein, fürchtest du nicht den Xtabay?«

»Vor einer Flinte erschrickt noch jeder Xtabay«, antwortete Morris.

Stille, Dunkelheit oder Einsamkeit, das scherte ihn nicht. Weshalb er, wenn ihn im Dorf seine Freunde fragten, ob er im Wald die Familie und die Menschen nicht vermisse, Gesellschaft nicht nötig habe, lediglich erwiderte: »Dort ist man besser aufgehoben als hier.«

Ins Dorf zurückgekehrt, nahm er ein Bad, dann ging er ins Büro seines Arbeitsgebers, den Lohn abholen. Der Angestellte unterrichtete ihn: »Morris, vor ein paar Tagen war deine Frau hier und hat sich einhundert Pesos geben lassen.«

»Wie viel schulde ich also?«

»Über zweitausend Pesos.«

»Gib mir weitere fünfzig, ich will mir im ›Ramal‹ einen Scheckigen genehmigen.« Und er ging in die Schänke und trank dort seinen Holcatzín, wortlos, stumm. Über Stunden hin hielt er sich da auf, ohne sich mit irgendjemandem einzulassen, er trank Glas auf Glas, bis der Vorschuss aufgebraucht war. In einem dieser Fälle stand Morris an der Theke und trank einen Rum, als er Morris eintreten sah, begleitet von einer Schar Männer.

Morris, ein Hüne von Mensch und ein Berserker, war es gewohnt, dass man ihn fürchtete, denn ihm stieg die Zornesröte leicht ins Gesicht, bei geringstem Ärger begann er laut zu reden, und seine blauen Augen, dann ganz tränenfeucht, quollen vor und schienen das Gegenüber mit Blitzen niederzustrecken. An den Umgang mit gefügigen Arbeitern aus Asien und Afrika gewöhnt und des Spanischen kaum mächtig, war er schnell dabei, seine Leute mit Ohrfeigen zu traktieren, sie anzubrüllen: »*You bastard!* Ran an die Arbeit!«

Morris trank schon geraume Zeit. Er fühlte sich erhitzt vom genossenen Schnaps und merkte überdies, dass die an Morris' Tisch über ihn zu witzeln anfingen.

»Hören Sie, Señor Morris, sehen Sie den Indio da am Tresen? Der erzählt überall, dass er so heißt wie Sie.« »Im Ernst? Glaub ich nicht.«

Morris, mit einem Seitenblick, gewahrte das bittere Lächeln jenes Morris mit den blendend weißen Zähnen und dem rosigen Zahnfleisch.

»Im Ernst, Señor Morris, passen Sie auf: He, Junge, sag dem Ingenieur, wie sie den Indio nennen, der dort steht.«

»Morris.«

Das schallende Lachen legte sich drückend auf Morris' Bauch, doch er stellte sich taub, trank seinen Schnaps. Morris begann, unruhig zu werden.

»Wird doch wohl nicht ein kleiner Ableger von Ihrem Vater sein, Ingenieur?«

Die Männer schüttelten sich vor Lachen.

»Nein, nein, ganz im Ernst, war Ihr Vater nicht irgendwann hier auf der Halbinsel?«

»Nicht dass ich wüsste«, sagte der Engländer und erhob sich.

Als Morris es gewahr wurde, war das Lachen verstummt. Sie gafften. Morris hatte sich vor ihm aufgepflanzt.

»He, Mann, Zeit, dass du nach Hause verschwindest!« Er spürte einen Rempler.

»Stoßen Sie mich nicht, Patrón«, sagte Morris, ganz ruhig. Die Wangen des Morris hatten Röte angenommen; seine blassen Augen starrten eisig.

»Los, verschwinde! Ab nach Haus! Du bist betrunken.«

Die sanfte Stille in ihm verkürzte und dehnte die Abstände in wellendem Hin und Her. Als Morris sagte: »Du bist betrunken«, sah er aus dessen Mund einen Fetzen Spreuselspucke auf sein Gesicht zufliegen. Angst spürte er keinesfalls. Eher dünkten ihm die feinen Gesichtszüge des Morris ein Zeichen von Schwäche denn von Wildheit. Komik mitten im Zorn. Die blauen Augen gleichsam Kavernen. Höhlenwasserlöcher oder Brunnenschächte, die hinter dem hellen Blau die Finsternis der Erde beherbergen. Wieder spürt Morris einen Rempler. Er weicht zwei Schritte zurück, sieht die vorquellenden Augen. Wasserblau.

»Stoßen Sie nicht. Mit einem Patrón streite ich nicht gern.« Er fühlte sich nicht eigentlich belästigt.

Beim Trinken aber diskutierte er nicht gern: über die Arbeit nicht, noch über sonst was. Er sah da diese wässrigen Brunnenlöcher, auf deren Sohle so viel Hass war. Kein Grund, dass er hätte gehen sollen. Er hatte Geld, konnte bezahlen. Er wünschte, allein zu sein, so allein wie in der Tiefe dieser zwei Augen. Da spürte er einen Schlag gegen den Kopf, von offener Hand. Der Hut flog zu Boden.

»Hau ab!«

»Ich geh aber nicht.« Er spürte den Drang, diese von roten Furchen – Wurzeln – durchwucherten bläulichen Wasser zu schlagen, seinen Hut aufzulesen und zu gehen. Er sah die weiße Jacke; gab einen Hieb. Einfach so. Morris drängte zornwild heran, während er zurückwich. Das Blau quoll über. Er ging in Verteidigungsstellung. Einer wollte sie auseinanderbringen, Morris aber hielt alle auf Abstand. Morris bewegte sich im Rückwärtsgang hinaus auf die Straße, gefolgt von Morris, der Boxschläge gegen ihn austeilte, ohne ihn zu erreichen.

Sie traten vom Gehsteig auf die Straße herunter, angreifend der eine, zurückweichend der andere, gelangten auf ein Brachgelände. Morris, mit einem Schwinger, erreichte Morris und streckte ihn beinahe nieder. Der stolpernde Morris spürte einen Stein in seiner Hand. Er richtete sich auf, mit dem Stein, zu einem sicheren Wurf, das war wie ein Glockenschlag, und da sah er eine große Blume aus Blut und dann ein Brodeln; die Leute umringten Morris, während Morris, die Verwirrung nutzend, entwischen konnte.

Hals über Kopf verschwand Morris, mit Duque, in den Busch. Fortan ließ er sich in keinem Dorf mehr blicken. Er hauste in aufgelassenen Lagern von Sapoteharzsammlern und auf einstigen Sägeplätzen. Er streunte durch den Busch, lebte von der Jagd und indem er Maya-Familien, die einen Acker bestellten oder Bienenzucht trieben, gelegentlich half. Diesen war der Spitzname Morris nicht im Mindesten geläufig.

Die Mayas nannten ihn Tzintzinito, weil er so wortlos stumm war, überall nur einen oder zwei Tage blieb und ganz für sich lebte, als einzigen Gefährten seinen Hund. Den Leuten war er bald eine vertraute Gestalt, und wenn sie ihn vorüberziehen sahen, grüßten sie ihn in der Sprache der Mayas und sagten: »Da geht Tzintzinito, flüchtig und stumm; wer weiß, vor wem oder was er sich verbirgt.«

Ein Umherirrender zwar, auf steter Wanderschaft über die Wege von roter Erde und weißem Gestein, fühlte Morris sich gleichwohl als Herr des Buschs. Er kannte jede Schneise, wusste, wohin sie ihn führte, kannte jede Lichtung und die Wasserstellen und die verborgenen Quellen. Nun erst wurde ihm bewusst, dass er in seinen Gefühlen beständig war, sich nicht verwirren ließ. Außer Jagen und Schlafen war seine Hauptbeschäftigung sinnliches Erfahren: Er roch den Duft der Dizidzilch-Blume, vernahm das Summen der Hornissen, schmeckte die Früchte des Saramullo und des Siricote, nahm am Schaft des Chaacbaums den goldenen Farbton wahr. Auch erkannte er, dass Menschenbegleitung seiner inneren Anlage nie entsprochen hatte und er fern der Artgenossen nun besser lebte. Wahrlich angenehmer, wenn man nicht den Erwartungen anderer Rechnung tragen musste. Seine Fertigkeiten: Körbe flechten, jagen, Mais säen, das brachte ihm herzlich wenig ein im Dorf. Näher war ihm da schon der Umgang mit Tieren, die durch das Dickicht krochen oder über die Lichtungen huschten. Er liebte die Anmut des Rotwilds, den majestätischen Flug der Vögel und das nächtliche Krächzen des Kuhvogels. Er beobachtete die weißen und gelben Schmetterlinge rings um die Wasserlachen. Und gern roch er die ein Gewitter ankündigende Brise und lauschte dann verzückt dem gleichmäßig beharrlichen Rauschen des Regens.

An einem Vormittag half er Juan Pech bei der Honigernte. Sooft er an dessen kleinem Anwesen vorbeikam, aß er bei ihm und ging ihm dann irgendwie zur Hand. Diesmal schnitt der dicke Pech die Waben auf, und Morris, eine Kurbel drehend, schleuderte den Honig. Sie arbeiteten am Saum einer kaum mehr erkennbaren Schneise; es sei denn, dass da unter wucherndem Waldkraut noch Reifenspuren von einem der Holzfuhrwerke auszumachen waren. Griffbereit hatten sie das Räuchergerät, um die Bienen fern zu halten, die, vom zunehmend kräftigen Honiggeruch angelockt, die beiden Männer umschwärmten.

Sie hörten das Geräusch eines nahenden Autos. Ein Kübelwagen, der die Schneise genommen hatte, hielt bei ihnen an. Drin drei Weiße, aus Zitlichén. Einer mit hellen Augen.

»Guten Tag«, grüßte der Fahrer. »Wir sind auf der Jagd. Könnten wir etwas Wasser haben für den Kühler? Der Motor kocht.«

»Folgen Sie mir, ich habe einen Brunnen am Haus«, sagte Pech.

Der Fahrer ging Pech hinterdrein, mit einem Kanister. Die beiden anderen stiegen ebenfalls aus, öffneten die Haube des Motors, dem eine leichte Dampfwolke entstieg. Einer trat an den Honig schleudernden Morris heran, fragte: »Wie ist die Ernte?«

»Gut«, sagte Morris, bei gesenktem Kopf. Ein wässrig helles Blau. Doch war der Mann jünger als Morris. Jenseits der Leutseligkeit dieser blauen Augen spürte Morris die Nacht, die sich hinter dem Tag verbarg.

»Na prima«, bemerkte der Eindringling oberflächlich und schlenderte zu seinem Gefährt zurück.

Pech und der Fahrer brachten das Wasser, gossen es in den Kühler. Die drei Männer dankten und fuhren davon, hinein in den Busch. Morris folgte ihnen mit dem Blick, die hellen Augen des anderen krallten in seiner Brust. Als die Arbeit getan war, kurz nach Mittag, bot Pech seinem Helfer Bleibe für die Nacht, Morris aber, wie üblich, nahm die Einladung nicht an.

Sein Weg führte ihn am Rande der offenen Grasebene hin. Langmut und Ermüdung spürte er beim Anblick der grünen Weite, die bis zum Horizont reichte und deren Gleichförmigkeit nur unterbrochen wurde durch Bäume, die man in der Ferne gewahrte, und die Aufhellung nur durch diesen riesigen blauen Himmel erfuhr, der sich ins Unendliche auftat. Morris tauchte ins Walddickicht, durch Lianengeschling und Gestrüpp; hier kannte er jede Ceiba, jede Zeder, jeden Ebenholzbaum, jede kleine Erhebung in dieser einzigen Welt, die sein Eigen war. Er marschierte etliche Stunden, hielt dann Rast auf einer kleinen Lichtung, im Schatten einer Ceiba, um sich da einen Maisfladen zu backen. Er setzte die Umhängetasche ab, holte das Trinkgefäß hervor und versorgte sich mit Regenwasser aus einer Kuhle. Er kehrte zur Lichtung zurück. Duque zeigte sich unruhig, da griff er zur Flinte. Er meinte, ein Geräusch zu hören. Geduckt harrte er, ernst und aufmerksam, gespannt.

»Kusch, Duque! Still!«, flüsterte er, lauschte angestrengt. Vier Uhr nachmittags; die Sonne schien ihm mitten ins Gesicht, zeichnete ihm auf die Augen tiefe Trauer. Er biss sich auf die Lippe, verkniffen, suchte das Strauchwerk ringsum ab. Mit dem wachen Ohr eines Hundes lauschte er. Die Guan-Hühner glucksten. Die Luft vibrierte in der Hitze, und Duque knurrte. Für den Bruchteil einer Sekunde sah er die drei Männer aus Zitlichén in der Lichtung auftauchen, bewaffnet. Duque schlug an. Der Knall von ein, zwei, drei rächenden Schüssen hallte unter dem weiten Gewölbe des Nachmittags.

Luvina

Juan Rulfo

Von den hohen Bergen im Süden ist der Berg von Luvina der höchste und der steinigste. Er ist verseucht mit diesem grauen Gestein, aus dem Kalk gemacht wird, aber in Luvina machen sie keinen Kalk daraus, noch nutzen sie es sonst. Dort nennen sie es den »rohen Stein«, und der Kamm, der nach Luvina hinaufführt, heißt »der Hang des rohen Steines«. Wind und Sonne sind an der Arbeit, den Stein zu zerreiben, sodass die Erde dort immer weiß und glänzend ist, als ob der Morgentau darauf läge. Aber das ist nur so dahingeredet, denn in Luvina sind die Tage ebenso kalt wie die Nächte, und der Tau wird am Himmel starr, bevor er noch auf die Erde fällt.

… Und die Erde ist zerklüftet. Sie bricht überall in tiefen Schluchten auf, wo man nicht bis auf den Grund sehen kann, so weit unten liegt er. Die Leute von Luvina sagen, dass aus diesen Schluchten die Träume aufsteigen. Aber ich habe von dort nur den Wind aufsteigen sehen, sausend, als ob er da unten in Schilfrohre eingezwängt gewesen wäre. Ein Wind, der nicht einmal das Bittersüß gedeihen lässt, diese traurige kleine Pflanze, die sich dicht an die Erde schmiegt, sich mit all ihren Händchen an den steilen Abhängen festhält und so gerade eben noch ein bisschen leben kann. Nur wo ein wenig Schatten hinfällt, blühen manchmal, versteckt zwischen den Steinen, die weißen Blumen des Stachelmohns. Aber der Stachelmohn welkt rasch. Dann hört man, wie die dornigen Stängel die Luft zerkratzen, es ist ein Geräusch, wie wenn ein Messer über den Schleifstein fährt.

»Sie werden ihn schon zu sehen bekommen, diesen Wind, der über Luvina dahinbläst. Er ist dunkel. Angeblich, weil er vulkanischen Sand mit sich führt. Aber sicher ist, dass das ein schwarzer Wind ist. Sie werden ihn schon sehen. Er setzt sich in Luvina fest und heftet sich an die Dinge, als ob er hineinbisse. Und an manchen Tagen weht er die Dächer fort, als wären es Hüte aus Palmstroh, und lässt die Mauern kahl und entblößt dastehen. Dann wieder scharrt er wie mit Nägeln. Man hört ihn von früh bis spät, Stunde um Stunde, wie er rastlos an den Wänden schabt, Erdbrocken davon losreißt, mit seiner spitzen Schaufel unter den Türen herumstochert, bis man ihn schließlich im eigenen Körper tosen hört, als ginge er gerade daran, einem die Knochen aus den Scharnieren zu zerren. Sie werden ihn schon sehen.«

Der Mann, der da sprach, schwieg eine Weile und blickte hinaus. Zu den beiden drang das Geräusch des Flusses, der seine hohen Fluten zwischen den Zweigen der Camichines hindurchwälzte, das Rauschen des Windes, der sanft die Mandelbäume bewegte, drangen die Stimmen der Kinder, die auf der kleinen, vom Licht aus dem Kramladen beschienenen Fläche spielten.

Termiten kamen hereingeflogen, prallten gegen die Petroleumlampe und fielen mit versengten Flügeln zu Boden. Und draußen rückte der Abend langsam weiter vor.

»Du, Camilo, bring uns noch zwei Bier«, sagte der Mann. Dann fuhr er fort: »Noch was anderes. In Luvina werden Sie niemals einen blauen Himmel zu sehen bekommen. Dort ist der ganze Horizont immer blass, mit einer Dunstschicht bedeckt, die niemals verschwindet. Die ganze Bergkette ist kahl, ohne einen einzigen Baum, ohne irgendetwas Grünes, worauf die Augen ausruhen könnten. Alles in diesen aschenfarbenen Dunst gehüllt. Sie werden das sehen: diese Berge, wie erloschen, als wären sie tot, und oben auf dem höchsten Luvina mit seinen weißen Häusern, die ihn bekränzen wie ein Totenkranz …«

Das Gelärm der Kinder wurde lauter und drang schließlich wieder bis in den Laden herein. Der Mann stand auf, ging zur Tür und sagte: »Geht weiter fort! Stört uns nicht! Ihr könnt weiterspielen, aber macht keinen solchen Lärm!«

Dann kam er wieder an den Tisch zurück, setzte sich und sagte: »Ja, wie ich Ihnen sagte. Dort regnet es wenig. Um die Mitte des Jahres gibt es ein paar Regengüsse, die die Erde peitschen, sie aufreißen und nichts übrig lassen als das Steingeröll, das auf dem harten, wasserundurchlässigen Tepetate-Boden schwimmt. Es ist dann nett anzusehen, wie die Wolken sich voranwälzen und taumelnd, wie aufgeblähte Schweinsblasen, von einem Berg zum andern ziehen. Wie sie aufprallen und losdonnern, als zerplatzten sie am Rand der Schlucht. Aber nach zehn oder zwölf Tagen verschwinden sie und erscheinen erst wieder im folgenden Jahr, und manchmal kommt es auch vor, dass sie jahrelang ausbleiben.

… Ja, es regnet wenig. Wenig oder fast gar nicht, sodass die Erde nicht nur beintrocken ist und verschrumpelt wie altes Leder, sie springt auch überall auf, und alles liegt voll von diesem Zeug, das sie dort ›Eselsmist‹ nennen und das nichts anderes ist als Erdklumpen, die hart geworden sind wie scharfe Steine und die sich einem beim Gehen in die Füße bohren, als ob sogar der Erde Stacheln gewachsen wären. Ganz so!«

Er trank das Bier aus, bis in der Flasche nur noch Schaumblasen übrig waren, und redete weiter: »Wie man es auch immer ansieht, ist Luvina ein sehr trauriger Ort. Sie, der Sie dort hingehen, werden es merken. Ich möchte sagen, das ist der Ort, wo die Trübsal zu Hause ist. Wo man nicht weiß, was Lächeln ist, als wären alle Gesichter mit Brettern geschient. Und wenn Sie wollen, können Sie diese Trübsal sehen, wann immer Sie wollen. Der Wind wirbelt sie auf, aber er weht sie niemals fort. Dort bleibt sie, als wäre sie dort auf die Welt gekommen. Und man kann sie schmecken und fühlen, weil sie immer über einem ist und eng an einen gepresst und weil sie beklemmend ist wie ein großes Kataplasma auf dem bloßen Herzen.

Die Leute dort sagen, dass sie bei Vollmond deutlich die Gestalt des Windes sehen, wie er durch die Gassen von Luvina läuft und eine schwarze Decke hinter sich herschleift. Aber das Einzige, was ich in Luvina immer hab sehen können, wenn der Mond schien, war das Bild der Trostlosigkeit. Und das immer!

Aber trinken Sie doch Ihr Bier! Ich sehe, Sie haben es noch nicht einmal probiert. Trinken Sie doch! Oder vielleicht mögen Sie es nicht so lauwarm, wie es ist. Aber hier gibt es kein anderes. Ich weiß, es schmeckt schlecht so. Es nimmt einen Geschmack an wie nach Eselpisse. Hier gewöhnt man sich dran. Sie können mir glauben, dort bekommt man nicht einmal das. Wenn Sie nach Luvina kommen, werden Sie es vermissen. Dort kriegen Sie nur einen Agavenschnaps, dem sie ein Kraut zusetzen. ›Sennesblätter‹ nennen sie es. Von dem fangen Sie nach den ersten Schlucken an, Purzelbäume zu schlagen, als ob Sie in der Luft rumgewirbelt würden. Trinken Sie lieber Ihr Bier! Ich weiß, was ich sage.«

Draußen hörte man weiter das Strömen des Flusses, das Rauschen des Windes, die spielenden Kinder. Es schien noch nicht spät am Abend zu sein.

Der Mann hatte wieder zur Tür hinausgesehen und war zurückgekommen. Jetzt sagte er:

»Ja, wenn man das alles von hier aus ansieht, nur so aus der Erinnerung, wo es keine Ähnlichkeit mehr mit der Wirklichkeit hat, dann ist es nicht so schlimm. Aber für mich ist es ein Leichtes, Ihnen weiter von dem zu erzählen, was ich wirklich von Luvina weiß. Dort hab ich gelebt. Dort hab ich mein Leben gelassen … Ich bin mit großen Illusionen hingegangen und bin alt und zugrunde gerichtet zurückgekommen. Und jetzt gehen Sie also hin … Ja, das erinnert mich an meine Anfänge. Ich versetze mich an Ihre Stelle und denke … Sehen Sie, als ich zum ersten Mal nach Luvina kam … Aber darf ich erst mal Ihr Bier austrinken? Ich sehe, Sie lassen es stehen. Und mir tut es gut. Ich fühl mich dann besser. Mir ist dann, wie wenn man mir den Kopf mit Kampferöl abreibt … Schön, ich war gerade dabei, Ihnen zu erzählen, wie ich zum ersten Mal nach Luvina kam. Der Treiber, der uns hingebracht hatte, wollte nicht einmal seine Pferde dort rasten lassen. Als er uns abgesetzt hatte, machte er kehrt und sagte:

›Ich geh zurück.‹

›Warte doch, willst du denn deinen Tieren nicht etwas Ruhe gönnen? Die sind ja total erledigt.‹

›Hier kommen sie mir nur noch mehr herunter‹, sagte er zu uns. ›Ich geh lieber zurück.‹

Und er ging. Ließ sich den Hang des rohen Steines hinunterrutschen und trieb seine Pferde an, als ob er von einem verhexten Ort wegliefe.

Wir, meine Frau und meine drei Kinder, standen dort mitten auf dem Platz mit all unserer Habe auf den Armen. Mitten auf diesem Platz, wo man nur den Wind hörte …

Ein einsamer Platz, ohne auch nur ein einziges Kraut, das den Wind hätte aufhalten können. Dort standen wir. Da fragte ich meine Frau:

›An was für einen Ort sind wir hier geraten, Agrippina?‹

Und sie zuckte die Achseln.

›Schön, wenn es dir nichts ausmacht, geh und sieh zu, wo wir essen und übernachten können! Wir warten hier auf dich‹, sagte ich.

Sie nahm den Kleinsten und ging mit ihm fort. Aber sie kam nicht zurück.

Als es Abend wurde und die Sonne nur noch die Gipfel der Berge beleuchtete, gingen wir sie suchen. Wir wanderten durch die Gassen von Luvina, bis wir sie in der Kirche fanden. Da saß sie, mitten in dieser einsamen Kirche von Luvina, mit dem schlafenden Kind auf dem Schoß.

›Was machst du hier, Agrippina?‹

›Ich bin hier hereingegangen, um zu beten‹, sagte sie.

›Wozu?‹, fragte ich.

Und sie zuckte die Achseln.

Zu wem hätte man dort wohl beten sollen? Das war ein großer, leerer Schuppen mit ein paar leeren Türöffnungen und einem Dach voller Risse, durch das der Wind wie durch ein Sieb hineinblies.

›Wo ist das Wirtshaus?‹

›Hier ist kein Wirtshaus.‹

›Und die Herberge?‹

›Hier ist keine Herberge.‹

›Hast du irgendjemanden gesehen? Leben hier überhaupt Leute?‹, fragte ich.

›Ja, dort gegenüber ... Ein paar Frauen ... Ich seh sie immer noch. Schau einmal, durch die Türspalten dort seh ich ihre Augen glänzen. Sie sehen uns an. Sie haben die ganze Zeit hier herübergeschaut ... Ich seh ihre Augen wie glänzende Kugeln ... Aber sie können uns nichts zu essen geben. Ohne den Kopf herauszustrecken, haben sie gesagt, dass es in diesem Dorf nichts zu essen gibt ... Da bin ich hier hereingegangen, um zu beten, um den lieben Gott um Hilfe zu bitten.‹

›Warum bist du nicht zurückgekommen? Wir haben auf dich gewartet.‹

›Ich bin hier hereingegangen, um zu beten. Ich bin noch nicht fertig damit.‹

›Was für ein Ort ist das hier, Agrippina!‹

Und sie zuckte wieder die Achseln.

In dieser Nacht legten wir uns in einem Winkel der Kirche, hinter dem verfallenen Altar, zum Schlafen nieder. Bis dorthin kam der Wind, wenn auch weniger stark. Wir hörten ihn mit seinem langgezogenen Geheule über uns hinwegblasen, wir hörten, wie er durch die leeren Türöffnungen ein- und ausging und mit seinen Lufthänden gegen die Kreuze des Passionsweges schlug. Große, harte Kreuze aus Mesquite-Holz, die durch die ganze Kirche hindurch an den Wänden hingen, mit Drähten befestigt, die bei jedem Windstoß knarrten, als knirschte da jemand mit den Zähnen.

Die Kinder weinten, sie konnten vor Angst nicht einschlafen. Und meine Frau versuchte, sie alle in den Armen zu halten, sie alle miteinander zu umarmen. Und ich daneben, ohne zu wissen, was zu tun sei.

Etwas vor Tagesanbruch schlief der Wind ein. Später kam er dann wieder. Aber in der Morgenfrühe war es einen Augenblick lang ganz still, als hätte der Himmel sich mit der Erde zusammengetan und allen Lärm mit seinem Gewicht erdrückt ... Man hörte das ruhig gewordene Atmen der Kinder. Neben mir hörte ich den schweren Atem meiner Frau.

›Was ist das?‹, sagte sie.

›Was meinst du?‹, fragte ich.

›Das, dieses Geräusch.‹

›Das ist die Stille. Schlaf ein! Ruh dich etwas aus, auch wenn es nur kurz ist, es wird ja schon Morgen.‹

Aber nach einer Weile hörte ich es auch. Es war, als flatterten Fledermäuse in der Dunkelheit, ganz dicht bei uns, Fledermäuse, die mit großen Flügeln den Boden streiften. Ich stand auf, und das Flattern wurde stärker, als ob ein Schwarm Fledermäuse aufgescheucht worden sei und auf die Türöffnungen zufliege. Da ging ich auf Zehenspitzen dorthin und hörte das dumpfe Rauschen vor mir. Ich blieb in der Tür stehen und sah sie. Ich sah alle Frauen von Luvina mit dem Krug auf der

Schulter, mit dem Umschlagetuch, das ihnen vom Kopf herunterhing. Sah ihre schwarzen Gestalten auf dem schwarzen Grunde der Nacht.

›Was wollt ihr?‹, fragte ich. ›Was habt ihr um diese Zeit hier zu suchen?‹

Eine von ihnen antwortete: ›Wir gehen Wasser holen.‹

Ich sah sie vor mir stehen. Sie sahen mich an. Dann gingen sie fort, gingen mit ihren schwarzen Krügen wie Schatten die Straße hinunter.

Nein, diese erste Nacht in Luvina werde ich nie vergessen.

… Meinen Sie nicht, dass man daraufhin noch einen nehmen sollte? Wenigstens, damit ich den schlechten Geschmack an diese Erinnerung loswerde. –

Mir scheint, Sie haben mich gefragt, wie viele Jahre ich in Luvina verbracht habe, nicht wahr? Offen gesagt, ich weiß es nicht. Ich hab jedes Gefühl für Zeit verloren, seitdem das Fieber sie mir durcheinanderbrachte. Aber es muss eine Ewigkeit gewesen sein … Die Sache ist die, dass die Zeit dort sehr lang ist. Niemand zählt die Stunden, und niemanden interessiert es, wie die Jahre sich anhäufen. Die Tage fangen an und hören auf. Dann kommt die Nacht. Nur der Tag und die Nacht, bis zum Tag des Todes, der für die Leute dort eine Hoffnung ist.

Sie werden denken, dass ich immer auf derselben Sache herumreite. Und so ist es ja auch, jawohl. Auf der Türschwelle sitzen, den Sonnenaufgang und den Sonnenuntergang ansehen, den Kopf heben und senken, bis schließlich die Spannkraft nachlässt, und dann ist alles ruhig, zeitlos, als ob man immer in der Ewigkeit lebe. So leben dort die Alten.

Denn in Luvina leben nur allein die Alten und die, die noch nicht geboren sind, wenn ich so sagen darf. Und kraftlose, magere Frauen, die nur noch Haut und Knochen sind. Die Kinder, die dort geboren wurden, sind fortgezogen … Kaum bricht der Tag für sie an, da sind sie schon Männer. Von der

Mutterbrust springen sie zum Spaten, wenn ich so sagen darf, und dann verschwinden sie aus Luvina. So ist es dort.

Es bleiben nur die Alten und die Frauen, die keinen Mann haben, und die Frauen, deren Männer wer weiß wo herumziehen … Die kommen von Zeit zu Zeit, wie die Gewitter, von denen ich Ihnen erzählt habe. Man hört ein Gemurmel im ganzen Dorf, wenn sie heimkehren, und ein Geräusch wie Murren, wenn sie wieder gehen … Sie lassen den Sack mit Lebensmitteln für die Alten dort und pflanzen wieder ein Kind in den Leib ihrer Frau, und dann hört niemand etwas von ihnen bis zum nächsten Jahr, und manchmal überhaupt nie wieder … Das ist so der Brauch. Dort nennen sie es das Gesetz, aber das ist dasselbe. Die Söhne verbringen ihr Leben damit, für ihre Eltern zu arbeiten, wie diese einst für ihre Eltern gearbeitet haben und wie wer weiß wie viele vor ihnen schon das Gesetz erfüllt haben …

Und immerzu warten die Alten auf sie und auf den Tag ihres Todes. Sie sitzen in den Türen, mit hängenden Armen, und nur eine Gnade, die Dankbarkeit des Sohnes, hält sie noch in Gang … Allein, in der Einsamkeit von Luvina.

Einmal hab ich versucht, sie zu überreden, fortzuziehen, irgendwohin, wo die Erde gut ist. ›Lasst uns fortgehen von hier‹, sagte ich. ›Wir werden schon anderswo unterkommen. Die Regierung wird uns helfen.‹

Sie hörten mich an, ohne mit der Wimper zu zucken, und sahen mich aus der Tiefe ihrer Augen an, in denen nur ganz innen ein kleines Lichtchen leuchtete.

›Herr Lehrer, du sagst, dass die Regierung uns helfen wird? Kennst du die Regierung?‹

Ich sagte: ›Ja!‹

›Wir kennen sie auch. Zufällig kennen wir sie auch. Wir sind der Meinung, dass das eine saubere Bande ist.‹

Ich sagte ihnen, dass die Regierung das Vaterland sei. Sie

schüttelten den Kopf und sagten ›Nein.‹ Und lachten. Das war das einzige Mal, dass ich die Leute von Luvina hab lachen sehen. Sie zeigten ihre Zahnlücken und sagten, sie wüssten, dass die Regierung eine saubere Gesellschaft sei.

Und wissen Sie, sie haben ja recht. Diese saubere Dame erinnert sich nur an sie, wenn einer der Jungen von dort oben hier unten etwas ausgefressen hat. Dann schickt sie jemanden nach Luvina, und der bringt ihn um. Darüber hinaus weiß sie gar nicht, dass sie existieren. Du willst uns zureden, dass wir aus Luvina fortziehen sollen, weil du findest, wir haben schon lange genug ohne Sinn und Verstand gehungert. Aber wer wird unsere Toten mitnehmen, wenn wir weggehen? Die wohnen hier, und wir können sie nicht allein lassen.

Und so sind sie geblieben. Sie werden sie ja sehen, wenn Sie jetzt hinkommen. Wie sie die ausgesogenen Überreste trockener Mesquite-Schoten zerkauen und ihre eigene Spucke runterschlucken, um den Hunger zu betäuben. Sie werden sie wie Schatten vorbeiwanken sehen, dicht an die Hausmauern gedrückt und wie in Gefahr, vom Wind davongeweht zu werden.

›Hört ihr denn diesen Wind nicht?‹, sagte ich schließlich. ›Der wird euch umbringen.‹

›Der dauert so lange, wie er dauern muss. Das ist Gottes Gebot‹, antworteten sie mir. ›Schlimm ist es erst, wenn kein Wind mehr ist. Wenn das geschieht, dann kommt die Sonne ganz dicht an Luvina heran und saugt uns das Blut aus und das bisschen Wasser, das wir in der Haut haben. Der Wind macht, dass die Sonne da oben bleibt. So ist es besser.‹

Ich hab ihnen nie wieder was gesagt. Ich bin von Luvina fortgezogen und bin nicht wieder zurückgegangen, noch denke ich daran, je wieder zurückzugehen.

Aber was für Purzelbäume die Welt doch schlägt! Jetzt, in ein paar Stunden, gehen Sie dorthin. Das mag fünfzehn Jahre her sein, als man dasselbe zu mir gesagt hat: Sie werden jetzt nach San Juan Luvina gehen.

Damals war ich noch bei Kräften und hatte den Kopf voll von Ideen … Sie wissen ja, die Ideen, die man uns allen eintrichtert. Und diesen Stoff schleppt man mit sich herum und will überall etwas daraus formen. Aber in Luvina hat das nicht geklappt. Ich hab den Versuch gemacht, und er ist mir zerronnen.

San Juan Luvina! Wie ein himmlischer Name klang mir das damals. Aber das ist das Fegefeuer. Ein sterbender Ort, wo selbst die Hunde ausgestorben sind und keiner mehr da ist, der die Stille anbellen könnte. Denn hat man sich erst einmal an den Sturmwind gewöhnt, der dort bläst, dann hört man nur noch die Stille, die Stille der Einsamkeit. Und das macht einen fertig. Sehen Sie mich an! Mich hat es fertiggemacht. Sie, der Sie dorthin gehen, werden bald begreifen, was ich sagen will.

Was meinen Sie dazu, wenn wir den Mann da bitten, uns ein Agavenschnäpschen einzuschenken? Von dem Bier muss man jeden Augenblick laufen, und das stört die Unterhaltung. Du, Camilo, bring uns jetzt mal zwei Mezcal.

Jawohl, wie ich Ihnen gesagt habe …«

Aber er sagte gar nichts. Er sah starr auf den Tisch auf die Stelle, wo die Termiten, ihrer Flügel beraubt, wie nackte Würmer herumkrochen.

Draußen hörte man, wie der Abend vorrückte und der Fluss gegen die Stämme der Camichines plätscherte. Und das Gelärme der Kinder war jetzt schon weiter weg. An dem kleinen Himmel im Türrahmen erschienen die Sterne.

Der Mann, der den Termiten zugesehen hatte, legte den Kopf auf den Tisch und schlief ein.

Nachwort

Eine Reise nach Mexiko führt stets in eine Fülle der Formen, Farben und Aromen. So wie die Wahl einer der unzähligen mexikanischen Chilisorten bei der Zubereitung eines Gerichts darüber entscheidet, wie mild oder wie tränentreibend scharf es gerät, bestimmt auch die Selektion des Mexikoreisenden bei seiner Durchquerung des Landes das Bild, das er, zurück in gewohnten Gefilden, von diesem Land behalten wird. Als Verbindungsglied zwischen Nord- und Zentralamerika, gesäumt von Pazifik und dem Golf von Mexiko, präsentiert sich dieser Fleck Erde dem Besucher derart reich an Kontrasten, dass sich dieser bald in einer anderen Welt, bald in einer anderen Zeit wähnt.

Schneebedeckte Vulkankrater werfen aus knapp sechstausend Metern Höhe einen majestätischen Blick auf das wilde Treiben an palmengesäumten Stränden. Tropischer Regenwald wuchert unter üppiger Feuchtigkeit, und es scheint schlicht unmöglich, dass weiter im Norden karge Sandwüsten nach jedem Tropfen Wasser lechzen. Doch nicht nur geografisch prallen in diesem Land die Gegensätze unsanft aufeinander. Tradition und Moderne, indigene Lebensweise voller Spiritualität und US-amerikamischer Lifestyle in Städten wie dem Moloch Mexiko-Stadt machen deutlich, wie verschieden die Welten in Mexiko sind, wie weit sich die gesellschaftliche Schere in diesem Land spreizt.

Die Texte dieser Sammlung sind als Appetitanreger gedacht. Sie sollen die Geschmacksnerven des Reisenden kitzeln, Lust machen, mehr zu erfahren über die Vielfalt, die Mexiko ausmacht. Die ausgewählten Texte, Kurzgeschichten und Romanauszüge stammen von Autorinnen und Autoren aus dem Mexiko der vergangenen siebzig Jahre sowie von solchen, die einen starken Bezug zum Land haben. Sie alle setzen sich mit

Mexiko und seiner Kultur auseinander, sprechen Themen an, die sie beschäftigen und die mit Sicherheit dem Lesenden dabei helfen, sein Reiseland besser zu verstehen.

Als Sinnbild der mexikanischen Realität darf Juan José Arreolas kafkaeske Geschichte »Der Weichensteller« gelesen werden. Gerade dem reisenden Leser empfiehlt es sich daher, diesen Text als Trost in irritierenden Situationen im Hinterkopf zu behalten. Guillermo Samperio zeichnet in »Die Gertrudis« den harten Alltag der mexikanischen Mittelschicht auf. Vom urtümlichen Landleben der indigenen Bevölkerung Mexikos zeugt der Text des epischen Großmeisters Juan Rulfo. Gelebte Spiritualität von archaischer Kraft und eine enge Verbundenheit mit der Erde sind allgegenwärtig. Doch so faszinierend und verzaubert diese Realität auch scheint – eine grausame Geschichte hat ihre Spuren hinterlassen.

Bereits vor einem halben Jahrhundert wagte Rosario Castellanos in ihrem beklemmenden Text »Die verschmähte Gabe« eine kritische Darstellung der herrschenden Machtverhältnisse und der Doppelmoral. Selbst auf einer Hacienda in Chiapas aufgewachsen, hat sie früh erkannt, wie viele Probleme das Erbe der Kolonialzeit dem Zusammenleben von Menschen indianischer und weißer Herkunft bereiten. Zwanzig Jahre später machte Hernán Lara Zavala mit »Morris« die bis heute aktuelle Erdölproblematik in den Urwaldgebieten zum Thema.

Mexiko ist ein Land, in dem auch heute, knapp zweihundert Jahre nach seiner Unabhängigkeit, die Auseinandersetzung um die eigene Identität nicht abgeschlossen ist. Eine Stimme, die in diesem Zusammenhang nicht fehlen darf, ist Octavio Paz: »Über die Fiesta und den Tod« ist ein Muss für jeden Reisenden, der sich an einem der unzähligen Feiertage Mexikos unters Volk mischen möchte.

Doch nicht nur Landsleute haben sich mit Mexiko auseinandergesetzt. Zahlreichen Dichtern, Denkern und politisch Engagierten aus der ganzen Welt war Mexiko während bedrängter Jahre ihres Lebens eine neue Heimat. Zu ihnen gehören der chilenische Dichter Pablo Neruda, der in Prag geborene »rasende Reporter« Egon Erwin Kisch, José León Sánchez aus Costa Rica und der mysteriöse B. Traven. Andere Autoren dieser Anthologie, zu nennen Victor Villaseñor und Elena Poniatowska, sind im Ausland geborene Mexikaner, die teils nur wenige Jahre in Zentralamerika verbrachten und doch ihr Land durch mexikanische Augen sahen – Poniatowskas erzählerisches Porträt von Mexiko-Stadt gibt davon Zeugnis.

Gabriel Trujillo Muñoz, María Luisa Mendoza und Victor Villaseñor nehmen uns mit nach Tijuana und Mexicali, in die Grenzregion der Baja California, wo globale Probleme wie Drogenschmuggel, illegale Migration und die damit verbundene Kriminalität unbarmherzig in den Alltag der Bewohner einbrechen.

Mexiko, das ist ein überwältigendes Spiel der Extreme, das ist Intensität, Maßlosigkeit, Spiritualität. Dieses Land ist nichts für schwache Gemüter, doch wer mit wachen, geschärften Sinnen reist und bereit ist, auch Unerwartetes, Überraschendes anzunehmen, der wird mit Eindrücken belohnt, die länger anhalten als jedes noch so gnadenlos scharfe Chiligericht.

Anja Oppenheim

Worterklärungen

Alizarin roter Beizenfarbstoff, der aus den Wurzeln der Färberröte (auch Krapp genannt) gewonnen wird
Azteken mesoamerikanische Kultur, die zwischen dem 14. und frühen 16. Jahrhundert existierte
Beat generation US-amerikanische literarische Strömung der 1950er-Jahre, zu deren Hauptvertretern Allen Ginsberg, William S. Burroughs und Jack Kerouac gehören
Ceiba gehört zur Familie der Wollbaumgewächse
Chaac Maya-Gott des Regens, des Blitzes, des Donners und des Windes
Chicha Maisbranntwein
Cortázar, Julio (1914–1984) argentinischer Schriftsteller und Intellektueller, zählt neben Jorge Luis Borges zu den Hauptvertretern der neofantastischen Literatur
Coyotas typisches mexikanisches Dessert
DEA *Drug Enforcement Administration* (Drogenbekämpfungsbehörde), US-amerikanische Strafverfolgungsbehörde mit dem Ziel, Herstellung und Handel illegaler Drogen zu unterbinden
Guadalupe, Jungfrau von Schutzpatronin der Mexikaner und wichtiger gleichnamiger Wallfahrtsort
Henequén-Fasern aus den Blättern der Henequén-Agave gewonnen zur Herstellung von Seilen und Tauen
Hornitos/Conmemorativo Tequilasorten
Huitzilopochtli aztekischer Sonnen- und Kriegsgott
Idolo Götzenbild
Jamaica/Chia/Tamarindo Geschmacksrichtungen von Erfrischungsgetränken
Kamarilla Günstlingspartei oder Clique, die ohne Befugnis Einfluss auf die Entscheidungen eines Herrschers ausübt
Lamantin gehört zur Familie der Seekühe
Maya indigenes Volk in Mittelamerika, das für seine hoch entwickelte Kultur im präkolumbianischen Mesoamerika bekannt ist
Mayab Land der Maya; umfasst die Bundesstaaten Campeche, Chiapas, Tabasco, Veracruz und Yucatán sowie weite Teile Guatemalas und Gebiete in Honduras und Belize
Mazahua indigene Volksgruppe in Mexiko
Mesquit-Baum gehört zur Familie der Akazien

Mezcal Spirituose, aus dem Fleisch verschiedener Agavenarten hergestellt; die bekannteste ist der Tequila

Moctezuma I. (1390–1469) von 1440 bis 1469 Herrscher über die aztekische Stadt Tenochtitlán

Moctezuma II. (1465–1520) von 1502 bis zu seinem Tod Herrscher über das Reich der Azteken, durch seine Rolle im Kampf gegen die Spanier unter Hernán Cortés bekannt geworden

Nopal Feigenkaktus, der als Nahrungs- und Heilmittel dient

Opuntie Gattung der Kakteengewächse

Otomí indigenes Volk

Peón Bauer oder Hilfsarbeiter

Popol Vuh eine der wichtigsten Quellen ameroindianischer Überlieferung, verfasst kurz nach der spanischen Eroberung Mexikos von einem anonymen Quiché-Indianer

PRI Partido Revolucionario Institucional, politische Partei Mexikos; Vollmitglied der Sozialistischen Internationalen

PAN Partido Acción Nacional, christdemokratisch-konservative Partei Mexikos

PMT Partido Mexicano de los Trabajadores, linkspolitisch ausgerichtete Arbeiterpartei Mexikos

Quetzal Vogel mit prächtigen Schwanzfedern, von den Azteken als Gottheit verehrt

Quetzalcóatl Gott der Teotihuacaner, Tolteken und Azteken

Quiché-Indianer indigenes Volk aus Guatemala, gehört zur Großgruppe der Maya

Raleigh Zigarettenmarke

Raza wörtlich: Rasse; hier Bezeichnung einer Widerstandsbewegung

Samum gefährlicher Sandsturm

Sapote Obstbaum aus der Familie der Rautegewächse

Sarape Stoff, traditioneller Bestandteil der Tracht der Mexikaner

Tlatoani aztekischer Herrschaftstitel

Tzeltal Sprache, die von rund 280 000 Indigenen gesprochen wird, hauptsächlich im Bundesstaat Chiapas

Tzompantli Schädelgerüst

UNAM Universidad Nacional Autónoma de México, eine der ältesten Universitäten auf dem amerikanischen Kontinent

Xtabay böser Geist aus einer Maya-Legende

Autorinnen und Autoren

Mit * gekennzeichnete Titel wurden für diese Anthologie vom Verlag gesetzt.

Juan José Arreola

geboren 1918 im Bundesstaat Jalisco, studierte in Mexiko und Paris Theater und begann schon früh mit dem Schreiben. Arreola hat zwar wenig veröffentlicht – Kurzgeschichten, Theaterstücke, Essays und einen Roman –, doch sein Einfluss ist nicht zu unterschätzen. Auch durch seine Tätigkeit beim Fernsehen als Literaturkritiker hat er sich einen Namen gemacht. In seinen Texten finden sich stets Elemente des magischen Realismus und des Surrealismus. Er hat mehrere Auszeichnungen erhalten, darunter 1979 den Nationalpreis für Literatur. Arreola starb 2001 in Guadalajara.
»Der Weichensteller«, aus: Juan José Arreola, *Confabularium.* © Suhrkamp Verlag, Frankfurt am Main 1980. Aus dem Spanischen von Kajo Niggestich.

Rosario Castellanos

geboren 1925 in Mexiko, wuchs in der Provinz Chiapas auf, wo sie auch den Stoff für ihr Schreiben fand: das Leben in der Provinz, das Erbe der Kolonialzeit, das schwierige Verhältnis zwischen den Schichten, Ethnien und Geschlechtern. Früh wurde Castellanos Vollwaise, worauf sie Anschluss an eine Gruppe mexikanischer Intellektueller fand. Sie arbeitete als Literaturprofessorin und engagierte sich für die Rechte der Indígenas. Später war sie Botschafterin in Israel, wo sie 1974 starb.
»Die verschmähte Gabe«, aus: Erna Brandenberger (Hrsg.), *Cuentos mexicanos. Erzählungen aus Mexiko.* © Deutscher Taschenbuchverlag, München 1999. Aus dem Spanischen von Erna Brandenberger.

Frederik Hetmann (Hrsg.)

geboren 1934 in Breslau, 2006 gestorben, lebte als freier Schriftsteller in Nomberg/Westerwald. Er sammelte, übersetzte und edierte Märchen und Volkserzählungen aus aller Welt.
»Zwei indianische Märchen«*, aus: Frederik Hetmann (Hrsg.), *Indianermärchen aus Mexiko.* © Frederik Hetmann 1981. Aus dem Spanischen von Frederik Hetmann.

Egon Erwin Kisch
geboren 1885 in Prag, von 1906 an Lokalreporter für die deutsch-liberale Zeitung *Bohemia,* was ihm bald die Bezeichnung »der rasende Reporter« einbrachte. Er verband sein politisches Wirken mit seiner journalistischen Tätigkeit und verfasste eine große Zahl an Reiseberichten. 1933 wurde er von der Gestapo verhaftet, ins Gefängnis Spandau gebracht und kurze Zeit später in seine Heimat abgeschoben. Zwischen 1940 und 1946 lebte Egon Erwin Kisch in Mexiko. Er starb 1948 in seiner Geburtsstadt.
»Kulturgeschichte des Kaktus«* (»Kolleg: Kulturgeschichte des Kaktus«), aus: Egon Erwin Kisch, *Marktplatz der Sensationen. Entdeckungen in Mexiko.* Gesammelte Werke in Einzelausgaben, Bd. 8. © Aufbau Verlag GmbH & Co. KG, Berlin 1984.

María Luisa Mendoza
geboren im Bundesstaat Guanajuato, Geburtsdatum unbekannt, ist eine der mutigsten zeitgenössischen Autorinnen Mexikos. Sie studierte in Mexiko-Stadt Innendekoration und später Literatur. Als Reporterin arbeitete sie für verschiedene Tageszeitungen und war auch im Fernsehen und Radio präsent. María Luisa Mendoza hat Romane und Essays verfasst und wurde mit dem Magda-Donato-Preis ausgezeichnet.
»Es muss Mapimí gewesen sein«, aus: Gustavo Sainz (Hrsg.), *Menschenlabyrinth. Die besten mexikanischen Erzählungen.* © d. dt. Ausgabe Büchergilde Gutenberg, Frankfurt am Main 1992. Aus dem Spanischen von Hans Otto Dill.

Gabriel Trujillo Muñoz
geboren 1958 in Mexicali im Norden Mexikos, war ursprünglich Chirurg und hat heute eine Professur für Kommunikationswissenschaften an der Universidad Autónoma de Baja California inne. Außerdem ist er Mitbegründer der Asociación Mexicana de Ciencia Ficción y Fantasia sowie Herausgeber literatur- und kulturwissenschaftlicher Fachliteratur. Als Schriftsteller gilt er als Vertreter der *frontera,* als »die Stimme der Baja«.
»Tijuana City Blues«, aus: Gabriel Trujillo Muñoz: *Tijuana Blues.* © Unionsverlag, Zürich 2006. Aus dem Spanischen von Sabine Giersberg.

Pablo Neruda
geboren 1904 in Linares, Chile. Bereits 1917 erste Publikation, Verfasser zahlreicher Gedichtbände und Erzählungen. Ab 1927 arbeitete Neru-

da im konsularischen Dienst, unter anderem in Spanien und Mexiko. Zurück in Chile, wurde er Mitglied der Kommunistischen Partei, 1948 flüchtete er nach Europa und kehrte erst vier Jahre später wieder nach Chile zurück. 1971 erhielt er den Nobelpreis für Literatur. Er starb 1973 in Santiago de Chile.
»Blühendes, stachliges Mexiko«, aus: Pablo Neruda: *Ich bekenne, ich habe gelebt. Memoiren.* © Luchterhand Verlag, Darmstadt 1974. Aus dem Spanischen von Curt Meyer-Clason.

Octavio Paz
geboren 1914 in Mixcoac, Mexiko-Stadt, zählt zu den bedeutendsten Autoren Mexikos. 1986 gab er aus Protest gegen das Massaker von Tlatelolco seine diplomatische Karriere auf. Sein literarisches Werk umfasst Romane und unzählige Essays, darunter der bekannte Text *Labyrinth der Einsamkeit*. Paz hat für sein Schaffen wichtige Preise erhalten, unter anderen den Premio Cervantes und den Nobelpreis für Literatur 1990. Er starb 1998 in Mexiko-Stadt.
»Über die Fiesta und den Tod«, aus: Octavio Paz: *Das Labyrinth der Einsamkeit.* © Suhrkamp Verlag, Frankfurt am Main 1974. Aus dem Spanischen von Carl Heupel.

Elena Poniatowska
geboren 1932 in Paris als Tochter einer Mexikanerin und eines polnischen Adeligen, kam mit neun Jahren nach Mexiko. Sie wurde eine viel gefragte Journalistin. In ihren Arbeiten verbindet sie journalistische Interviews mit literarischen Geschichten. Zu den erfolgreichsten ihrer zahlreichen Büchern gehören *Hasta no verte Jesús mío* und *La noche de Tlatelolco,* in dem sie die 68er-Unruhen schildert. Poniatowska wurde mit zahlreichen Preisen ausgezeichnet.
»Die Engel dieser Stadt«, aus: Elena Poniatowska: *Stark ist das Schweigen. Vier Reportagen aus Mexiko.* © Suhrkamp Verlag, Frankfurt am Main 1987. Aus dem Spanischen von Anna Jonas und Gerhard Poppenberg.

Juan Rulfo
geboren 1917 im Bundesstaat Jalisco, entstammte einer reichen Familie, die durch die Revolution verarmte. Während vieler Jahre leitete Rulfo das Departamento Editorial del Instituto Nacional Indigenista. Sein Werk umfasst lediglich zwei Bände mit Kurzgeschichten und einen Ro-

man, doch diese machten ihn zu einem der wichtigsten Schriftsteller seines Landes. Sein Interesse galt dem harten Leben im ländlichen Mexiko. 1983 wurde ihm der Premio Príncipe de Asturias verliehen. Rulfo starb 1986 in Mexiko-Stadt.
»Luvina«, aus: Juan Rulfo: *Pedro Páramo. Der Llano in Flammen.* © Carl Hanser Verlag, München 1958. Aus dem Spanischen von Mariana Frenk.

José León Sánchez
geboren 1930, wuchs in einem Indianerdorf in Costa Rica auf. Mit neunzehn Jahren war er an einer Aktion beteiligt, bei der von den Spaniern geraubte Schätze zugunsten der Ureinwohner entwendet werden sollten, wofür er zu einer langen Haftstrafe auf einer berüchtigten Gefängnisinsel verurteilt wurde. Dort lernte er lesen und verfasste seinen ersten Roman. Er ist Professor für präkolumbianische Kultur an der Universität von Costa Rica. Neben anderen Preisen erhielt er viermal den nationalen Literaturpreis.
»Tenochtitlán – Der Mittelpunkt der Welt«*, aus: José León Sánchez: *Tenochtitlán. Die letzte Schlacht der Azteken.* © Unionsverlag, Zürich 1997. Aus dem Spanischen von Leni López.

Guillermo Samperio
geboren 1948 in Mexiko-Stadt, ist Kulturredakteur, Verleger und Autor von Erzählungen, Romanen und Essays. Er leitet Literaturwerkstätten, fördert junge Talente und schreibt als Kolumnist für verschiedene Zeitungen.
»Die Gertrudis«, aus: Andreas Klotsch (Hrsg.), *Erkundungen. 22 Erzähler aus Mexiko.* Verlag Volk & Welt, Berlin 1991. Aus dem Spanischen von Christel Dobenecker.

B. Traven
geboren 1890 in Chicago, war ein deutschsprachiger Schriftsteller, der während seiner Hauptschaffensperiode in Mexiko lebte. B. Traven war sein Pseudonym, seine wahre Identität hat er nie bekannt gegeben. Seine Bücher sind »proletarische Abenteuerromane«, in denen er die Charaktere und die sozialen Milieus detailreich beschreibt. 1969 starb B. Traven in Mexiko-Stadt.
»Der Großindustrielle«, aus: B. Traven: *Der Banditendoktor.* Fischer Verlag, Frankfurt am Main 1955.

Victor Villaseñor
geboren am 11. Mai 1940 in Carlsbad, Kalifornien, als Kind mexikanischer Einwanderer, wuchs auf einer Ranch auf. Mit neunzehn Jahren beschloss er, Schriftsteller zu werden. Nach zehn Jahren und 260 Ablehnungen erschien schließlich *Macho!*, sein erstes Buch. Seither hat er Romane, Sachbücher, Kinderbücher und Drehbücher geschrieben und dafür mehrere Literaturpreise erhalten.
»Die Grenze zum Paradies«*, aus: Victor Villaseñor: *Macho!* © Unionsverlag, Zürich 1995. Aus dem Spanischen von Gerda Bean.

Hernán Lara Zavala
geboren 1946 in Mexiko-Stadt, ist Essayist und Autor von Erzählungen. Nach seinem Studium der Ingenieurwissenschaft wechselte er zur angelsächsischen Literatur. An der Universität in Mexiko-Stadt leitete er die Literaturabteilung. Yucatán, wo er während seiner Jugend lebte, dient ihm als Inspirationsquelle für seine Erzählungen.
»Morris«, aus: Andreas Klotsch (Hrsg.), *Erkundungen. 22 Erzähler aus Mexiko.* Verlag Volk & Welt, Berlin 1991. Aus dem Spanischen von Andreas Klotsch.

Die Herausgeberin

Anja Oppenheim Valdiviezo, geboren 1979 in Zürich, studierte Medien- und Kommunikationswissenschaft, Journalistik und Ethnologie in Fribourg. Ihr großes Interesse an den Menschen und Ländern Lateinamerikas verdankt sie zahlreichen Reisen und Aufenthalten in Mittel- und Südamerika. Sie arbeitet als Korrektorin in Basel.

Bildnachweis

Foto Umschlaginnenseite: Bernardo Ertl